金融科技系列丛书
FINTECH SERIES

U0626062

科技重塑金融
Fintech 实践与展望

莫菲　赵大伟 / 主编

侯西鸿　李克登　许昌清 / 副主编

TECHNOLOGY
—— REBUILD FINANCE ——
FINTECH UTILIZATION AND PERSPECTIVE

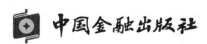
中国金融出版社

责任编辑：肖　炜
责任校对：孙　蕊
责任印制：程　颖

图书在版编目（CIP）数据

科技重塑金融：Fintech 实践与展望（Keji Chongsu Jinrong：Fintech Shijian yu Zhanwang）/莫菲，赵大伟主编 . —北京：中国金融出版社，2017. 11

ISBN 978 - 7 - 5049 - 9138 - 6

Ⅰ. ①科…　Ⅱ. ①莫…②赵…　Ⅲ. ①金融—科学技术—研究—中国　Ⅳ. ①F832

中国版本图书馆 CIP 数据核字（2017）第 195190 号

出版
发行　　中国金融出版社

社址　北京市丰台区益泽路 2 号
市场开发部　（010)63266347，63805472，63439533（传真）
网上书店　http://www.chinafph.com
　　　　　　（010)63286832，63365686（传真）
读者服务部　（010)66070833，62568380
邮编　100071
经销　新华书店
印刷　北京市松源印刷有限公司
尺寸　169 毫米×239 毫米
印张　15.5
字数　227 千
版次　2017 年 11 月第 1 版
印次　2017 年 11 月第 1 次印刷
定价　48.00 元
ISBN 978 - 7 - 5049 - 9138 - 6
如出现印装错误本社负责调换　联系电话(010)63263947

金融科技系列丛书

序

金融科技（Fintech）一直是个重要领域，只是近些年来引起了日益广泛的关注。我们关注的着眼点，是从国家战略的高度，统筹考虑整个金融体系的健康发展，探讨互联网金融和金融科技产业发展与监管问题，兼顾鼓励创新、保障金融稳定和保护金融消费者的需要，重中之重是监管者如何拓展监管视野和工具，监管体系和监管手段如何与时俱进。

如今，金融科技领域已成为全球投资者和创业者纷纷聚焦的新兴产业，甚至引发了一场金融业适应信息时代的深刻变革。科技与金融的深度融合，不断打破了传统金融业的边界，重塑着金融业的服务方式，并越来越回归到金融所要解决的本源问题——资金如何在短缺方和盈余方之间高效便捷的融通。随着金融科技日新月异的发展，这一场变革将对人类的生产和生活产生深远的影响。

我们研究和关注金融科技，首先要回答的问题是——科技为金融做什么？

金融活动在实现市场定价和资金融通的过程中，需要收集、甄别、分析和处理大量的信息，涉及高难度的数学算法、会计技术和复杂的交易过程，由此导致大部分投资者和消费者无缘掌握金融活动的核心内容、流程与技巧，只能求助于专业化的金融机构。金融科技作为支撑金融产业发展的技术、产品和服务，以其信息处理的高效率、迅速压缩的交易成本以及基于用户体验的产品和服务设计等优势，大大降低了金融服务和消费的进入门槛，对传统金融服务业来说，几乎望尘莫及。

从国内外金融科技行业发展的态势来看，金融科技为金融产品和服务的创新，提供了新的手段。比如移动支付、网络化信贷以及各种基于互联网和移动互联网的新兴金融服务业态的崛起，在某种程度上，引发了金融业运营模式的重塑和再造。以信息技术为支撑，金融科技不仅打破了传统金融业线下网点的限制，而且使金融客户群体迅速扩大，金融产品和服务的覆盖面快速延伸。乐观一点来说，这一趋势有效缓解了海量客户享受金融服务不足的难题，传统金融理论中强调的金融抑制困境，通过技术手段可能得到有效缓解。

金融科技行业的快速发展，促使传统金融机构对自身的市场定位和既有业务模式进行重新布局，试图按照客户需求进行流程再造。商业银行纷纷着手调整市场战略和组织架构，通过发展新业态，加强中小企业的客户拓展、产品开发和服务支持，从支付便利化、提高资金配置效率和降低交易成本等方面，实施创新和战略转型，以激发市场活力，提升对经济的支持力度和服务效率。证券、基金、保险、信托和期货业也在加强其客户账户的支付结算功能，通过提供投资交易信息、购买理财产品、日常消费支付以及现金管理等服务，拓展盈利点。随着信息技术迅速向传统金融业渗透，不断冲击着金融服务业现有的竞争格局，催生了大量新的金融中介业务模式，使金融机构与非金融机构之间的界限趋于模糊，大大降低了金融服务业的准入壁垒。

金融科技的产业化发展，伴随信息获取和加工技术的进步，不断把过去没有信用记录的人群纳入了金融信用体系，促使传统的非正式人际融资借贷逐渐标准化。通过信用评价和对借贷过程的系统化，提高了借贷流程的透明度，降低了信息不对称程度和风险量化的难题，能够让资金以更低的成本流向需求方。基于大数据、云计算和人工智能的海量数据处理，将有可能更全面、更准确地反映消费者行为模式、经济动机和信用度，比传统的历史信贷数据更具有经济价值和社会价值，从而建立社会信用的新标准。

金融科技行业快速发展，还推动了利率市场化乃至整个金融市场的深化。金融机构通过营销获客、身份认证、风险定价和资金流转等环节的技术性便捷化，有效节约了整个金融服务业的运营成本。大量的非金融机构直接或间接地提供金融服务，投资者可以依据更为客观的数据进行投资决策，降低了金融信息的获取成本，节约了金融服务业的交易成本，以便对借款人进行市场化、差别化的利率定价，进而推动金融市场的功能不断深化。

有目共睹的是，中国在金融科技行业的部分领域，已经不是弯道超车，而是跨道超车，直接进入了世界领先者行列。比如移动支付，凭借中国庞大的人口基数所赐，这一细分领域实现了迅速崛起。不仅在国内市场上深耕细挖，更是一路攻城掠地，不断将业务拓展到了发达经济体。相比之下，发达经济体的金融机构，由于对信用卡等传统支付方式的路径依赖，存在着某种程度的路径锁定效应。2016 年，中国的金融科技公司获得的融资额占到了全球金融科技公司融资总额的半壁河山，超越美国位列全球第一，使以中国为代表的亚洲地区取代北美成为全球金融科技投资的第一目的地。

金融科技行业前景广阔，市场潜力非常巨大。中国部分优秀金融科技企业的出色表现，为进一步发掘金融科技中的商业机会，提供了成功的经验和参考。

研究和关注金融科技，同时也要回答的问题是——科技改变了金融什么？

正如习近平总书记在近期召开的全国金融工作会议上所强调的，金融是国家重要的核心竞争力，金融安全是国家安全的重要组成部分，金融制度是经济社会发展中重要的基础性制度。金融科技产业的发展历程，伴随着金融创新的过程，金融科技将信息技术嫁接于传统金融模式，大大降低了交易成本，扩展了金融市场的边界和功能，不仅对信息产业发展起到了促进作用，还有利于经济转型和升级，有利于社会全面发展和进步。

在金融科技浪潮催化下，货币的概念和形式正在产生进一步的演变。在过去二三十年间，随着货币发行、储值和支付技术的进步，货币的表现形式经历了三次演变。第一次演变是代表中央银行和商业银行信用的传统货币，广泛采用了电子支付的方式。其中涉及的货币，仍是基于银行信用的货币概念，是传统货币的电子化。第二次演变是出现了代表特定发行商信用的电子货币，持有电子货币意味着持有者具有以其持有的电子货币向发行者兑换等价的现金或存款的权利。欧盟将电子货币定义为发行商通过收取货币资金发行的用于支付交易目的、且能被其他自然人或法人接受的电子化货币价值；美国财政部规定预付费业务相关的电子货币必须基于真实货币，电子货币是发行者基于真实货币发行的二次货币。第三次演变是脱离真实货币，在特定的互联网平台中仿造现实货币的部分特征创造出来的虚拟货币，比如比特币。

国内有关部门早已经着手进行数字化货币方面的课题研究，取得了不少卓有成效的研究成果。值得重视的是，我国目前还没有专门针对电子货币或数字货币的立法，而是把预付卡的发卡主体，纳入到非金融机构支付服务商范围进行监管。我国目前有关虚拟货币的管理对象，主要是网络游戏币，是为了限制它进入实体经济。美国对虚拟货币提供经纪和转账服务的机构，是作为货币服务机构加以监管。

具有较高流动性和先进替代性的电子货币或虚拟货币，如果没有百分之百的官方货币作为发行准备，由于发行机构具有类似商业银行的货币创造功能，在一定程度上可能改变一国的货币乘数和货币流通速度，从而对货币政策传导机制和效果产生影响。数字化货币的潜在不良效果，不容忽视！主要表现是，在一个统一的货币区中出现事实上不同的货币，其支付和流通即使被限制在不同区域或行业，也会造成货币割据或市场分割，与市场经济发展相适应的货币化过程相违背，事实上是一个去主权货币化的过程。对这一情形，我们务必要高度关注，积极加强监测、分析和监管。

与此同时，随着金融科技领域新技术和新模式的不断涌现，传统的金融交易模式将与新的时代元素相结合，衍生出更适合市场需求的金融产品和服务。但不可忽视的是，金融科技已经对现有的金融模式和格局，带来了巨大的冲击。金融创新必然伴随着风险问题，由于科技因素的介入，在由内部系统滋生的风险之外，添加了由外部系统传导而来的风险。

创新总是机遇和挑战并存。从本质上说，金融是管理风险的行业，其专业化程度高，离不开严格的外部约束和高度的行业自律。而金融科技所带来的风险，已不同于传统的金融体系，以互联网金融为例，其主要依托量化模型等数据分析优势，进行客户识别和风险评估。量化模型由于依赖长期稳定的交易环境和交易规则，容易积累系统性风险。非金融机构支付所采用的延迟金额结算，对支付机构自身的流动性要求非常高，也存在潜在的风险。

毋庸置疑，金融科技对中央银行和金融监管部门提出了全新的课题。金融科技的发展，降低了金融服务的准入门槛，金融科技企业有从信息中介转向信用中介的趋势，使得传统上银行、证券、保险和期货等分业经营和监管的格局受到了冲击。目前中国金融监管部门采取的主要做法是，通过常规监管方式在互联网环境下加以延伸，实施对网上银行、电子支付和交易等互联网金融活动进行监管。经过多年的摸索，以对非金融机构支付监管为切入点，兼由中央和地方分层监管，通过民事法律规范以及行业自律等方式，将部分互联网金融活动纳入监管范畴。然而，由于技术发展往往领先于监管，且易于跨区域、跨行业经营，难以完全套用现有的分业监管框架，比如通过互联网支付平台销售货币基金，已经非常接近于提供存款替代性产品，具有监管套利的特征。

金融科技的发展涉及大数据的收集和应用，同时也提出了消费者个人隐私保护和信息泄露的风险防范问题。大数据一旦达到某种规模，就成为有系统重要性的战略性的资产。它被少数私人公司所垄断可能产生的政治、社会乃至国家安全的后果也是一个亟需研究和应对的挑战。

研究金融科技，更要回答的问题是——科技不能改变金融什么？

金融科技的突飞猛进，虽然带来了很多新的变化，但在这些变化背后，其实我们可以看到很多不变的东西。

首先，金融科技催生的各种新兴业务，总的来说仍然反映了储蓄向投资的转换，涉及资金跨空间和时间的配置，具有传统金融所固有的不确定性，尤其是对风险的管控。"安全性、流动性和效益性"三大原则，不仅依然对商业银行适用，也适用于整个金融服务业。

其次，不管是哪种新的金融形式，按性质划分，实际上仍然可以分为直接融资和间接融资两种基本方式。金融科技带来的新的直接融资方式，仍然存在投资者权利界定和保护问题；从事这种融资模式的金融科技公司本身的信用和可靠性问题，实际上是一个"新"的老问题。从金融科技企业能够提供的间接融资方式来看，仍然是一个资产负债管理问题，是资产和负债的转换，涉及期限的转换，这里面有期限错配的风险、有信用的风险、有流动性风险以及经营者本身的资本金责任问题。

再次，风险管理仍是重中之重。新兴的金融业务可以利用信息的优势找到很多新的解决办法，但这种解决办法仍然要服务于风险管理的需要。而且，新的解决办法从长期来看有什么新的问题产生，还需要在实践当中加以检验。

中国政府一直重视包容性金融体系的建立和健全，十八届三中全会倡导的普惠金融更是如此。习近平总书记强调，要"利用数字技术发展普惠金融"。而科技与金融的结合，是金融服务实体企业和加速经济转型升级的必然要求。今后，我们一方面应该努力加强金融监管；另一方面，要构建一个充分竞争、包容性强的普惠金融体系。

研究金融科技，还要考虑的问题是——在金融科技推动下，金融服务业的发展趋势会是什么？

经典的经济学和金融理论强调，未来具有不确定性。这固然是自然性的法则，但是从产业或行业的角度观察，金融科技受政策法规和技术条件约束，其大致的脉络还是可以触摸的。

金融科技具有高效创新的特质，主要是指技术手段的创新，并因之带来商业模式的升级换代。金融科技正在运用大数据分析技术、人工智能、认知计算、机器学习和分布式技术等前沿科技进行革新，将传统的银行、证券和保险业务进行分解，以期提供高效率、高附加值、低成本、更加便利的产品和服务，从而大大降低交易成本，提升整个金融行业的运转效率。

在这一方面，科技与金融互为动力。比如，大数据是金融科技的基础，没有大数据就没有金融的新业态。金融大数据技术具有以下几个特征：一是海量数据；二是数据类型多样化，包括数据、文字、图片、声音和影像等不同形式；三是储备能力强，理论上依存空间可以做到无限大；四是数据传输速度呈加速度递增。以云计算为基础的金融计算，一是计算速度快，未来计算速度将由每秒钟十万亿次，提高到每秒百万亿次；二是计算方法多，金融统计与计算包括现代金融统计学不断开发的新算法、新工具；三是计算能力强，能够对数据、文字、图片、声音和影像等不同类型数据，进行清洗加工、研发数据图谱，对不同数据进行综合计算与分析。而人工智能在金融科技领域将取得重大突破并广泛应用，从而推动金融服务业的巨大进步，投资评估、风险分析以及智能投顾等大量工作，逐步会由智能机器人参与或承担。

金融监管方面的科技运用，是通过技术手段实现更广泛、更全面和更严格的金融监管。一是运用大数据、云计算、人工智能、生物识别和区块链等技术，实现监管范围全面化，遏制大量现金流通，最大限度发挥金融监管的作用；二是扩大监管空间，利用国际金融信息互通机制，实现全球范围的监管合作；三是监管更严格、规范、透明和标准化。

在层出不穷的新技术手段推动下，金融科技行业将呈现以下趋势：

一是数字化，数字货币逐渐替代实体货币，引发纸质货币之后的又一次货币革命。大数据、区块链等技术推进数字货币替代纸币、电子账本替代纸质账本，身份识别和综合性信息逐步替代资质评级的过程，在信用社会体系中发挥重要的基础性作用。

二是智能化，高度注重客户体验。通过云计算、人工智能和智能机器人等技术手段，实现投资分析、信用评级、风险评级、投资报告自动生成等金融活动，智能获客和智能投顾等业务广泛开展。通过这些新型工具和服务，金融服务业能够更精准地倾听客户心声，量化客户体验的反馈机制，简化产品和服务流程，更准确地响应、预期客户的需求，开创简单易用、具备消费者高参与度的产品与服务。

三是普惠化，让更多的民众共享技术和社会进步的成果。把最新的信息技术融入到传统金融服务业的信息处理和投资决策中，这既是传统金融业最关键的营运环节，也是人力成本最为昂贵的环节，以往只有少数重要客户才能享受到的、根据自身状况定制的金融服务，随着金融科技的普及，将不断向普通客户辐射和延伸，让越来越多的市场主体分享到金融服务所带来的便捷。特别是，传统金融服务能够延伸到面向中小微企业和没有征信记录的人群，他们过去在较高的金融服务门槛前望而却步，而金融科技有望改变这一现状，让每一个市场主体都能公平地享受金融服务。

四是标准化，利用现代信息技术逐步使金融活动标准、规范和透明，加速金融产业标准化、科学化、现代化，逐步建立适应信息社会的金融危机预警与监控机制。借助客户预警、欺诈识别、智能监测、互通互联等技术，可以有效提升金融监管的能力与效率，使每一类金融活动成为一个标准化的模块，有效防范金融风险，大幅度提高金融工作效率，保障金融安全。金融科技像许多技术一样，正确应用会产生利益，应用不当会出现负面效应，对这一方面，我们务必保持高度的警觉性。

金融科技发展日新月异，值得我们深入探讨研究，并为之不断的努力。

这本书的立意，没有局限于学院派纯粹理论性的探讨，而是对金融科技行业进行全面的梳理和总结，突出对行业和产业化发展的借鉴效果，因此，对普通读者来说，既有可读性，也具有现实指导意义。两位主编，莫菲和赵大伟分别是我在中国人民银行金融研究所工作期间带的博士后和紧密工作的同事。他们组织一群志同道合者编写了本书，请我写点文字。这对于我也是一个学习的机会。正值不久前国际货币基金组织执董会刚刚讨论过这一问题，我因此愿意谈谈相关的看法和认识，并附上我参加会议的笔记（见附件），供参考。

是为序！

中国驻国际货币基金组织执行董事

金中夏

2017 年 8 月 31 日

目　录

第一章　中国正走在金融科技发展的快车道

金融科技是海外舶来品 Fintech 的直译，重在发展底层技术，支持金融机构提升金融服务质量，改善金融效率。实际上，我国金融行业在 2004 年前就已经出现了金融科技的"身影"，只不过那时金融科技仅作为传统金融机构 IT 系统的方式存在，为传统金融业务开展提供技术支持和服务的基础设施。近年来，随着全球涌现金融科技热潮，我国金融科技从金融后台系统逐渐走向前台核心业务，且在许多方面甚至都处于世界领先地位，发展速度前所未见。可以预期，金融科技深度发展不仅给金融业带来最深远的颠覆性影响，而且也将加速推进科技与金融融合。

第一节　透析中国金融科技行业发展环境的四个维度

一个国家建立金融科技优势，通常与其金融科技行业所处的外部发展环境息息相关。在没有政府政策支持、经济发展需要以及新科技新技术涌现的情况下，金融科技行业的推广与应用将面临重重困境。基于此，本书将从政策、经济、社会以及技术四个维度介绍我国金融科技发展面临的外部环境。

一、包容、开放、宽松的政策环境

近年来，我国政府一直积极鼓励并尝试各种创新计划，李克强总理多次提出要持续推进大众创业、万众创新，这些都为金融科技发展提供了良好的政策支持。2014 年，互联网金融首次被纳入政府工作报告。2015 年，《中共中央关于制定国民经济和社会发展第十三个五年规划的建议》正式发布，互联网金融首次被纳入国家五年规划建议。同时，政府围绕建设科技强国的战略目标，也陆续发布一系列鼓励科技创新的政策。比如，支持金融科技和初创企业的税收政策包括享受适用于"高新技术企业"15% 的税率（一般为 25%）以及新兴产业创新基金用于推动数字化发展等。

相关监管机构一直采取开放态度，在行业发展初期充分鼓励行业创新。金融科技企业成长的各个阶段都较易获得投资，其中包含有 750 多家政府主导基金的巨额国有投资和活跃的 IPO 市场支持。根据 CB Insights 相关数据显示，我国 2016 年对金融科技行业的直接投资达到了 65 亿英镑。2016 年 9 月，《北京加强全国科技创新中心建设总体方案》提出，要加快国家科技金融创新中心建设，鼓励符合条件的银行业金融机构与创业投资、股权投资机构实现投贷联动。

随着行业规模越来越大，政府也及时出台了一系列监管法规。2014 年 4 月，中国银监会发布《关于办理非法集资刑事案件适用法律若干问题的意见》。同年 9 月，中国银监会又提出了 P2P 网络借贷行业监管十大原则。2015 年 7 月，为鼓励金融创新，促进互联网金融健康发展，明确监管责任，规范市场秩序，中国人民银行等十部委联合发布了《关于促进互联网金融健康发展的指导意见》，既对互联网金融的创新性持鼓励和支持态度，又强调了金融监管的重要性，明确了监管责任同时通过健全制度以规范市场秩序。2016 年 10 月，国务院发布了《互联网金融风险专项整治工作实施方案》，致力于第三方支付、P2P 网络借贷与股权众筹、资产管理及跨界从事金融业务、互联网广告四大领域的风险防范及处置。2017 年 5 月，中国人民银行成立金融科技（Fintech）委员会，旨在加强金融科技工作的研究规划和统筹协调，切实做好我国金融科技发展战略规划与政策指引。

二、基于庞大金融需求的经济环境

大量民间财富的投资需求、小微企业的融资需求以及消费者的消费金融需求间接催生了金融科技产业。从经济需求端看，随着我国经济快速发展，居民可支配收入增加，理财需求持续增长，但现有金融机构难以充分覆盖到长尾客户的需求，金融科技越来越成为一个提供更便捷、差异化的财富管理通道，来释放这些庞大投资需求。另外，从早期的金融 IT 系统，到后来第三方支付、

P2P、大数据风控、智能投顾等一系列产品。用户对便利性以及个性化服务的期望越来越高，而传统金融机构同时面临沉重的金融脱媒压力。比如，2013 年阿里巴巴余额宝的出现，微信理财通、陆金所的 P2P 金融超市的推出，互联网借贷成为金融科技在资产管理中的广泛应用和推广。

从经济供给侧看，一方面由于信用评估困难，小额借贷者需求很难满足；另一方面，大量僵尸企业和过剩产业占用大量金融资源。作为供给侧改革核心之一，如何降低企业融资成本，如何提升资金利用率已成为社会共识。金融科技的发展正在弥补这一空白，基于消费者交易和个人信息，创建信用评估体系使得主要电子商务平台都具备为小微客户和个人消费者提供金融贷款业务的能力。此外，我国拥有全世界最多的消费者群体，也为日益活跃的金融科技市场提供了坚实基础。在移动互联网快速发展背景下，居民越来越倾向于使用电子支付。便捷的支付模式使当前 4.25 亿手机用户将手机作为电子钱包使用，从现金消费跨过银行卡消费直接进入电子消费阶段。

三、处于转型期的社会环境

国内互联网金融逐渐发展成熟，加之国内外交流日益深化，为更深层次的转型提供契机。2013 年以来，P2P、网络理财、第三方支付、众筹等多种互联网金融业态百家争鸣，同时相关监管对这些互联网金融的发展持开放态度，没有对这些企业采取类似金融机构的严格监管，但后续网贷平台违约事件时有发生，特别是各类非法集资筹资活动也被包装成金融创新出现在市场上，导致金融风险不断积聚，促使政府不得不有所作为。受此影响，国内"互联网金融"概念也逐步趋近并被融入"金融科技"的概念体系，原有互联网金融平台在汲取经验教训的同时，纷纷转型定位于金融科技企业，以赋予自己的技术能力更好的品牌和更强业务能力。

此外，我国各数据中心、征信系统等基础设施建设逐渐完善，同时手机等移动终端发展成熟。其中，我国征信技术的不断提高和社会大众对信用资质的日益重视，为金融科技发展创造了必要条件。利用新兴的互联网信息科技改造和创新金融产品和业务模式，实现征信方式拓展的大数据技术环境正在逐渐成熟，以往难以被传统征信体系覆盖的长尾用户信息的收集、处理、分类等难题正因金融科技发展而逐渐走出困局。作为金融科技革命的前沿，在线支付是移动支付的延伸和拓展。截至 2015 年，3.58 亿中国消费者使用过移动支付。在移动支付技术驱动下，一些电商平台创新移动支付和资金转移解决方案，推出消费金融产品，使现金和借记卡不再是日常交易必需的媒介，也挑战了传统信用卡交易。美国商务部发布的《2016 年顶尖金融科技市场报告》显示，在金融科技总市场中，支付服务占比为 17.6%，是所有金融科技产品中使用率最高的。我国移动支付迅速发展，为在线支付应用和推广奠定了一定基础，为科技与金融结合创出一个新局面。

四、以国家中长期规划为引领的技术环境

顾名思义，金融科技是金融与科技的深层次融合，是移动互联网、大数据、云计算、人工智能等新兴技术在金融领域创新应用的产物。大数据技术进一步发展生物识别、语言处理、区块链等技术并应用到金融中，改变整个金融体系。但这所有的产品得以成为现实，都依赖于在移动互联网时代背景下逐渐成熟的，以大数据、云计算和人工智能为代表的新技术推动。

大数据发展得到政府层面的支持。2011 年以来，科技部的《中国云科技发展"十二五"专项规划》和工信部的《物联网"十二五"发展规划》等都把大数据技术作为一项重点予以支持。在应用方面，我国三大通信运营商都在结合自身业务，积极推进大数据应用工作。甚至有一些科技企业在大数据、分布式计算、数据分析等领域具备核心竞争力、自主创新并拥有多项发明专利。

2009 年以来，我国政府已经开始关注云计算发展，继而云计算进入实质性发展阶段。上海、北京、天津、无锡、东营等地方政府积极建设云计算中心，建立政府公务云及面向中小企业的公有云。以中国移动、中国电信为代表的电信运营商，为运营支撑系统搭建私有云，整合内部资源，节能降耗，实现转型。近期，人工智能领域频繁迎来政策和市场的"双催化"，市场热情空前高涨。新一代人工智能发展规划和重大项目规划已经发布，这是我国面向 2030 年的人工

智能发展规划。顶层设计的出台意味着后续资金、人才、技术等投入将跟进，政策红利有望持续释放。在研发领域，我国人工智能专利申请数量和质量提升明显。《乌镇指数：全球人工智能发展报告》显示，在全球人工智能专利数量方面，我国紧随美国位列第二，但增长率却遥遥领先。国内一些企业的人工智能研发水平已接近世界前沿，比如百度在语音识别、图像识别、人工智能操作系统、深度学习及无人汽车驾驶等领域都达到全球领先水平。科大讯飞的语音识别已连续 11 年蝉联全球语音合成大赛的第一名。

第二节　中国金融科技行业发展的全景式扫描

随着移动支付和互联网借贷的出现，科技与金融相互融合，金融科技在我国得到"井喷式"发展。目前，我国金融科技公司获得融资占全球金融科技公司融资总额的份额超过 50%，首次超越美国，位列全球第一。除网上银行、创新金融场景外，利用金融科技践行普惠金融也是国内金融科技迅速发展的领域和方向。

一、金融科技的概念范畴与中国式内涵

金融科技（Fintech）一词源于美国，其本身也是一个创新词。在美国，人们更多将金融科技理解为应用现代科技从事金融业务创新的初创企业。美国商务部认为，利用软件和技术提供创新金融服务的金融科技公司，通过降低金融成本、延展服务范围，将重塑和改善整个金融面貌。这是因为欧美国家线下金融体系比较发达。由此可见，金融科技企业的角色仅被定义为覆盖传统金融体系遗漏的客户和市场缝隙，提高已有金融业务效率。

与此不同，我国金融科技的起始点并不是金融科技行业本身。金融科技这个词在很长时间内都是以互联网金融这个概念存在的。随着互联网技术发展，在传统金融服务缺位，用户体验追求升级，以及政府对创新发展开放包容的态度下，互联网企业利用互联网技术和信息通信技术实现资金融通、支付、投资和信息中介服务，但一些互联网平台违约事件时有发生，促使监管标准被统一

化，最终将互联网金融纳入金融监管。传统金融机构的资本金规模、风险控制、产品设计等优势逐渐显现，互联网企业重新回归其工具化属性，发力优化业务流程，改善成本结构，提高营销效率，为金融核心服务。在互联网金融热度褪去，其概念也逐渐向更接近其本质的金融科技演化。显然，互联网金融和金融科技是两个不同的概念。金融科技本质则是科技，强调利用大数据、区块链等互联网创新技术进行风险控制和平台管理，是一种运用高科技来促使金融服务更加富有效率的商业模式。中国人民银行条法司原副司长刘向民明确指出，要划清互联网金融和金融科技的界限，金融科技不直接从事金融业务，要与持牌机构合作才能从事金融业务。

金融科技的核心是利用新兴的互联网信息科技改造和创新金融产品和业务模式，更强调新技术对金融业务的辅助、支持和优化作用，其运用仍需遵循金融业务的内在规律、遵守现行法律和监管要求。金融科技从应用领域角度可分为五大类：支付清算领域包括网络和移动支付、数字货币等；融资领域包括股权众筹、P2P 网络借贷等；市场基础设施领域包括大数据、云计算等；投资管理领域包括电子交易、机器人投资顾问等；保险领域包括保险分解和联合保险等[①]。

二、从金融科技 1.0 到金融科技 3.0

从 IT 技术对金融行业推动变革的角度看[②]，我国金融科技发展可分为三个阶段。第一阶段是金融科技 1.0，金融行业通过应用传统 IT 软硬件实现办公和业务的电子化、自动化，提升金融服务效率。商业银行的信贷、清算及综合业务系统就是典型代表。这一阶段主要受政府政策主导，运用资本扶持发展金融科技。

第二阶段是金融科技 2.0，金融业变革传统金融渠道，即金融企业搭建在线业务平台，汇集海量的用户和信息，实现金融业务中的资产端、交易端、支付

---

① 李文红、蒋则沈：《金融科技发展与监管：一个监管者的视角》，《金融监管研究》，2017 年第 3 期。

② 巴曙松：《金融科技发展可划分为三个阶段》，《中国经济导报》，2017 年 2 月 18 日。

端、资金端的任意组合的信息互联互通。这一阶段科技技术推动金融创新、驱动政策进一步完善。

第三阶段是金融科技 3.0，金融机构和科技机构加速融合，通过大数据、云计算、人工智能、区块链等新兴技术手段，改变传统的金融信息采集来源、风险定价模型、投资决策的过程、信用中介的角色等，解决传统金融痛点，提升传统金融效率。这一阶段金融技术创新升级，金融与科技产业内的市场结构、资源要素边界进一步融合，协同效应释放在即。

我国金融科技的运用同样可分为三个阶段，第一个阶段是金融机构在自建的互联网场景中渗透金融服务，如中国工商银行推出的"融 e 联"、"融 e 购"和"融 e 行"，中国平安集团建立的"平安好车"、"平安好房"、"平安好医"等；第二个阶段是金融机构通过融入互联网场景的方式提供金融服务，如部分保险公司通过接入不同的互联网平台，用不同平台的数据设计保险产品并进行销售；第三个阶段是金融互联网，利用互联网技术提升优化现有金融产品和服务体验，如开户手续和流程简单化、提升支付效率等。

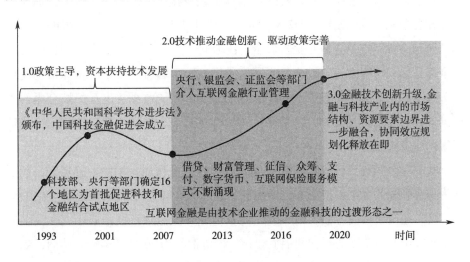

资料来源：Analysys 易观，《中国金融科技专题分析 2017》。

图 1－1　我国金融科技行业发展阶段

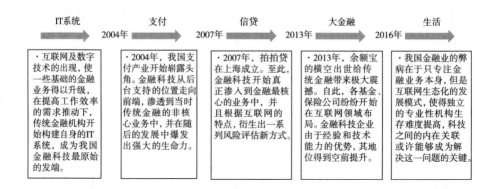

资料来源：艾瑞研究院，http：//www.iresearch.com.cn/report/2966.html。

图 1-2 我国金融科技行业发展历程概览

三、中国金融科技发展——弯道超车和换道超车

（一）我国金融科技行业发展规模较大

目前，从体量规模上看，我国是全球金融科技领域的绝对主导者。据澳大利亚知名金融科技风投机构 H2 Ventures 和毕马威会计师事务所（KPMG）发布的《全球金融科技 100 强》报告显示，我国电子支付规模远远领先于其他国家，占全球总体规模的近一半；在互联网信贷领域，中国市场规模占全球市场规模的 75%；最具创新力的前 5 大金融科技公司中，我国占据 4 席；蚂蚁金服作为中国最大的金融科技公司，市值规模为 600 亿美元，与瑞士最大的银行——瑞银集团旗鼓相当。

我国在金融科技行业的投资在世界范围内也是首屈一指的。近年来，我国作为一个领先的金融科技中心已经崛起，这不仅仅是基于我国在该行业内的活跃程度，还基于投资方面。2015 年，与其他领先的金融科技中心相比，我国的金融科技中心投资仅次于加利福尼亚州，投资额约为 20 多亿英镑。然而，到了2016 年，受到蚂蚁金服约 30 亿英镑融资进程的推动，我国的金融科技投资翻了三倍以上，达到约 65 亿英镑，带动亚洲替代北美成为全球金融科技投资第一目的地。究其原因，我国金融科技投资的显著增长和庞大规模，从根本上是得到了政府和私人两方面强有力的资本支持。英国财政部（HM Treasury）和安永会

计师事务所（Ernst & Young）2016 年发布的《中英金融科技合作指南》指出："我国政府运营着 750 多家遍及全国的政府主导基金，2015 年为初创公司筹集了 1520 亿英镑的资金，还向初创企业承诺了 43 亿英镑的政府扶持资金、税收减免和获得政府补贴的技术园区。"除此之外，私人资金也为早期和成长期的金融科技投资提供了大力支持。对于处在发展后期的金融科技公司，金融科技企业也能够从活跃的 IPO 市场获益，在过去 10 年间完成的 IPO 数量超过美国和英国的证券交易所。

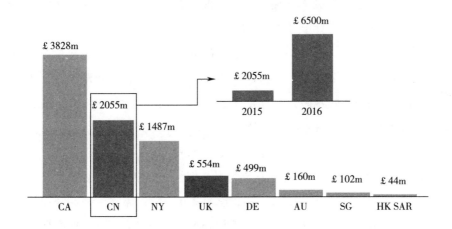

注：投资额是指 2015 年第一季度到 2016 年第一季度期间的投资额。

资料来源：CB Insights。

图 1 – 3　2015 年按地区统计的金融科技投资额（单位：英镑）

（二）我国金融科技发展涉猎面广

目前，我国金融科技业务型和盈利模式十分多样化，并呈现出高度细分且相互交叉的特点，主要经历了 IT 系统、支付、信贷、大金融和生活几个阶段，包括了移动支付、财富管理、网络借贷和数据分析四个成熟行业。从金融科技细分领域来看，我国的金融科技在支付和另类融资方面尤其强大，2015 年，超过 3.58 亿的用户使用了移动支付服务，同年网络借贷的市场规模已达到 987 亿英镑。

1. 移动支付

移动支付是通过社交媒体和公共平台提供本地、跨境、跨数字渠道的支付和转账服务。我国移动支付主要表现为：一是社交平台整合，利用社交媒体应用程序为金融服务提供便利，如支付宝（阿里巴巴）、财付通（腾讯）、银联支付和京东支付等点对点支付。二是与日常"消费活动"融合，整合"日常消费活动"，解决金融服务痛点，如用在餐饮、公用事业、医疗服务、网上购物和交通等方面的翼支付、快钱支付和中国工商银行网上支付。移动支付丰富了支付场景，大大提高了支付效率和便利度，有效补充了现有金融体系的服务功能，也推动现有金融体系进一步提高自身效率。

安永会计师事务所（Ernst & Young，2016）提出："我国金融科技在移动支付领域渗透深入的主要原因有三方面。首先，可渗透的客户数量庞大。我国是世界上最大且最发达的零售电子商务市场，占全球数字销售的47%。截至2015年，我国移动支付用户数已超过3.58亿，年增长率约为64.9%。其次，传统保守文化对数字化的接受程度不断提高。我国互联网普及率从2000年的1.8%上升到2016年的51.7%，这是数字化支付日益增长的关键催化剂。最后，第三方移动支付发展迅速。截至2015年3月，已有270家第三方支付公司获得了支付牌照。2017年第一季度，第三方支付机构处理网络支付业务9470.90亿笔，金额26.47万亿元，同比分别增长60.13%和42.47%。"

2. 财富管理

财富管理是以互联网和技术为支撑的投资顾问服务，让理财交易市场面向大众。我国财富管理主要表现为：一是数字金融管理平台，即面向大众市场的全球化平台提供"低成本低门槛"的消费基金，如2012年，宜信推出"宜人贷"在线金融服务平台，提供全流程线上的个人信用借款与理财服务，主要针对城市年轻白领人群；二是证券和社交型交易，即数字平台支持证券交易、社交型交易，降低消费者的交易门槛；三是机器人投顾，即自动化的在线金融咨询/投资组合管理，以"智能投资顾问"为方向的科技公司，设计提供基于网络的智能化投资咨询平台，改善零售投资者的信息不对称问题。截至2015年底，理财产品的价值总计为2.3万亿英镑，占我国GDP的35%。

我国财富管理发展得益于大量"低收入"群体无法满足银行传统理财产品的投资门槛，而且这部分群体随着经济发展逐渐成为中产阶级主体，且成指数规模上升，截至 2022 年约 75% 的人口有望达到或超越中产水平。另外，阿里巴巴的余额宝、宜信财富、百度金融和京东金融等金融科技公司都在积极参与财富管理领域。

3. 网络借贷

网络借贷是向个人和中小企业提供不同于传统借贷渠道的新型借贷模式，主要由 P2P 和支付平台提供。我国网络借贷主要表现为：一是 P2P 借贷，点对点业务模式，向消费者和中小企业提供对等贷款。截至 2016 年末，我国已经有 P2P 平台 4856 家，投资者 998 万，融资者 572 万，贷款余额 8300 亿元。二是客户与供应链融资，电子商务巨头通过平台上用户的数据向消费者和中小企业提供贷款，量身定制信用额度。比如阿里小贷、京东白条、百度小贷，主要发放消费贷款和供应链融资。三是诸如 P2N 模式的平台借贷，这类平台与发放贷款的存款性金融机构合作，购买贷款，然后再将整笔贷款卖给投资者，或者通过发行证券产品的方式转售给投资者。截至 2015 年，中国网贷市场规模已达 987 亿英镑，为世界最大。

我国网络借贷迅速发展的主要促成因素有：一是尽管中小企业对我国 GDP 的贡献达 60%，但它们的贷款只占到银行发放贷款额的 20%～25%，许多中小企业融资需求是传统金融机构无法完全覆盖。二是我国的个人银行体系发展尚不完善，有 20% 银行个人客户的服务需求无法被满足。三是传统银行提供的金融产品缺乏竞争力、灵活性。这些都给金融科技公司在 P2P 市场上的快速发展留下了一定空间。当然，我国网络借贷发展中也暴露出了许多问题，其中最大的问题便是信用问题，市场上的 P2P 平台存在着提现困难、跑路或者平台倒闭等各种问题，这也促使金融监管对 P2P 市场提出更高的准入门槛，信息披露要求更高，监管更严。

4. 数据分析

数据分析是基于更优质的数据资源，应用大数据分析技术提升风险评估并改善金融服务。我国数据分析的重点领域就是信用评级，即使用其他非传统的在线数据源和行为分析（例如购物行为和社交媒体网站的信息）来了解并确定客户的风险概况。在大量居民网上支付消费留下很多"足迹"后，使得线上征信成为可能。这是因为移动端的数据维度更多，可以使用户"画像"更立体，服务体验更好，数据的实时获取和解析让风控有效性得以提升。2015 年初，我国政府颁发 8 张个人征信业务牌照，鼓励发展征信评级系统。

目前，政府正在大力推进社会信用体系平台的建设。我国有五分之三的公民缺乏信用记录，只有 3 亿公民在中国人民银行征信中心有信用记录。在全球190 多个国家和地区中，有 150 多个国家和地区建立了征信制度，但能做到在一个经济体范围内对持牌金融机构放贷业务全覆盖的征信系统，只有中国人民银行征信中心，这是目前全球最大的征信机构①。这为金融科技向征信领域拓展奠定了良好的市场氛围。

（三）政府对金融科技发展高度关注

2015 年 3 月，我国提出"互联网＋"行动计划，进一步推动移动互联网，云计算，大数据和物联网行业的发展，以鼓励电子商务、工业网络、网上银行的健康发展，为刺激经济助力，并帮助国内互联网企业提升国际参与度。作为对"互联网＋"行动计划的响应，同年 7 月，中国人民银行等十部委联合发布了《关于促进互联网金融健康发展的指导意见》。这是我国政府颁布的第一份综合性金融科技法规，对互联网支付、互联网保险、在线借贷、众筹和在线基金销售等做出了相关规定。

在地方，几乎所有的省份都有省级行业扶持基金，用于鼓励科技产业的发展，这也使得金融科技能够自然而然的得益于这些行业的发展。最近通过地方政府的大力支持，区域性的金融科技中心主要集中于北京、杭州、深圳和上海等城市，同时也吸引了金融科技行业在其他城市积极开展，其中包括成都、重庆和苏州。

除了政府和监管部门，还有不少行业贸易协会、扶植计划与创业孵化器，共同支持国内外金融科技公司在中国发展。例如，"金融＋"（FinPlus）是我国

---

① 万存知：《坚持独立第三方征信》，http：//www.gongxiangcj.com/show－15－3165－1.html。

首个专注于金融科技天使基金的风投资本，旨在将海外金融科技创业公司引入中国市场，并探索在中国的金融科技创业项目。

四、中国金融科技行业发展的市场格局与新金融业态

从网络借贷、支付服务，到互联网理财和区块链，金融科技借助大数据、人工智能和云计算技术，正在颠覆着既有的金融服务模式和流程，为消费者提供更便捷和多元化的金融服务，改变了我国金融行业生态格局。通过创新金融产品和服务模式，改善用户体验和提升服务效率，金融科技在支付结算、资本筹集与融资、金融理财服务以及基础设施建设方面，构建了全新的金融业态。

目前，我国金融科技行业发展格局基本上是被少数的国内科技巨头主导，如蚂蚁金服、腾讯、百度和京东，它们都已将自己的金融科技解决方案铺开到各个细分领域。在其他科技企业中，少数企业建立自身特色，通过纵向战略，完成品牌升级，需要更多细致的数据及更强的处理能力；小部分企业人均技术产出值高被收购，大部分企业自然淘汰。被淘汰的企业要么是缺乏远见，导致自然淘汰，要么局限在某一领域或地域特殊企业，没有大发展观。相反，那些科技巨头利用大客户基础和低收购成本为各个金融服务子行业开发解决方案，各自有不同的核心业务及目标客户群。

表 1 - 1　我国金融科技公司的行业布局

	集团			
	阿里巴巴	腾讯	百度	京东
支付	√	√	√	√
借贷	√	√	√	√
理财	√	√	√	√
保险	√	√	√	√
证券	√	√	√	√
银行	√	√	√	—
信用评级	√	√	√	√
众筹	√	√	√	√

续表

经营金融科技业务的子公司/品牌			
	蚂蚁金服	微信	百度金融	京东金融
估值	600 亿美元	830 亿美元	<30 亿美元	70 亿美元
注册用户数	支付宝约 5 亿	微信支付约 4 亿	百度钱包约 6000 万	金融服务约 1 亿

资料来源：《中英金融科技释放的机遇》，http：//www. ey. com/cn/zh/industries/financial – services/ey – fso – insights – china – and – uk – fintech。

阿里巴巴作为世界上最大的电子商务平台，已经对消费者和中小企业实现了交叉销售，并使他们广泛接受其金融服务体系。例如，蚂蚁金服和支付宝将物流与支付和消费者交易的商户进行整合。

腾讯基于其被广泛使用的社交通讯应用——微信，对应用中的服务（如微信红包）提供点对点支付功能。另外，腾讯现在正在开拓跨境转账服务。

百度是我国最大的互联网搜索引擎，通过投资的方式提供多元化的金融服务。百度还向用户发售自己的基金，例如 2014 年，一款基于大数据分析的募资 30 亿元人民币的公募基金产品发售 3 日即告售罄。

京东作为我国第二大的电子商务平台，最初专注于为该电子商务平台的产品销售提供信用赊销服务。后来建立了自己的消费金融业务子公司——京东金融。现在，在众多金融产品和服务中，消费金融和中小企业融资是其强项。

总体而言，我国金融科技行业的指数级增长和成功很大程度上是由这些科技企业进入金融服务市场所驱动的。他们利用其巨大的客户基础获得显著的发展动力。这使得他们能够快速投资与建设和获得金融服务能力，借以带来进一步的增长与扩张。

第三节　中国金融科技行业发展趋势与展望

近年来，我国金融科技发展热潮不断升温，并得到政府高度重视。2016 年，《十三五国家科技创新规划》提出，要促进科技金融产品和服务创新，建设国家科技金融创新中心。展望未来，随着新兴技术的不断突破，叠加政府政策支持，我国金融科技将在全球金融科技产业中发挥重要引领作用。

一、中国金融科技行业发展的四个趋势

（一）金融与科技融合发展将成常态

金融科技作为金融生态的一部分，用科技驱动金融创新，推动行业共同发展。主要表现在：一是金融与科技的高度融合。在金融领域，科技提升效率，服务原有金融体系没有完全覆盖的领域；科技降低成本，与用户更多分享经济增长回报；科技改善质量，让用户享受更多便捷优质金融服务。二是区块链去中心化功能从实验走向应用。把区块链技术应用到金融各个领域，这样所有交易都是点对点发生，无需任何信用中介或集中式清算机构，其颠覆金融底层技术，传统金融系统各中心点被弱化。三是人工智能更多取代线下基础要素。从时间维度看，人工智能减少情绪化干扰，优化博弈策略以及风险定价模型，很适合中低端业务分析，因此一些基础金融工作将会被其替代，导致线下网店趋向无人化、自动化。四是金融安全有所提高。随着各类数字银行、支付技术兴起，安全技术的提升将是未来的发展重点。另外，金融科技在提高金融行业效率和服务能力同时，也增加金融监管难度，促使金融监管再升级，即监管科技（RegTech）出现。

（二）金融科技与传统金融深入合作

传统金融机构优势在于资金、风控经验、产品研发、客户经营以及用户在金融产品及信贷业务上的数据，金融科技企业最明显的优势在于用户流量、社交生活数据以及对云计算、人工智能等新技术的应用。双方合则两利，对抗或者过分涉足对方领域还可能存在业务风险以及监管政策的顾虑。

金融科技在理念、技术和模式等方面创新，促使传统金融机构不断改变业务模式和服务方式，倒逼其改革。越来越多地传统金融机构将金融科技作为转型和战略重构的重要工具，更重视科技和数据应用，通过购买金融科技企业服务提高运营和服务。主要表现在，一是立足"网上银行"、"手机银行"等市场领先平台模式进行改造，在账户体系、产品开发销售等环节优化创新。二是在

已有传统风险控制金融架构基础上，在用户/技术资源方面引入金融科技企业的大数据、云计算以及人工智能等工具，强化风控能力。

另外，金融机构向金融科技企业提供融资服务，甚至由金融机构建立相关风险投资基金为金融科技企业提供资金，又或者由金融机构建立相关孵化项目等。金融科技公司将继续加快研发与金融相关的技术。科技公司将更多地寻求融合而不是颠覆传统金融体系，出于获取牌照（资质）需要，在征信、评级、贷后管理等方面更多寻求与传统金融机构合作。例如，建设银行、阿里巴巴以及蚂蚁金服在推进建行信用卡线上开卡、线上线下渠道业务、电子支付业务以及打通信用体系等方面进行合作。工商银行与京东在零售银行、消费金融、企业信贷、校园生态、资产管理、个人联名账户、物流及电商等领域展开合作。农业银行与百度在金融产品及渠道用户等领域围绕金融科技展开，包括共建金融大脑以及客户画像、精准营销、客户信用评价、风险监控、智能投顾、智能客服等。

（三）金融科技日益丰富场景化实践

波士顿咨询公司（BCG，2014）发布的《互联网金融生态系统 2020：新动力、新格局、新战略》中提出："场景化是金融业未来的发展趋势之一，而在金融科技盛行的背景下，"场景"设计已经具备充分的可操作性和实践性。所谓场景就是着重强调，金融不是独立存在于人们生活中，而是嵌入在众多的生活场景中，让人感受不到金融的存在，可它实际上又无处不在。"通过针对性的金融产品，利用科技技术全面嵌入到众多的消费场景中，不仅增加用户的黏性，让用户对产品和平台产生足够的安全感和信任感，而且让消费金融产品有了更长的生命周期。这意味着"场景化"趋势使金融和生活边界日渐模糊，金融服务开始渗透到各种消费场景之中。基于技术＋场景的金融科技理念引导，金融科技各细分领域发展呈现如下变化：一是人工智能将被更多应用于借贷和财富管理，包括智能风控、智能投顾、智能风投在内的各类产品，改变行业现有的人力资源配置。二是区块链将被应用于非数字货币领域，增强交易双方可信度，简化流程。三是云计算和大数据将应用于金融基础设施建设，通过对金融系统的改造和新建，应对行业发展和转型升级。

（四）监管科技成为金融监管新方向

金融科技在提高金融行业效率和服务能力、促进普惠金融发展的同时，也增加了金融监管难度。移动设备成为金融服务的重要工具，信息和资金在移动互联网中快速交互。在便利性和效率提升的同时，客户信息及资金安全受到挑战，金融风险传播速度变得更快、影响范围更广。互联网化、点对点金融服务模式降低了监管机构对市场整体风险监控能力。金融业务的升级换代必然要求监管者不断提高技术水平，完善监管体系。对政策的制定者和市场的监管者来说，对金融科技的认知程度绝不能落后于行业发展水平，及时掌握金融科技动向及其对金融行业的影响有助于提高决策的有效性。因此，监管科技（RegTech）应运而生。

金融危机之后，美国金融监管趋严，金融机构要应付多重监管，为了满足监管要求而付出的成本越来越高。急需提高监管技术水平，最终促使监管科技发展。监管科技最早是指金融机构为了达成监管要求而运用的创新技术，用以降低金融机构的风控及合规成本。监管科技旨在为金融机构建立灵活、集约、低成本的风控系统，快速应对监管要求。监管机构当然也需要监管科技的支持，避免监管盲区，同时防范金融市场的系统性风险。目前，各国的金融监管部门将普遍开始关注和研究开发适用于本国的监管科技。俄罗斯、印度等国央行相继成立金融科技工作组，推动区块链和金融科技发展，并且明确金融科技需要监管，重点加强对 P2P 网络借贷、众筹、数字货币交易的监管，持续关注技术风险和投资者保护。2017 年 5 月，中国人民银行成立金融科技（Fintech）委员会，旨在进一步加强金融科技工作的研究规划和统筹协调，深入研究日新月异的金融科技对货币政策、金融稳定、金融市场、支付清算等领域的影响，引导新技术在金融领域的合理使用。同时，强化监管科技应用实践，积极利用大数据、人工智能、云计算等技术丰富金融监管手段，提升跨行业、跨市场交叉性金融风险的甄别、防范和化解能力，促使我国金融市场健康有序发展，为服务实体经济贡献力量。

二、中国金融科技行业的未来商业价值

我国金融科技正"雨后春笋般"发展，这与我国终端居民和企业需求旺盛、政府努力推进供给侧结构性改革以及协助行业成长的一揽子政策出台相关，也与移动互联网技术盛行的社会环境相关。金融科技落脚点是科技，科技在金融生态中发挥着重要作用。我国金融科技领域未来几项新技术的发展很可能会爆发出巨大的商业价值。

（一）人工智能发展前景和商业价值

人工智能是指使计算机做出类似人类思考问题的决策，从而使机器能够胜任一些通常需要人类智能才能完成的复杂工作。许多专家预测，一旦人工智能全维度地应用到金融及相关领域，将从金融及商业数据中提取大量有用信息，对信息加工判断后再反馈给金融机构决策，实时反馈给用户选择，从而降低双方交易信息的不对称、不确定性，驱动金融产业智能化发展。

目前，智能投顾作为人工智能在金融领域的重点应用。智能投顾是机器人基于投资组合理论，通过相关算法来搭建数据模型，为用户提供智能化和自动化的投资组合决策或资产配置建议。全球已推出投资推荐、财务规划和智能分析三大类智能投顾产品。我国智能投顾浪潮也已经兴起，请如弥财、祥云、蓝海财富、平安集团等公司都加紧布局智能投顾。随着征信体系及金融科技法律法规的逐步完善，智能投顾凭借门槛低、费用低、信息透明度高等优势在我国市场需求有望实现更大突破。例如，证券行业标准化的工作占比高，在了解客户投资偏好和风险承受能力以及遵循一般的资产配置原则下，确定大致的资产配置方向和比例，人工智能可以胜任投顾服务工作。

（二）区块链技术发展前景和商业价值

从技术角度看，区块链是一种分布式数据库，用于维护不断增长的记录列表，每个块都包含时间标识和与前块的链接。在金融领域，这恰似一个账本系统，每条交易的交易主体在各自的账本记录一次交易，这些交易记录由所有人共享，供所有得到授权的人查询，一项交易达到交易条件后得到系统确认就会

自动执行。其优势是可以降低交易信任风险，每一个数据节点都可以验证账本内容和记录历史，提高了系统的可追责性。从金融机构角度看，这有助于降低运作成本，实现共享金融效果。目前，国内区块链项目在很大程度上与学术界和研究机构联系在一起，关注的重点主要是加密货币。区块链初创公司仍然处于发展的早期阶段，而大型银行在区块链的应用方面才刚刚启动概念论证和试点项目。比如，平安集团、蚂蚁金服等纷纷进军该市场；小蚁、云象等国内优秀创业公司继续开拓着广阔的区块链市场。从目前发展趋势看，区块链技术可能会重构金融行业底层架构，在数字货币、跨境支付、证券清算、贸易融资等领域探索应用，将构建一种全新的金融基础设施，彻底改变现有金融生态。

（三）大数据和云计算发展前景和商业价值

大数据全面兴起，云计算方兴未艾，也是科技金融未来发展的重要方向。就智能投顾而言，除了依靠算法和模型定制风险资产组合，还必须利用大数据识别投资者真实偏好，根据市场变化实时调整投资组合，才能精准投资于标准资产。大数据技术是对数量巨大、来源分散、格式多样的数据进行采集、存储和关联分析，从中发现新知识、创造新价值、提升新能力的新一代信息技术和服务业态。大数据在金融领域的应用开辟了金融服务新范式，在客户认证、精准营销、融资授信决策、风险防范、辅助量化交易等领域将发挥越来越大的作用。而云计算则是推动信息技术能力实现按需供给、促进信息技术和数据资源充分利用的全新业态。大数据和云计算的结合将是信息化发展的重大变革和必然趋势，不仅有利于分享信息知识和创新资源，而且也极大地降低了未来金融业创新和准入门槛。

第二章 金融风险与技术风险交叉影响下的监管研究

近年来，随着云计算、大数据、人工智能、区块链等新兴技术的蓬勃发展，我国金融科技发展迅速，在金融机构中的应用愈加丰富。金融科技提高了金融资源配置效率和服务能力，推动了传统金融业快速转型。与此同时，金融科技也带来技术风险和金融风险叠加，日渐显现数据资源被滥用、侵犯个人隐私、网络安全隐患、业务风险外溢等隐患。在此背景下，如何通过金融与科技的有机结合，利用科技手段改造、创新、提升监管能力和效率，探索完善金融服务和监管模式，更好地实现安全与效率的平衡，成为金融监管当局面临的重要课题。

第一节 金融科技监管视野、工具和手段的演进

古人云，"水能载舟，亦能覆舟"。金融科技因其技术创新而得到金融机构青睐和投资者追捧，但如果在金融领域运用不当，也容易叠加风险或被放大。面对这些潜在风险，如何在鼓励创新和控制金融风险间取得平衡也是难题。由于监管制度往往是在总结实践经验基础上提炼，不可能事先设计制度来约束创新，必然落后于实践。因此，就金融科技监管而言，监管制度应适时而变，督促金融科技不应偏离创新的轨道。

一、新技术带给金融业的潜在风险

新科技技术的运用为传统金融提供了新活力和创新点，但也带来了诸多新风险和合规问题。从风险类型看，金融科技带给金融业的潜在风险，既有强化

的外溢风险，也有新增的不确定性风险，还有网络科技安全风险等。

（一）外溢性风险

在金融科技背景下，金融服务方式更加虚拟，业务边界逐渐模糊，经营环境不断开放，这使得信用风险、流动性风险等传统金融风险都呈现出较大外溢效应。第一，尽管金融科技促使整个金融系统的资金流量和流速都显著提升，但是一旦处理得不恰当，风险传导速度就可能加快，瞬间带来损失。这就是说，资金来得快，损失得也会同样快，科技发展并不会阻止金融风险发生。第二，金融科技增加了金融机构和科技企业之间的关联性和金融行业的复杂性。部分第三方科技企业在科技风险管理方面的缺陷和漏洞，有可能导致金融交易数据泄露，促使相关风险向金融机构传递和蔓延，增加金融系统性风险。例如，金融机构更多地运用新技术并外包部分金融业务，增加了风险管理难度。第三，金融科技在增加金融服务可获得性和提高金融覆盖面同时，也可能降低客户资质门槛，引入更多高风险客户。考虑到科技技术水平尚未经过经济周期性检验，缺乏历史数据可能造成风险低估和错误定价，进而增加整体金融风险水平。第四，金融科技为金融机构带来智能化系统、降低金融服务成本同时，也使得众多金融市场参与者的行为更易趋同，可能强化"羊群效应"和市场共振，增强风险波动和顺周期性，从而放大金融市场波动。以智能投资顾问为例，金融机构在运用人工智能为客户提供程序化的资产管理建议时，如果采用相似的风险指标和交易策略，可能在市场中导致更多的"同买同卖、同涨同跌"现象，加剧市场的波动和共振。

（二）不确定性风险

金融科技作为科技在金融领域的应用，在新技术并没有达到尽善尽美的时候，不确定性风险自然存在。例如，在金融数据是否充分，以及数据质量是否可靠都不确定的情况下，大数据得出的结论也存在一定不确定性。除了新科技技术不成熟带来的不确定性外，金融科技所形成的交易网络复杂化也远远超出人们的认知范畴。一是区块链等网络布置系统辨识某节点所蕴含的风险及传染能力，不再像传统金融那种简单星形网络明确与直接。跨界金融服务日益丰富，不同业务之间相互关联、渗透，而不同从业机构在业务操作、系统运维、产品定价、合同文本、合格投资者认定等方面标准化、规范化程度较低，这些都会促使金融风险更加错综复杂，风险传染性更强。二是金融科技对突发事件管理能力提出了更高要求。全天候金融服务可能会增加金融机构受到外部冲击的时间和概率，给实时监测和突发事件管理能力带来较大不确定性。三是金融科技平台难以或不去审查资金流向，可能分流部分银行业务，影响传统金融机构盈利能力，也可能影响国家货币政策的宏观调控效果，这种效应影响度和范围到底有多大，受限于其他一些外部条件和环境因素，仍存在较大不确定性。四是金融科技增加风险监测和管控难度的不确定性。监管者可能难以快速配备相应的专业资源，及时更新知识结构，识别潜在风险，而某些科技创新可能游离至监管体系之外，变相规避监管，造成监管套利。除此之外，金融科技去中心化和金融脱媒，使得更多未受严格监管、资本水平较低的科技企业进入金融行业，许多交易活动可能脱离中央清算机制，增加交易各方之间的风险敞口，也增大风险监测和管控难度。

（三）网络安全风险

在金融科技助推下，大数据、云计算和人工智能与金融行业深度融合，推动了金融产品形态、盈利模式不断创新，导致数据资源已经成为新的核心竞争力。但是，由于移动网络易于传播、扩散的特点，加之部分金融科技企业技术实力有限、信息安全保护有限，金融科技企业网站被黑客侵扰，可能带来企业数据与客户信息泄露，如果处理不当极易影响地区、行业金融安全稳定。由此带来的风险处置期的次生风险也不容忽视，由于网络安全风险涉众性、交叉性和传染性较强，一旦网络风险专项整治进入清理整顿阶段，互联网风险处置过程中可能产生跨机构、跨区域、跨市场的连锁反应，引发社会问题和金融风险。例如，近期全球突发勒索病毒疯狂袭击公共和商业系统，这种网络病毒对感染主机的重要数据文件进行恶意加密，要求受害者支付价值数百美元比特币换取解密密钥，造成至少有 150 个国家受到网络攻击，已经影响到金融行业，造成严重危机管理问题。

二、中国金融科技的监管与行业自律

（一）金融科技行业的监管

在我国发展至今，金融科技已成功地提高了整个金融体系的效率，但其发展过程并不是一帆风顺的。其中，网贷平台的违约事件时有发生，各类非法集资筹资活动也被包装成金融创新出现在市场上，创新与伪创新泥沙俱下，鱼目混珠，导致金融风险不断积聚，促使有关监管部门不得不有所作为。金融科技整治代表了监管机构对金融创新的态度发生了变化，但需要强调的是，金融科技整治行动目的是纠偏，督促市场金融创新不应偏离创新轨道，重在科技在金融领域的应用和推广，以此提高金融服务效率和覆盖面。

目前，我国监管机构已经意识到这一点，除了专项整治外，金融科技监管的长效机制也在逐步转型。近几年，相关监管机构越来越关注金融科技。比如说，负责监管 P2P 网络借贷的中国银监会在整治期间已先后发布两项规定，将 P2P 网络借贷平台定性为信息中介，并发布了客户资金存管的具体指引。2015年，中国人民银行发布了网络支付业务管理办法，同时还与中国银监会等十部委联合发布了《关于促进互联网金融健康发展的指导意见》，这是我国政府在金融科技领域发布的较全面一份监管规则。随后，关于 P2P 网络借贷和非银线上支付服务提供商的监管规则都陆续出台。中国证监会和中国保监会也都在制定和完善各自职责范围内的互联网金融监管法规。

表 2-1　我国互联网金融相关业务的金融监管

监管部门	负责监管的业务	已出台的法规
中国人民银行	第三方支付	《非金融机构支付服务管理办法》
		《非银行支付机构网络支付业务管理办法》
中国证监会	股权众筹、网上基金销售	《股权众筹融资管理办法（试行）》
		《货币市场基金监督管理办法》
中国银监会	P2P 网络借贷、互联网信托产品、互联网消费金融	《网络借贷信息中介机构业务活动管理暂行办法》
		《网络借贷资金存管业务指引》
中国保监会	互联网保险	《互联网保险业务监管暂行办法》

（二）金融科技的行业自律

行业自律是金融监管的有益补充和有力支撑。相较于其他国家金融科技监管框架，我国更加注重发挥行业自律作用。2015 年 12 月，经国务院批准，民政部通知中国互联网金融协会准予成立。中国互联网金融协会旨在通过自律管理和会员服务，规范从业机构市场行为，着力构建行业自律和行政监管有机协调配合的金融科技长效管理机制，推动从业机构更好地服务社会经济发展，引导行业规范健康运行。

行业自律管理就是行业协会通过制定行业规范和标准等方式，规范行业内企业的竞争行为，促进行业内企业之间信任关系的建立，加速行业健康发展。同时，由于各地经济金融发展情况不同，金融科技行业的发展程度也不均衡。在个人和小微企业贷款需求旺盛的地方，地方性行业自律组织早已开始运筹，比如北京市网贷行业协会、深圳金融区块链联盟以及上海金融信息行业协会等。尤其在广东、上海、浙江，都不止有一个具有金融科技特色的协会，而其中的会员又以 P2P 企业为主，这与国家级的互联网金融协会形成了较鲜明的对比。

表 2 – 2　我国金融科技相关的行业自律组织

自律组织	具体情况简介
中国互联网金融协会	国家级会员制协会，对中国金融科技行业的健康发展起到关键性作用。协会遵照金融科技相关政策与法规，规范会员企业的行为。
北京市网贷行业协会	P2P 行业的非政府组织，致力于提高行业透明度、强化内部风险管理、并通过履行必要的监管与政策要求促进行业的健康发展。
深圳金融区块链联盟	专注于区块链的金融机构和技术供应商联盟，也是区块链技术相关信息共享论坛，致力于促成联盟内公司在组织范围内的区块链项目合作。
上海金融信息行业协会	一个独立的会员制非营利性协会，主要在监管合规、信息共享、金融信息发展的调研和数据分析等方面向金融机构（包括金融科技机构）提供服务。

三、中国金融科技监管的演进进程

在我国，互联网金融只是金融科技的初级形态。过去传统金融服务缺位、普惠金融需求上升以及利率市场化下，居民资产配置需求不能完全覆盖。在信息技术服务普及中，互联网金融在渠道端发力得以快速发展，成为技术变现的重要途径，但其实质并没有实现金融"互联化"。目前，随着网络边际渗透能力与空间收缩，互联网金融落地为金融科技。继而，区块链及人工智能技术突破，将以互联网载体金融前端展业转为技术深度创新与融合，聚焦金融服务本质。相应地，监管也经历了从互联网金融监管到金融科技监管的演进。这里，通过对相关金融监管文件系统性梳理，回顾我国金融科技监管的演进进程。

（一）第一阶段：2013～2014年金融科技的金融监管起步

2013年，党的十八届三中全会颁布了《中共中央关于全面深化改革若干重大问题的决定》，提出了要发展普惠金融，鼓励金融创新，丰富金融市场层次和产品；在监督方面，提出健全民主监督、法律监督、舆论监督机制，运用和规范互联网监督，标志着互联网金融首次进入决策范畴。同时，国务院下发《关于金融支持经济结构调整和转型升级的指导意见》（业内称为"金十条"），鼓励由民间资本发起设立自担风险的民营银行、金融租赁公司和消费金融公司等金融机构。同年，阿里巴巴推出余额宝，发展规模迅速达到5000亿元，成为我国金融科技发展起步的标志性事件。随后，非传统金融服务兴起，诸如移动支付、网络借贷等业务加速发展。

2014年，中国人民银行与中国银监会联合发布《关于加强商业银行与第三方支付机构合作业务管理的通知》，旨在对商业银行与第三方支付机构合作业务进行规范，同时保障客户资金和银行账户安全。中国人民银行成立发行法定数字货币的专门研究小组，论证中国人民银行发行法定数字货币的可行性，并采取了一系列有效措施。上海市政府颁布《关于促进本市互联网金融产业健康发展的若干意见》，这是全国首个省级地方政府促进互联网金融发展的意见。

（二）第二阶段：2015～2016年金融科技的金融监管加强版

在全国两会中两次提到了互联网金融，对其重视程度日益凸显。2015年，中国银监会宣布进行机构调整，新成立普惠金融部并将P2P网络借贷纳入普惠金融，这意味着P2P网络借贷行业"普惠金融"的性质已经被监管层认可。国务院颁布了《关于积极推进"互联网＋"行动的指导意见》，将"互联网＋"普惠金融列为 11 项重点行动之一，指明了互联网金融的三大发展方向：探索推进互联网金融云服务平台建设；鼓励金融机构利用互联网拓宽服务覆盖面；积极拓展互联网金融服务创新的深度和广度。中国人民银行等十部委联合印发了《关于促进互联网金融健康发展的指导意见》，为互联网金融不同领域的业务指明了发展方向。按照"谁审批、谁监管，谁主管、谁监管，根据业务实质实行'穿透式'监管"的要求，根据业务实质明确责任。按照"依法监管、适度监管、分类监管、协同监管、创新监管"的原则，确立了互联网支付、网络借贷、股权众筹融资、互联网基金销售、互联网保险、互联网信托和互联网消费金融等互联网金融主要业态的监管职责分工，落实了监管责任，明确了业务边界。

表 2-3　我国金融科技相关监管代表性文件

时间	文件	相关内容
2013 年 11 月	《中共中央关于全面深化改革若干重大问题的决定》	提出要发展普惠金融，鼓励金融创新，丰富金融市场层次和产品，互联网金融首次进入决策范畴。
2014 年 3 月	《政府工作报告》	互联网金融首次被写入政府工作报告，报告提出要促进互联网金融健康发展，完善金融监管协调机制。
2015 年 12 月	《网络借贷信息中介机构业务活动管理暂行办法（征求意见稿）》	明确网贷监管体制机制及各相关主体责任，提出不得吸收公众存款、不得归集资金设立资金池、不得自身为出借人提供任何形式的担保等 12 项禁止性行为。
2016 年 4 月	《互联网金融风险专项整治工作实施方案》	国务院组织 14 个部委召开电视会议，将在全国范围内启动有关互联网金融领域的专项整治。
2016 年 10 月	《关于互联网金融风险专项整治工作实施方案的通知》	落实《指导意见》要求，规范各类互联网金融业态，优化市场竞争环境。

2016 年，国务院联合 14 个部委召开会议决定将展开为期一年的互联网金融领域专项整治。由中国人民银行牵头联合各金融监管部门成立了专项整治小组，并且出台了《互联网金融风险专项整治工作实施方案》，要求有关部门配合开展互联网金融领域专项整治，推动民间融资借贷活动的规范和监管，最大限度减少对社会稳定的影响。中国支付清算协会下发《条码支付业务规范》（征求意见稿），明确指出支付机构开展条码业务需要遵循的安全标准，承认了二维码支付

的合法地位。金融稳定理事会首次正式讨论金融科技的系统性风险和全球监管的问题，可见金融科技对金融稳定的宏观和微观影响成为重要考虑，国际协作开始启动。会议重点讨论了对金融创新产品和创新服务进行实质性的界定，到底特定的金融科技创新是什么性质的金融产品，边界在什么地方，对微观金融稳定有什么影响，对宏观层面的稳定有什么影响，会不会走向新的集中化和市场垄断。这个会议也提出了当前我国参与金融科技监管的国际合作、参与国际金融监管体系的构建这一个重要课题。

（三）第三阶段：2017 年金融科技金融监管新起点

中国人民银行金融科技（Fintech）委员会，旨在加强金融科技工作的研究规划和统筹协调。金融科技委员会将组织深入研究金融科技发展对货币政策、金融市场、金融稳定、支付清算等领域的影响，做好我国金融科技发展战略规划与政策指引，并将进一步加强国内外交流合作，建立健全适合我国国情的金融科技创新管理机制，处理好安全与发展的关系，引导新技术在金融领域的正确使用。此外，中国支付清算协会原有的互联网金融专委会更名为金融科技专委会；中国互联网金融协会以及中国证券投资基金业协会也成立专门的金融科技专委会。

中国银监会发布《网络借贷资金存管业务指引》，对 P2P 网络借贷资金存管业务的各方职责义务、业务操作规则等做出了明确的规定，鼓励商业银行开展P2P 网络借贷资金存管业务，引导 P2P 网络借贷行业逐步进入合规经营、规范有序发展新阶段"的核心。中国银监会印发《中国银监会关于银行业风险防控工作的指导意见》，在全国范围内进一步加强银行业风险防控工作，切实处置一批重点风险点，消除一批风险隐患，严守不发生系统性风险底线。

第二节　金融科技监管的国际实践

无论如何定义金融科技，根据业务本质对其金融活动实施监管，已是一个国际共识。2016 年 3 月，金融稳定理事会（FSB）在日本召开第 16 届全会，全球金融监管当局首次正式讨论了金融科技的系统性风险及监管问题，并发布了

《金融科技的全景描述与分析框架报告》。巴塞尔银行监管委员会（BCBS）成立了金融科技特别工作组，研究金融技术对商业银行的影响以及未来的监管应对。甚至，许多国家监管当局已经或正在推出鼓励创新的一系列金融监管政策，如监管沙盒、创新中心和创新加速器。

一、国际通行的金融科技监管原则

从国际上来看，大多数国家或地区对金融科技监管体现了以下基本原则。

（一）监管一致性原则

从微观审慎角度和行为监管角度出发，关注金融业务本质，根据其业务属性，纳入现行金融监管框架，进行归口监管。目前，不少国家和地区指定相关金融监管机构承担金融科技的监管协调职能，加强对金融科技发展与风险的研究和监管协作。比如，英国金融行为监管局、澳大利亚证券投资监管委员会、瑞士金融市场监管局、韩国金融监督院、日本金融厅、新加坡金管局、中国香港金管局和香港证监会等。

此外，无论市场主体做什么，新技术在产品设计和业务模式上的应用（如互联网支付、P2P 网络借贷、股权众筹），本质上并未改变支付清算、债务融资、股权融资等金融业务的基本属性，也没有改变金融体系的基本结构，因此要和现有的金融业务要保持一致的监管。这意味着，无论是金融机构还是科技企业，只要是从事同类金融业务，就应取得法定金融牌照，遵循相同的业务规则和风险管理要求，以维护公平竞争的市场环境。比如，P2P 网络借贷在美国是归属于证券业务，和众筹一道纳入到证券市场的行为监管；英国对 P2P 网络借贷和众筹都有最低的资本金要求。

表 2-4　国际上有关金融科技的金融监管

金融监管机构	具体措施
美国财政部	发布"网贷市场借贷的机会与挑战"研究报告
美国货币监理署	发布指导、评估金融创新产品和服务的若干原则
美国联邦储备委员会	设立跨行业工作组，研究分析金融科技监管问题
英国金融行为监管局	启动"创新工程"项目，针对金融科技建立机制安排

续表

金融监管机构	具体措施
法国金融市场管理局	设立"金融科技与创新部门"
荷兰中央银行	发布"科技创新与荷兰金融行业"政策建议书
印度中央银行	设立跨部门监管协调工作组，共同研究金融科技监管问题
日本金融厅	设立金融科技咨询支持小组和专家小组
中国香港特别行政区	设立"金融科技督导组"

（二）监管创新性原则

监管是一把双刃剑，既可以是催化剂，确保一个健康的市场环境，鼓励良好的创新行为，也能成为限制行业发展的障碍。因此，许多国家金融监管部门都建立内部机制，加强跟踪研究和风险评估。根据相关调查统计[1]，目前超过30%的参与调研的国家或地区已发布了金融科技创新发展报告，进行风险分析、研判发展趋势并提出政策建议；超过40%的国家或地区正在组织评估金融科技对银行业的潜在影响；接近70%的国家或地区成立了金融科技协调工作组，主要负责风险监测分析和政策完善等工作。而在具体监管措施落实上，国际上主要的经济体监管思路是在区域灵活，逐步放松，强调监管一致性原则的前提下，鼓励与时俱进监管创新，尝试在防控风险和促进创新之间建立一个平衡点，允许金融科技公司在某些范围内合理冲撞探索现有法律政策的灰线地带，但也强调市场自律。目前，全球已有鼓励创新的三种监管模式，即监管沙盒、创新中心和创新加速器。

（三）监管匹配性原则

首先，按照法律授权对小额、有限范围募资活动适度简化监管程序。如果金融科技服务对象是以个人或小微企业为主，那么交易金额通常较小，但需要填补金融服务空白、满足市场需求。从监管角度看，复杂程度较低，系统重要性较小，而且给予其一定空间，有利于降低监管成本，优化风险管理。那么，

---

[1]　李文红、蒋则沈：《金融科技发展与监管：一个监管者的视角》，《金融监管研究》，2017年第3期。

针对融资金额、投资者范围有限的情况，各国普遍根据金融科技具体业务模式的风险水平和系统重要性程度，适度简化监管程序，避免其承担不恰当的合规成本。一些国家或地区就根据网络平台股权众筹单笔金额小的特点，适当简化监管程序，将股权众筹纳入公开发行股票的证券监管框架。例如，美国允许符合条件的众筹中介机构可不必获得证券经纪牌照。

其次，按照金融业务属性，根据业务实质适用相应的监管规则。各国监管机构根据其业务实质为信息中介还是信用中介、从事债务融资还是股权融资，决定适用的具体监管规则。例如，在美国，对直接利用自有资金发放网络贷款（类似于网络小额贷款公司）或提供信贷信息撮合服务的网络平台，统一界定为"放贷机构"，要求其事先获得注册地所在州发放的贷款业务许可证，并接受金融消费者保护局（CFPB）的监管；对将已发放贷款作为基础资产、通过互联网平台向投资者发行证券的网络平台业务（如 lending club）认定为"证券发行或销售行为"，适用《证券法》，并纳入证监会监管范畴（U. S. Department of Treasury，2016）。需要说明的是，这不是对金融科技的"特定优惠"，而是基于匹配性监管（Proportionality）原则的国际既定监管做法。

（四）监管透明性原则

监管透明性涉及两方面，一是监管标准透明性。标准是金融产品安全和服务质量的保证，也是创新驱动的核心要素。各国监管部门注重标准化建设，研制具有前瞻性、科学性的金融科技标准，支撑和引领金融科技有序发展。比如，美国 P2P 网络借贷和众筹按照金融产品和服务的标准决定适用的法律及监管机构。二是被监管对象透明性，注重信息披露和投资者保护。金融科技服务对象集中于小微企业、低收入人群等，这类群体的金融业务经验较少，金融专业知识不足，风险认知水平和承受能力相对较低。同时，针对互联网特点，金融科技"非面对面"交易式较多，容易导致信息不对称问题。因此，各国在金融科技的监管上均更加注重信息披露和投资者权益保护，规定严格的合格投资者标准，对融资和投资规模实施限额控制，要求进行持续的风险揭示、信息披露和投资者教育等（SEC，2015）。

二、监管沙盒、创新中心与创新加速器

目前，许多国家（地区）政府或监管当局已经或正在探索完善金融科技监管方式，已有部分国家或地区开始探索在现行法律框架下，根据金融科技的特点，推出鼓励创新的一系列政策举措，适度调整完善监管方式，大致可以分为三种模式，即建立监管沙盒、创新中心和创新加速器。这三种模式可以独立运用，但也有国家将监管沙盒视为更广义的创新中心中的一个模块，主要目的都是加强监管当局与金融科技企业的沟通交流，提早介入了解金融科技业务模式并进行政策辅导。国际上金融科技的监管模式如表 2 - 5 所示。

表 2 - 5　国际上金融科技的监管模式

监管沙盒 Regulatory Sandbox	创新中心 Innovation Hub	创新加速器 Innovation Accelerator
已正式实施		
英国金融行为监管局	意大利央行	新加坡金管局
新加坡金管局	日本央行	英格兰银行
澳大利亚证券投资监管委员会	日本金融厅	
	韩国金融监督院	
	澳大利亚证券投资监管委员会	
	荷兰央行/金融市场管理局	
	新加坡金管局	
	英国金融行为监管局	
考虑实施		
韩国金融监督院	卢森堡财政部	
荷兰央行/金融市场管理局	墨西哥央行	
瑞士金融市场监管局		
中国香港金管局		

（一）监管沙盒（Regulatory Sandbox）

所谓"监管沙盒"模式，是指针对现有监管框架内尚需观察的金融创新产品或服务，由监管部门在法律授权内，根据业务风险程度和影响面，按照适度简化的准入标准和流程，允许金融科技企业在有限业务牌照下，利用真实或模

拟的市场环境对金融科技的新产品或新服务开展业务测试，经测试表明适合全面推广后，则可依照现行法律法规，进一步获得全牌照，并纳入正常监管范围，其性质与我国的试点机制具有相似性。比如，英国金融行为监管局推出监管沙盒机制，允许先向金融科技企业发放有限牌照，并在限定条件和场景中（如业务规模不超过 5 万英镑）测试开展相关创新业务。监管部门根据测试结果确定是否进一步授予全牌照（FCA，2015）。这旨在为金融科技企业在"安全环境"中测试革新性金融产品和服务，提供真实的市场环境。

当然，在限定的范围内，金融监管简化市场准入标准和流程，豁免部分法规的适用，在确保消费者权益的前提下，允许新业务的快速落地运营，并可根据其在沙盒内的测试情况准予推广。也有不少金融科技企业在尝试监管沙盒机制后，因更加了解金融监管标准的严格性和相关合规成本，而决定放弃进一步获取金融牌照。监管沙盒的模式最初由英国政府于 2015 年 3 月率先提出，经过近两年的实践，证明监管沙盒能够正确引导金融科技的发展，并能最大限度地防范金融科技风险。2016 年 6 月，澳大利亚和新加坡发布监管沙盒项目征求意见稿，预计未来更多的国家和地区会推出类似安排。

从已有的监管沙盒模式看，各国监管沙盒在不同的具体安排中具有一些共同特点：一是无论受监管或不受监管的机构，都可申请进入监管沙盒。这首次将众多作为"外来者"的金融科技公司纳入了监管，有利于减少其创新金融产品的监管不确定性风险。但是，目前各国主要从机构维度确定监管范围，这种做法是否越界，社会各界对此有争议。二是申请者将就其提交的创新产品或服务，得到监管部门个性化的建议或指引，这对监管部门理解和评估金融科技创新提出了很高要求。三是测试环境中包括消费者保护等一些基本监管要求，并且监管部门仍能运用监管工具和手段，这凸显了监管部门在沙盒中应承担的风险监管和消费者保护职责。

（二）创新中心（Innovation Hub）

所谓的创新中心，是指针对持牌或非持牌机构的创新产品或服务，监管部门就政策规定、监管程序和相关监管关注点，提前进行提示和指导，支持和引导机构（含被监管机构和不受监管的机构）理解金融监管框架，识别创新中的监管、政策和法律事项，使市场主体尽早了解监管要求，确保创新产品和业务的合规性。

这一模式已在英国、新加坡、澳大利亚、日本和中国香港等多个国家和地区得以实施。其中，既有一对一的辅导支持，也有面向更广泛受众的支持引导。但这一模式一般不涉及创新产品和服务的真实或虚拟测试，这一模式因其可操作性更强，能够为金融科技监管提供有益借鉴，未来可能会有大量国家和地区推出类似的制度安排。

（三）创新加速器（Innovation Accelerator）

所谓"创新加速器"模式，是指金融科技企业、金融机构与政府监管部门共同建立合作机制，通过提供资金扶持或政策扶持等方式，及时评估、验证新产品方案的合理性与可操作性，促进其更好地向实际应用转化，加快金融科技创新的发展和运用。这一方式类似我国科技企业"孵化器"的制度安排，更符合政府部门而非监管机构的职能定位。鉴于监管部门的职责所在，未来这一模式能够为金融科技监管提供有益借鉴，可能会更多地为政府部门而非监管部门所采用。

从本质上说，创新加速器模式是为了建立良好的金融科技生态系统，通过政府、监管部门、传统金融机构以及金融科技业等相关主体的沟通合作，建立及培育金融科技产业，激发科技创新，吸引金融科技人才，提高金融市场与金融体系效率，并增进金融消费者的满意体验。国际经验表明，在金融科技良好生态系统构建中，通过政策引导，鼓励大型金融机构与金融科技公司各种形式的战略合作和融合，这是提升金融与科技快速融合的重要手段。目前，国际上各个大型金融机构和一些交易所都在迅速地开展与金融科技公司的各种合作，包括金融机构购买金融科技公司核心技术或商业模式、以持股方式开展合作、金融机构外包一部分业务处理给金融科技公司等。从某种程度上说，一国金融科技发展得如何，在很大程度上取决于该国传统金融机构与金融科技公司之间合作是否紧密。

总而言之，上述这些机制并没有突破现行监管规定，而是需要在现行法律法规框架下运用，并遵循对监管机构的法定授权。其更多定位于提早在监管者和市场主体之间搭建沟通渠道，帮助市场主体全面、准确了解监管规定，避免在合规问题上"走弯路"。

三、监管科技（RegTech）兴起与发展

金融危机之后，全球监管当局对金融机构的监管逐渐收紧，金融机构遵守监管法令的成本增加。为了满足监管要求，避免巨额罚款，很多银行引入了科技手段，促进自身满足监管能力的提升。许多国家监管部门需要充分利用 IT 技术提高现有监管流程效率，对新金融产品、模式实现"穿透式监管"，确保这些金融科技业务的合规性，成为当前复杂金融环境下的监管新思路。根据 Federal Financial Analystic 预测，全球对监管、合规、政府软件的需求将在 2020 年达到 1187 亿美元，可见监管科技有望成为金融科技创新的新蓝海。

（一）监管科技的定义

目前，什么是监管科技，还没有一个公认的严格定义。国际金融协会将监管科技定义为能够高效和有效地解决监管和合规性要求的新机会。英国金融市场行为监管局将监管科技描述为运用新技术促进达成监管要求。中国人民银行金融研究所所长孙国锋（2017）在由上海新金融研究院主办的以"科技驱动全球金融变革"为主题的第四届金融科技外滩峰会期间提出："监管科技是科技和监管的有机结合，将科技运用于监管。"中国人民银行科技司司长李伟（2017）在 CFA 协会主办的"FINTECH 与金融服务的未来"主题峰会上提出："作为金融科技重要的分支，监管科技的本质是采取新技术，在监管部门和金融机构之间，也就是被监管机构之间，建立起可信赖、可持续、可执行的监管协议与合规性的评估机制，旨在提高监管部门的监管效率，来降低金融机构的合规成本。"

尽管关于监管科技还没有一致的定义，但其涉及主体无非就是监管机构、金融机构和专业的提供监管科技企业。简单地说，监管科技就是专业的提供监管科技的企业，利用新技术包括机器学习、人工智能、分布式账本、生物识别技术、数字加密以及云计算，为金融机构和监管部门提供技术支撑。金融机构应用这些新技术来降低成本和摩擦，增强安全性并实现新产品和服务，特别是

金融监管部门能够利用这些新技术应对监管和合规性挑战，提升监管效率和质量。

表 2 – 6　监管科技的不同主体及解决的问题

主体	解决问题
金融机构	一是满足新规定。将实行的新规定带来了一系列挑战，如从理解新规、到拟定适应新规的战略与实施计划。 二是持续合规。金融机构在为新规定做好准备的同时，依然要遵守现有规定。有必要持续进行某些活动以实现合规，这些活动包括报告、审计、管理要求等，这些活动必须具有持续性。与此同时，必须考虑新规定与现有规定的改变，如何建立新合规流程。
监管部门	一是有效、高效的执行微观监管、货币政策以及宏观审慎政策。 二是有效增加对金融空间的认知和确定新的监管规则，提高监管水平和效率。
提供监管科技的第三方机构	运用监管科技更好地将监管要求，机构需求整合到一起，更好地为客户服务。

（二）监管科技的分类

一是 FIOS（Financial Institution Operating System）。这是金融机构运行所涉及的文化、制度、流程和业务支撑系统的总称。当一项新的监管规定出台后，金融机构需要评估如何对其现行的 FIOS 进行相应修改以达到监管要求。为提高效率、降低成本，金融机构迫切需要新技术，类似手机、电脑操作系统升级，仅需下载一些补丁就可对现有操作系统升级。提供监管科技的第三方已提出可行解决方案。例如，采用机器人替代一些人工岗位，对分散的机构内部数据进行集中，建立以风险数据为中心的业务流程体系。

二是 RegPort。RegPort 核心思想是将监管政策函数工具化和标准化，实现"机器可读"。监管机构为金融机构提供各种监管应用程序接口（API），只需将自己数据输入后，这个工具就可以自动的完成计算和报告等事项。目前，Reg-Port 解决方案包括运用区块链分布式账本记录各种数据，并把监管政策函数作为云计算公共服务，由监管机构或其指定的第三方提供，监管机器人可以不间断的在"云"上对金融机构进行实时的监管。而金融机构也可以实时的通过

RegPort 按照监管协议要求实时报告自己的状态。这一切都可以由机器或 AI 自主完成。

三是 RegComp。这是合规审核和持续合规评估、评级和评审系统。金融机构对其持牌业务按照规定需要持续地进行合规审核。目前，RegComp 的解决方案主要采用人工智能和机器学习技术，开发包括"机器辅助合规在线学习手册（Robot Compliance Handbook）"和"智能合规官（AI Compliance Officer）"应用系统。其设计思想就是将合规审核和持续合规评价评估评审流程由以往离线的、间断的工作改为在线的、连续的过程。业务系统在运行时，智能合规官会实时发现、识别违反合规性要求的流程，并提出建议。同时，在线学习手册会嵌入到机构的各个系统中，只要有相关的业务发生，在线手册就会出现，提示有关的规定和要求。

（三）监管科技的兴起

第一，监管部门应对金融科技挑战。金融科技发展过于迅速且技术层面相对复杂，传统监管模式往往难以及时发现其中所存在的问题，从而导致一些较为严重的系统性风险。因此，监管部门需要利用监管科技提高监管有效性。

第二，金融机构需要降低监管成本。随着监管政策收紧，金融机构需要减少不断上升的合规成本（如法定报告、反洗钱和欺诈措施、用户风险和监管更加严格的责任贷款等法律需求产生的费用），对监管科技需求明显。据统计，2014 年英国金融机构在监管上投入的资金在 100 亿～200 亿英镑，相当于其 0.7% 的 GDP，大于其农业的总产出。在合规成本大幅增长的同时，合规有效性并没有显著提升，金融机构罚款依旧在爆炸式地上升。据金融时报数据显示，美国仅银行业罚款就从 2008 年危机前的 0.3 亿美元迅速增长到 2014 年的 575 亿美元，涨幅高达近 200 倍；从存量上看，仅美国银行在 2010～2016 年罚款就累计达到了 560 亿美元。

第三，新科技技术发展。监管科技作为金融科技的一个分支，跟金融科技的相关度较强。近年来，大数据、云计算、人工智能、机器学习发展进入了一个新的发展水平。监管科技发展的潜力也得以释放，特别是出现了一些专业的监管科技第三方，可以提供更加专业的服务。

第三节　中国金融科技行业的监管趋势

金融科技具备低利润率、轻资产、高创新、上规模等基本特征。"轻资产"给现有的以资本充足率为核心的监管体系提出了根本挑战；"高创新"给现有的金融创新评价机制带来了挑战；"上规模"给金融稳定、市场竞争、消费者权益保护等方面带来了全局性影响；"低利润率"会直接驱使金融科技公司重规模、轻风险、抢先跑，使金融领域蕴含巨大的未知风险。因此，金融科技快速发展给金融业注入了新的动力，也带来了新的挑战。

一、中国现有金融监管体系面临的挑战

目前，我国金融科技的分支领域很多，但主要包括互联网和移动支付、网络融资、智能理财服务以及区块链应用四部分。这四部分在技术和商业模式成熟程度方面，对现有金融体系的影响程度完全不同，对监管挑战也各不相同。

第一，在移动支付领域，中国人民银行对近 260 家的第三方支付机构监管已很全面。从无证经营到违规挪用客户备付金，再到商户套码，中国人民银行一直堵漏防疏。但对于闪付、VR 支付、光子支付新技术频出的移动支付领域，实名制与反洗钱两项工作仍面临挑战。因此，应对移动支付的监管挑战比较清晰，重点在于客户隐私保护、反洗钱和反恐融资，以及网络资金安全性等。

第二，在网络融资领域，P2P 提高金融服务覆盖面，在边远贫穷农村地区改善普惠金融等方面发挥重要作用。但 P2P 问题平台数量也不断攀升，2015 年问题平台数为 754 家，2016 年初至 8 月问题平台数便达到了 549 家，这说明了 P2P 平台的信用问题并没有得到很好地解决。虽然对商业银行信用风险管理的基本要求大多适用，只是由于国家对其定位有信息中介和信用中介之分，或者有债务融资或股权融资之分，可运用金融业风险管理和风险监管，以及功能监管或行为监管基本原则加以监管。

第三，在智能理财服务领域，目前有个股搭配、基金组合代销、信托资管等非标资产推荐、第三方财富平台授权理财，被不少券商研报判断具有万亿级

市场资产管理规模，实际上模式标准都没有确定下来。因此，行业标准是什么，产品信息披露和合格投资人认定以及金融消费者保护等问题，都是监管面临的挑战。

第四，在区块链应用领域，国内一些机构已经开始探索使用，但要最终在金融体系全面使用，还需要克服很多技术和风险管理的现实障碍。区块链技术是一项不确定性最大，但属于根本性、颠覆性的技术，具有分布式、免信任、时间戳、加密和智能合约等特征，对监管挑战也是最大的。据估计，需要发展周期至少 10 年，但该技术一旦在金融领域全面采用，则可能会彻底改变现有金融体系结构和基础设施。

二、监管科技的应用与推广

国际上，监管科技的发展推动力，既来自金融机构，也来自监管当局。与此不同，我国金融监管具有包容性，即金融机构和金融科技公司不一定有足够能力和动力来研发技术，可能更主要从监管当局来推动。除了监管合规、反洗钱、网络安全这些问题，还需要重点考虑防范金融风险以及促进防范金融风险能力的提升。

在 RegTech 整体发展方面，中国人民银行金融研究所所长孙国峰（2017）提出："RegTech 可以定义为科技与监管的有机结合，主要作用是利用技术帮助金融机构满足监管合规要求。RegTech 涉及三方主体：监管机构制定监管规则、金融机构和 Fintech 公司的行为需要满足监管合规要求以及 RegTech 公司提供 RegTech 的技术服务。中国要发展 RegTech，涉及以下六个方面：第一，完善金融监管双支柱，涉及宏观审慎监管和微观功能监管两方面。第二，金融数据标准化，监管机构应肩负整合 Fintech 行业金融数据的重任。第三，制定相关规则和标准。监管机构应制定 Fintech 行业监管规则、行业技术标准，规范市场准入和退出，为金融科技行业提供有序、公平的竞争环境。第四，根据发展主体不同，RegTech 有三种发展路径：由监管机构独立研究与开发 RegTech 系统；监管机构将 RegTech 系统的研究与开发外包；在金融机构开发的 RegTech 系统基础上，由监管机构进行选择和整合，形成适用于整个行业的 RegTech 系统。第五，从 RegTech 可持续发展的角度来说，金融科技行业有必要分担部分监管当局发展 RegTech 的成本，将此视作维护公平竞争环境的必要支出，实现金融科技监管成本适度内部化。第六，发展 RegTech，还要注重国际合作。"

在监管沙盒方面，我国已经初步具备基础条件，已出台监管新规弥补现有金融监管在应对金融科技创新方面的不足，同时与之配套的第三方支付、P2P 监管规则出台，都为实施监管沙盒积累了有益经验。2017 年 5 月，央行成立了金融科技委员会，加强金融科技工作的研究规划和统筹协调，这些表明我国对金融科技发展战略规划与政策指引以及监管体制机制的研究已经启动。并借鉴国际经验，建立由央行统管的监管沙盒机制，负责监管沙盒的实施、管理和改进。下一阶段，金融系统可能会成为一个数字金融系统，可用人工智能将人类智慧融入金融监管体制，使监管沙盒机制进一步升级，逐步构建完整的沙盒体系以及金融科技与监管沙盒相互适应机制。

三、中国加强金融科技监管的政策与建议

随着金融科技应用的普及，数据资源被滥用、网络安全隐患突出等问题开始显现。金融科技的监管既要体现传统金融监管的继承性和延续性，又要体现互联网时代的适应性和包容性。换句话说，正确地处理安全与效率之间的关系，在深入挖掘科技驱动金融创新发展潜力的同时，合理地采用监管科技如监管沙盒进行穿透式监管，提升监管和合规的效率，切实防范金融风险，推动金融科技健康可持续发展，这是我国金融科技监管的归宿。

（一）建立穿透式监管机制

金融科技快速发展强化了混业经营特征，不同种类的金融业务之间盘根错节，相互交织，相互牵耗，使得业务形态多样、易变，不易准确辨识业务的本质。有些金融机构提供的创新服务和产品，分段看是符合监管要求的，但综合来看，其业务本质则可能出现一些问题，包括侵占挪用资金、违规交易操作、虚假误导宣传等，这就需要建立穿透式监管机制，强化监管渗透的深度、广度和频度，追根溯源，防范和化解金融风险；在业务链条的关键环节嵌入监控探针，实时采集风险信息，抓取业务特征数据，对业务流、信息流、资金流进行

多层次、全方位地分析，把资金来源、中间环节，以及最终流向串联起来，全流程识别业务风险；在业务交叉领域，构筑金融风险防火墙，严格准入条件，业务资质和业务规则，有效突出风险点，切断风险传导路径，防止风险的交叉传染。

（二）逐步引入监管科技模式

近年来，金融创新层出不穷给金融监管部门的监管方式、技术和流程都提出了一些新的要求，监管科技的应用与推广得到国际一致认可。在分业经营，分业监管格局下，我国目前金融科技不仅加大了金融机构的合规难度和合规成本，也留下许多监管盲区，这些正是监管科技可以解决的痛点。金融机构采取对接和系统嵌套等方式，将规章制度、监管政策和合规要求翻译成数字协议，以自动化的方式来减少人工的干预，以标准化的方式来减少理解的歧义，更加高效、便捷、准确地操作和执行，有效地降低合规成本，提升合规的效率。而金融监管部门借鉴国际上的成熟经验，诸如将"监管沙盒"理念运用到金融科技监管上，借助大数据、云计算、人工智能等技术，能够很好地感知金融风险态势，提升监管数据的收集、整合、共享的实时性，及时有效地发现违规操作、高风险交易等潜在问题，提升风险识别的准确性和风险防范的有效性。

（三）完善金融科技风险监测体系

国际经验表明，加强风险监测机制建设，能有效应对金融科技带来的新风险和挑战，避免一些新机构、新模式从"小而被忽视（too small to care）"发展成"大而不能倒（too big to fall）"。完善金融科技风险监测体系重在金融数据标准化，如果不能实现标准化，就很难建立基于金融机构、金融科技公司数据基础上的持续动态跟踪。同时，监管当局要制定和透明化相关的规则、标准，包括行业技术标准，有效规范市场准入、退出，形成对金融科技领域全覆盖、有效统计监测金融科技风险变化。

（四）加强监管协同力度和国际合作

在监管制度上，金融科技监管可按照"依法监管、适度监管、分类监管、协同监管、创新监管"原则，在现有监管格局下，加强金融监管协调，理顺各监管部门之间的权责归属问题。加强"一行三会"的监管协调，完善中央和地方监管分工，促进行政监管和自律管理有机结合，实现审慎监管和行为监管并行互补，最终形成对金融科技领域全覆盖、有效防止监管套利的长效监管体制。同时，积极参与金融稳定理事会、巴塞尔委员会等国际组织关于金融科技的发展演进、对金融稳定的影响和监管应对等问题研究，共同探索如何完善监管规则，改进监管方式，确保监管有效性。

第三章　金融科技行业的技术支撑

第一节　互联网技术应用普及化

一、互联网技术业已成为信息技术的核心

互联网技术（Internet Technology）指在计算机技术的基础上开发建立的一种以网络为基础，实现信息互联互通的技术，随着网络建设和应用日趋普及，互联网技术逐步成为信息技术的核心。

互联网技术主要包括硬件、软件和应用三个层次。

第一层是指互联网的硬件系统，主要包括支持互联网络运行和应用的数据存储、处理和传输的主机和网络通信设备。

第二层是互联网应用软件，主要是对互联网信息进行搜集、存储、检索、分析、应用、评估的各种软件，它包括我们通常所指的 ERP（企业资源计划）、SCM（供应链管理）、CRM（客户关系管理）等商用管理软件，同时也包括加强流程管理的 WF（工作流）管理软件、辅助分析的 DW/DM（数据仓库和数据挖掘）软件等。

第三层是指对互联网软件和信息处理的应用，包括搜集、存储、检索、分析、应用、评估使用各种信息，为生产服务或经营活动提供决策，如应用 ERP、CRM、SCM 等软件直接辅助决策，或者利用其他决策分析模型或借助 DW/DM 等技术手段，进一步提高依托互联网软件对信息进行分析的结果质量，为互联网应用者决策提供支持。

二、互联网技术组成及主要应用领域

互联网技术包括传感技术、通信技术、计算机技术等。其中，传感技术是利用电子感应方式获取信息，是人的感觉器官的延伸与拓展，如条码阅读器的应用；通信技术如同人的神经系统，负责将进入信息通道的电子信号从一端传递至另一端，以实现信息的传递和分享；计算机技术犹如人的大脑，不仅需要对收到的电子信号进行转换还原成人可识别的信息，还承担着信息的处理和信息转换任务。

当前，互联网技术的应用范围越来越广泛，从传统的固定互联网到移动互联网，从手机端到平板电脑，各类终端平台不断涌现，同时，基于不同平台的应用软件也在快速变化，应用范围急剧扩张。但总体而言，互联网技术的应用可以分为三类，包括传统行业技术应用、虚拟社会技术应用和智慧应用三个方面。

（一）互联网技术在传统商业领域的应用

传统商业应用是互联网应用的基础，实际生活中一般称之为 IT 管理系统。这类互联网技术依托固定运行逻辑、模式和运行流程，按照操作人员的指令完成既定的应用任务，且系统操作方便快捷。传统的互联网应用主要任务是提高工作效率、减少失误、降低成本，它对现代经济生活的影响十分深刻，对企业、政府部门以及个人工作和生活等都产生了重大变革，比如办公 OA 系统、电子邮箱，ERP 仓储管理系统，支付方面的银联、支付宝、网银等系统。

（二）互联网技术在虚拟社会领域的应用

虚拟社会是与现实相对的社区群体。互联网发展过程中搭建的虚拟社区，为各类企业和个人提供了相应的社交、娱乐和商业场所，并推动传统各类活动从线下向线上转移。娱乐是虚拟社会提供的主要职能之一，互联网服务商搭建各类虚拟社区，为消费者提供在线游戏娱乐，并从中获取收益。同样，依托互联网搭建的虚拟商业社区也成为虚拟社会应用的典型，一些互联网电商平台甚至通过虚拟的交易平台，成为国际著名的商业机构，如中国京东、阿里巴巴，美国 eBay，Amazon 等。这些平台利用虚拟的商业社区，年销售额已经达数万亿元，且保持了较快增长态势，当前虚拟商业社区面临主要问题是如何增强用户体验，通过改善用户体验，增强用户黏性和增加其在网应用时间，并以此为基础，提升网络交易和流量的内在价值。

（三）互联网技术在金融行业的应用

1. 信息和网络技术。20 世纪 90 年代以来，我国金融机构积极运用互联网技术，数据存储、运算、传输便捷度大幅度提升，与国际同行在信息技术应用方面的差距明显缩小，我国金融业务和管理模式也逐步向国际靠拢。与全球计算机技术应用市场格一样，我国金融机构是计算机和网络设备的最大用户之一，随着信息和网络技术应用日趋深化，金融机构也逐步成为数据处理机构，一些商业银行如民生银行提出要在十年以后变成科技金融公司的技术目标。在互联网技术应用方面，目前我国大中型金融机构基本实现实体网点、自助机具、网络金融、移动金融等服务渠道全覆盖，网络成为金融机构开展服务的基本设施。

2. 互联网服务商跨界进入金融服务领域成为新趋势。我国主要互联网企业与产业资本积极介入金融服务领域，推动信息技术在金融服务领域应用不断深化，如民间资本设立互联网银行（截至 2017 年 7 月末，全国已设立四家纯线上的互联网银行），同时，部分互联网服务商运用大数据技术，开发基于大数据的征信体系和风控体系，帮助金融机构提升风险识别能力，降低信息不对称导致的道德风险给金融机构带来的损失。

3. 线上服务和线下服务不断融合发展。一些跨界经营的互联网机构率先开发线上金融服务，带动传统金融机构不断推动线下服务向线上迁移，各种 O2O 模式快速发展。线上、线下业务融合发展极大改善了金融机构巩固和优化服务的能力。当前，我国大中型金融机构在网络金融服务方面都加大成本投入，丰富在线金融服务种类，同时，通过计算机网络有效整合物理网点，优化服务能力，从同质化金融服务向提供差异化、个性化增值服务的现代金融服务业转型。

第二节　大数据技术的价值优势

一、大数据——海量、高增长率和多样化的信息资产

数据是在技术发展的前提下，人类对生活和生产经营过程中的各类主体、客体及行为过程加以抽象并通过符号表达出来的产物。

大数据（Big Data）是指无法在一定时间范围内用常规软件工具进行捕捉、管理和处理的数据集合，需要新处理模式才能具有更强的决策力、洞察发现力和流程优化能力的海量、高增长率和多样化的信息资产。

麦肯锡全球研究所对大数据给出的定义是：一种规模大到在获取、存储、管理、分析方面大大超出了传统数据库软件工具能力范围的数据集合。维基百科将大数据定义为"无法在容许的时间内用常规软件对其内容进行抓取、管理和处理的数据集合，当前泛指单一数据集合大小在几十 TB 和 PB 之间"。

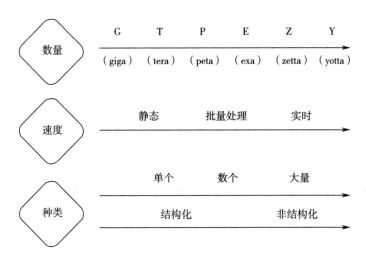

资料来源：互联网。

图 3 – 1　数据的数量、处理速度以及种类的升级

通过对海量数据的采集、处理和利用，人类历史上首次能以量化方式探求

自然和社会，并通过数据处理揭示规律，以对未来进行预测和展望。大数据处理技术不断深化，使各行各业的企业和相关人员能从毫无价值的数据流中挖掘出与用户需求相关的信息，使数据从杂乱无章的碎片产生真实价值。从数据规模上来看，随着互联网、物联网接入设备不断膨胀以及智能硬件使用数量增长，人类占有的数据量也以几何级数增长，无论是规模、还是增长速度，或者数据类型都发生了显著变化。

二、对海量数据进行分布式数据挖掘

从技术上看，大数据与云计算相伴而生，它的特色在于对海量数据进行分布式数据挖掘。所依赖的技术包括大规模并行处理（MPP）数据库、数据挖掘、分布式文件系统、分布式数据库、云计算平台、互联网和可扩展的存储系统。之所以强调大规模并行处理和分布式数据库，是因为大数据的数据规模太大，利用传统的中心化处理模式对系统的数据处理能力要求过高，并因此给用户带来巨大的使用成本。

大数据技术，也即大数据处理技术，是从海量数据流中快速获得有价值信息的数据处理技术。经过实践探索，互联网企业的数据处理能力已经取得了长足进展，大量新的数据处理技术不断投入应用。从大数据的处理流程来看，数据处理技术至少包括 5 个部分：数据采集、数据存储、数据清洗、数据挖掘和数据展示。

数据采集包括硬件采集和软件采集，硬件采集是通过相关硬件设备获得数据，如 RFID 射频数据、传感器数据等；软件采集是在系统中运行数据采集软件，获得用户数据，如一些软件专门采集社交网络交互数据及移动互联网数据等。数据存储包括 NoSQL，Hadoop 等不同类型数据存储方式，NoSQL 是一种不同于关系型数据库的数据库管理系统设计方式，Hadoop 是可容错、可扩展、廉价的分布式文件系统，它批量处理适用于数据分析。数据清洗包括语义分析，流媒体格式化等等。数据挖掘包括关联分析，回归分析，聚类分析等，通过数据分析主要是找出数据自变量和因变量之间的相关关系，从而对未来进行量化预测和展望。数据展示包括 Web 可视化，主要是对数据结果的系统展示等。

资料来源：互联网。

图 3 – 2　大数据技术构成

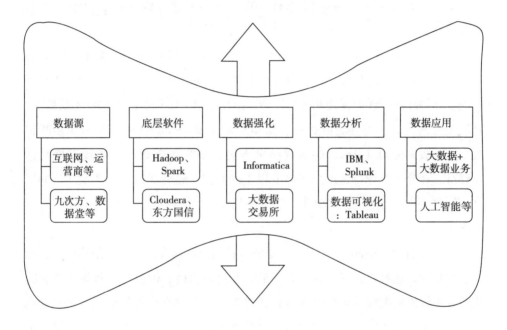

资料来源：中银国际官方网站。

图 3 – 3　大数据产业链产值分布及发展方向

大数据的架构相对传统的 IT 系统明显复杂，整个大数据产业链也是按照数据处理流程布局的。简单而言，大数据产业链可以分解为：从数据源获取海量数据，然后经过数据分析和数据处理，获得有价值结果，支撑大数据应用，完成从"数据→信息→知识→决策"的变现链条。这其中，数据挖掘、数据分析等中间技术环节构成了整个大数据产业的必经阶段。经过多年发展，大数据挖掘、数据分析等过程逐步成熟，大数据分析工具已基本成型，开始能有效、及时处理和分析海量数据，经过清洗和挖掘，淘汰冗余数据，发现真正有价值的数据，从而支撑大数据在实践应用，并推动其获得市场认可。

三、大数据的"4V"特征

大数据因为发展变化快，数据规模多而引起广泛关注，有关大数据的特征，不同行业人员归纳出了不同特征。其中 IBM 提出的"4V"特征，即：大量（Volume）、真实性（Veracity）、多样（Variety）、高速（Velocity），得到了各方较高认同。

1. 大量（Volume）指数据体量巨大。伴随着各种随身设备、物联网和云计算、云存储等技术的发展，人和物的所有轨迹都可以被记录，且记录模式从简单的文字描述向连续的视频和音频延伸，由此使得人类拥有的数据量不断膨胀，在较短时间内，人类存储的数据计量单位就从 GB—TB—PB—EB—ZB 不断扩展。国际数据公司（IDC）的研究结果表明，2008 年全球产生的数据量高达 1.82ZB，相当于全球每人产生 200GB 以上的数据。截至 2012 年，人类生产的所有印刷材料的数据量是 200PB，全人类历史上说过的所有话的数据量大约是 5EB。

2. 真实性（Veracity）表现在数据质量持续改善提升。真实可用不仅是数据价值的体现，也是社会发展的必然要求。大数据的核心价值在于对经营决策的支持，单纯的数据规模无法为其所有者或决策者提供有价值的信息，必须是真实有价值的数据才能为决策提供有价值的参考信息。因此，不断提升数据质量是大数据面临的现实挑战。然而，由于数据多样性，无论采取何种技术手段，数据清洗都消除数据固有的某些不可预测性，例如，人的感情、经济因素等，使追求真实性成为大数据治理的核心。

3. 多样（Variety）表明数据的类型繁多。数据格式变得越来越多样，涵盖了文本、音频、图片、视频、模拟信号等不同的类型，并且数据来源也越来越多样，不仅产生于组织内部运作的各个环节，也来自于组织外部。互联网、物联网、云计算、移动互联网、车联网、手机、平板电脑、pc 以及各种各样的传感器，这些是数据的主要来源和承载方式。

4. 高速（Velocity）包括两层含义，一是数据产生得快。有的数据是爆发式产生，例如，欧洲核子研究中心的大型强子对撞机在工作状态下每秒产生 PB 级的数据；有的数据是涓涓细流式产生，但是由于用户众多，短时间内产生的数据量依然非常庞大，例如，点击流、日志、射频识别数据、GPS（全球定位系统）位置信息。二是数据处理得快，包括批处理（"静止数据"转变为"正使用数据"）和流处理（"动态数据"转变为"正使用数据"）两种范式，以实现快速的数据处理。在数据处理速度方面，有一个著名的"1 秒定律"，即要在秒级时间范围内给出分析结果，超出这个时间，数据就失去价值了。

四、大数据技术与传统数据管理的区别

大数据和传统数据都是人类开发数据，利用数据进行决策的重要行为，但是传统数据主要追溯静态已知，强调从静态角度分析问题和展望未来，而大数据从传统的静态向实时动态数据转型，从少量数据向多维数据延伸。从数据本身来看，传统数据主要针对的是既往时间内已知范围内已发生且易于处理的数据。大数据技术主要针对实时产生的结构化及非结构化数据；从分析方法来看，传统数据分析主题关系明确且短期内不会改变。大数据则通过建立模型，基于实时数据对结果不断预测，且模型本身会根据现实不断优化和改良；从分析手段来看，传统数据主要处理历史数据，要求结果高效，但对数据本身未有严格时间限制。大数据技术也要求处理结果高效，但大数据技术还要求数据具有实时性，有动态变化特征；从逻辑关系来看，传统数据的分析是基于已知的数量关系，结果之间具有一定逻辑关系，或者因果关系，大数据分析的是数据关联程度，从逻辑本身来看，数据之间的关联程度并不一定很明显。

五、大数据的渗透作用与主要应用场景

（一）大数据的发展历程

从全球范围来看，大数据从概念提出到实际应用经历的时间并不长。2009年，麦肯锡公司首先提出"大数据时代"概念，并得到了世界包括各国政府以及跨国组织机构的高度认同。随后，全球 IT 巨头如 EMC、惠普、IBM、微软也

对数据的重要性予以高度重视，它们或收购"大数据"相关厂商来实现技术整合，或加大对数据处理软硬件的技术和人力投入。

从我国实际发展情况来看，国家对大数据的发展高度重视。2015 年 9 月，国务院印发《促进大数据发展行动纲要》（以下简称《纲要》），系统部署大数据发展工作。《纲要》明确，推动大数据发展和应用，在未来 5 年至 10 年要打造精准治理、多方协作的社会治理新模式，建立运行平稳、安全高效的经济运行新机制，构建以人为本、惠及全民的民生服务新体系，开启大众创业、万众创新的创新驱动新格局，培育高端智能、新兴繁荣的产业发展新生态。《纲要》部署三方面主要任务："一要加快政府数据开放共享，推动资源整合，提升治理能力。大力推动政府部门数据共享，稳步推动公共数据资源开放，统筹规划大数据基础设施建设，支持宏观调控科学化，推动政府治理精准化，推进商事服务便捷化，促进安全保障高效化，加快民生服务普惠化。二要推动产业创新发展，培育新兴业态，助力经济转型。发展大数据在工业、新兴产业、农业农村等行业领域应用，推动大数据发展与科研创新有机结合，推进基础研究和核心技术攻关，形成大数据产品体系，完善大数据产业链。三要强化安全保障，提高管理水平，促进健康发展。健全大数据安全保障体系，强化安全支撑。"与此同时，各类生产、服务类实体都将加大对数据挖掘、数据处理、数据分析，在促进自身规模发展的同时，也将间接推动我国大数据相关链条的蓬勃发展。

我国大数据应用也越来越广泛，从传统的社会管理到行业发展，从企业营销决策到个人职业发展规划，大数据对我国社会各阶层、各类人群的影响力正在不断显现。从应用主体来看，我国政府、事业单位、国企等单位是大数据应用主体，而这些应用主体之所以对大数据应用程度不断提升，主要是为了精细化管理。例如：政府在社会管理中导入大数据，采集城市实时交通数据，并根据各城市交通运行规律，对城市交通进行实时引导，减少高峰时段的道路拥堵。公安部门依托大数据分析犯罪记录，对潜在犯罪分子和犯罪行为进行堵截，预防犯罪行为发生，有利于社会稳定。生产企业基于实时在线销售大数据，分析最终用户潜在需求量、需求产品类型和未来市场变化方向，不仅能及时调整产能减少库存，提升资源利用效率，同时也能提升企业持久竞争力。

（二）大数据在金融行业的主要应用

大数据在金融行业的应用总体围绕客户、营销、风控、运营四大方面开展应用。

一是出于商业目的对客户进行数据分类。银行利用大数据对客户精准画像。包括个人和企业客户是商业银行服务对象，以数据为基础对其进行精准画像，有利于商业银行针对性开发服务产品，提高市场营销成功率。个人客户画像的数据主要有人口统计学特征、兴趣数据、消费能力和消费习惯、风险偏好等；企业数据包括企业生产流通、财务、运营、销售、产业链上下游客户数据等。除了利用外部大数据，商业银行通常还会整合内外部更多数据，特别是银行在经营过程中积累的数据，以扩展对客户的了解。

大数据在保险业的应用主要是细分客户，准确判断客户类型。大数据可以为保险企业准确确定客户对保险潜在需求。通常而言，风险厌恶者更愿意对风险进行覆盖，也意味着他们对保险需求更多。除了风险偏好以外，保险公司在对客户进行细分时还会结合职业特点、教育背景、习惯、家庭结构、消费偏好等其他数据，并通过机器学习算法不断优化分类能力，在此基础上保险公司再针对不同类型客户提供差异化产品和服务策略。大数据还能帮助保险公司对潜在客户和潜在流失客户进行分析判断，提升保险公司经营成效。

和保险公司一样，证券公司也主要利用大数据对客户范畴进行细分管理。通过分析客户账户状态（类型、投资时间以及生命周期等）、账户价值（资产均值、资产峰值、交易量和佣金贡献等）、投资偏好（板块偏好、交易渠道等）、交易习惯（如资金周转率、对板块市场的关注度、持仓比例、单笔交易均值以及一定时间内的成交量变化等）以及投资收益水平（相对和绝对收益水平、投资能力等），通过多维投资市场数据，证券公司可以对客户进行客户归类管理，了解客户交易模式和习惯，并通过数据分析，判断潜在最有价值的客户群体。此外，证券公司还可以通过交易数据建模分析，预测客户流失概率及其价值损失率。

二是基于数据开展市场营销。通过对客户进行画像或准确的市场细分，金融机构可以有效开展精准营销，如商业银行可以开展实时营销、交叉营销、个性化服务信息推送等，并可通过在线数据，对客户群进行精准定位，有针对性地营销推广；保险公司可开展关联产品和关联客户销售，通过关联规则和大数据，发现最佳保险产品销售以及客户群组合，把握保险产品消费者增加消费时机，建立保户再销售清单与规则等；证券公司可以在产品和市场细分的基础上，对客户新的投资意向和新的投资机会进行分析把握，并根据客户潜在投资品种和投资意向，增加投资标的信息推送，促成交易达成。

三是利用大数据开展风险控制。大数据还可以广泛应用于金融机构的风险管理和风险控制。如商业银行可以利用大数据对中小企业贷款风险进行评估，通过数据分析进行欺诈识别，通过广泛采集企业的生产、经营、网络信息，商业银行可对企业生产流通、产品销售、财务报表等相关信息进行风险分析，并在此基础上科学管理企业授信额度，更有效地管理中小企业融资需求。此外，大数据信息还能帮助商业银行进行反洗钱、反恐怖融资等行为，降低金融支持犯罪分子活动风险，如商业银行利用持卡人基本信息、交易历史、历史行为模式、交易模式等，结合实时数据和客户现场反应，进行实时反欺诈分析。如美国摩根大通银行利用大数据技术，可以追踪盗取客户账号或侵入自动柜员机（ATM）系统的罪犯。

大数据可以帮助保险公司在保单销售前以及保单产品销售以后进行欺诈分析。利用历史数据，保险公司可以发现影响保险欺诈最为显著的变量及变量的取值区间，结合历史数据建立预测模型并通过自动化处理，如人身险、车险、医疗险等各类保险业务都可以利用大数据进行分析，防范欺诈行为发生。以车险为例，依托数据和数据分析技术，保险公司可以从历史欺诈事件中提取相关指示变量，建立预测模型，可以对车险理赔申请、业务员及修车厂勾结等各类欺诈行为进行分析预测，实现精细化管理。

四是利用大数据优化金融机构的运营管理能力。（1）市场和渠道优化管理。金融机构可通过大监控不同市场推广渠道尤其是网络渠道推广的质量，并以数据分析结果为基础，对产品营销渠道进行动态调整和优化。（2）产品和服务优化管理。以数据采集技术为依托，金融机构可将客户行为转化为数据流，从中分析客户个性特征和风险偏好，更深层次地理解客户的习惯，并根据客户习惯和潜在需求，对产品和服务进行创新优化。如保险公司以大数据为基础，针对不同类型客户建立更准确的保单产品，在为客户提供差异化定价产品的同时，增加保险公司自身的盈利能力。（3）舆情分析。利用网络爬虫技术，金融机构可以快速抓取社区、论坛和微博上有关自身声誉、产品和服务等相关信息，通过数据处理技术自动判断其消息潜在影响，及时发现和处理负面信息带来的问题，强化对正面信息的推广宣传，在保护自身品牌和声誉的同时，也对行业重要事项进行评估分析。

总之，虽然金融服务业应用大数据比互联网服务业稍晚，但许多金融机构已经认识到大数据自身隐含的潜在价值，对数据的应用深度和广度都在不断增强。当然，由于市场竞争格局不够充分，我国金融服务市场存在明显的割裂现象，大数据在金融服务业应用还有现实障碍，但在互联网和移动互联网的驱动下，在互联网企业跨界经营的示范作用下，大数据在我国金融业具有相当大的应用前景。

第三节　云计算：第三次 IT 浪潮

一、云计算：一种基于网络的服务模式

云计算是信息技术领域中继个人计算机、互联网之后的第三次技术浪潮。云计算（Cloud Computing）的产生是 IT 技术领域发展的必然产物。随着分布式计算、并行计算、效用计算、网络存储、虚拟化、负载均衡等技术发展，以网络为基础，以系统自动配置系统载荷为手段，以集成资源使用为目标，云计算成为传统计算机和网络技术发展融合发展的新一代信息服务模式。

目前，关于云计算还没有统一的定义。美国国家标准技术研究院（Mell et al.，2009）对它的定义为，它是一种按使用量付费的模式，这种模式提供可用的、便捷的、按需的网络访问，进入可配置的计算资源共享池（包括网络、服务器、存储、应用软件、服务），这些资源能够被快速提供，只需投入很少的管理工作，或与服务供应商进行很少的交互。麻省理工（Krikos，2010）对它的定

义是一种将软件、应用平台和基础设施通过因特网按照自助服务和按需付费获取的新型 IT 服务模式。中国科学院陈国良院士（2009）对它的定义为，基于当前已相对成熟与稳定的互联网的新型计算模式，把原本存储于个人电脑、移动电脑等个人设备上的大量信息和系统连接在一起以提供各种计算服务的方式。在这些定义中，有一个共同点，即"云计算是一种基于网络的服务模式"。使用者将 IT 资源的"买"转换为"租"，从而深刻地改变了人们使用 IT 的形式。

可见，云计算是对基于网络的、可配置的共享计算资源池能够方便的，随需访问的一种模式。可配置的共享计算资源池包括网络、服务器、存储、软件应用和服务，通过最小化管理或者与服务提供商的交互可以快速地提供和释放。这种资源池被称为"云"，它是一些自我维护和管理的虚拟计算资源，可以无限扩展，随时随地获取，按需使用，按使用付费。提供资源的网络被划分成各个独立的资源池，并快速地提供和释放资源，可被监控和控制。

二、云计算的主要特点

（一）集群规模庞大

云计算中心是由分布在各地的服务器集群联合而成，且集群规模庞大，如 Google 公司云计算中心拥有几百万台服务器，微软、Yahoo、Amazon、IBM 等企业云计算集群规模也相当惊人，更重要的是云计算中心能通过系统软件，整合和管理规模庞大的计算机集群，使用户能获得前所未有的计算和存储能力。

（二）云端服务

只要用户能连接网络，用户可以在任意位置、使用各种终端获取云计算服务，但这个云不是固定的有形实体，而是基于网络的存在。用户无需了解系统运行的具体位置。

（三）可靠

云计算系统软硬件采用了多种措施来保障服务的高可靠性，如数据多副本容错、心跳检测和计算节点同构可互换等，同时，在设施层面上，云计算中心还在能源、制冷和网络连接等方面采用了冗余设计，以保障服务可靠。

（四）通用

云计算作为一个系统应用中心，很少为某一个特定的应用存在，通常能有效支持各类主流计算和存储应用，且一个云系统可以同时支持多个不同类型应用。

（五）可扩展

云计算系统组成并非固定不变，在实际应用过程中，可以根据用户应用需求调整和动态伸缩，有效地满足用户大规模增长。

（六）按需定价

云体系是一个庞大的资源池，用户在使用云计算中心资源时，如同消费自来水、电和煤气等公用设施，系统根据用户使用量计费，并无需任何软硬件和设施等方面的前期投入，也没有消费门槛限制。

（七）成本低

由于云计算中心巨大规模所带来的规模经济性，同时分布并行使用，资源利用率明显提升，此外，云计算采用廉价和通用的 X86 节点来构建，用户可以享受云计算所带来的低成本优势，有效降低用户运算和存储资金投入。

（八）自动化

云计算在系统应用软件、服务提供、资源部署以及软硬件管理等方面，都通过自动化方式来执行，有效降低整个计算中心的人力成本。

三、"云"端的计算

云计算的工作原理：在典型的云计算模式中，用户通过终端接入网络，向"云"提出需求；"云"接受请求后组织资源，通过网络为"端"提供服务。用户终端的功能可以大大简化，诸多复杂的计算与处理过程都将转移到终端背后的"云"上去完成。

云计算系统分成两部分，前端和后端，二者一般通过网络连接。前端指的是用户的计算机或客户端，后端指的是系统中的计算机群，也就是"云"。前端包括用户计算机（或计算机网络）以及云计算系统登录程序。不同的云计算系统具有不同的用户界面。后端是各种各样的计算机、服务器和数据存储系统，它们共同组成了云计算系统中的"云"。理论上，从数据处理到视频游戏，只要能想到的计算机程序，云计算系统都能运行。用户所需的应用程序并非运行在前端的个人电脑、手机等终端上，而是运行在互联网上的大规模服务器集群中，用户所处理的数据也并非存储在本地，而是保存在互联网的数据中心。提供云计算服务的企业能够将资源切换到需要的应用上，根据需要访问计算机和存储系统。

云计算提供的使用量付费的模式，能够提供可用的、便捷的、按需的网络访问，进入可配置的计算资源共享池这些资源能够被快速提供，而只需投入很少的管理工作，或与服务供应商进行很少的交互。

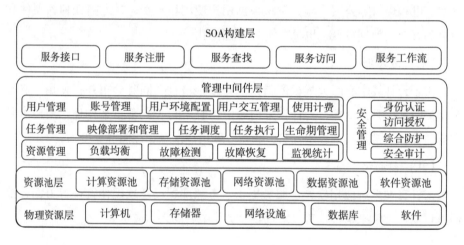

资料来源：广正恒生官方网站。

图 3-4　云计算的工作原理

四、云计算服务和部署模式

通常，云计算有三种服务模式：基础设施即服务（IaaS, Infrastructure – as – a – Service）、平台即服务（PaaS, Platform – as – a – Service）和软件即服务（SaaS, Software – as – a – Service）。三者共同构成了云计算的基本架构，基础设施在最下端，平台在中间，软件在顶端，并在云端提供服务时形成不同种类。

IaaS 提供场外服务器、存储和网络硬件，供用户使用，降低用户维护成本和办公场地。PaaS 指系统在网上提供各种开发和分发应用的解决方案，如虚拟服务器和操作系统等，使用户团队能通过网络跨越空间障碍开展业务合作。SaaS 是指系统与用户的连接，用户可通过网络使用远程服务器上的任何软件应用。

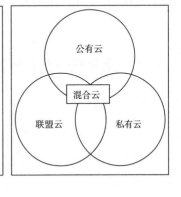

注：L = 有限的；F = 完全的；N = 没有。

资料来源：广正恒生官方网站。

图 3 - 5　云计算的服务模式和部署模式

在系统的部署方面，云计算有四种模式：公有云、私有云、联盟云和混合云，区别在于服务对象的范围有差异。公有云系统由云服务的运营商搭建，面向社会全体公众，任何人只要提出使用需求，且按照要求付费都能利用云系统开展计算；私有云是企业内部开发和部署的云系统，服务对象仅限于内部用户的云计算；联盟云是由若干存在共同利益关系或目标的企业、组织构建的云计算系统，服务范围是联盟内部机构人员；混合云则包含了两种以上类型的云计算。

五、云计算的技术优势

作为信息技术，云计算有传统 IT 架构所不具备的技术优势。一是提高计算资源利用效率。由于按需调用计算和存取资源，系统资源分配使用效率远高于传统的 IT 技术架构，同时，系统技术资源可以弹性伸缩，保证了资源的回收与再利用。二是可扩展性强。由于系统技术资源可弹性伸缩，云计算平台的横向扩展比较容易，当存储和计算业务量增大时，可以逐渐增加云计算集群规模。三是方便使用。云计算系统可通过网络渠道为用户提供服务，用户登录系统时按照即插即用的方式，通过网络访问云端服务器，可在任何时间任何地点使用计算和存储资源。四是云计算通常以模块化提供服务，用户可以在电子邮件、CRM、OFFICE 等多种服务之间自由组合，根据自身情况选择适当方式、调取适当规模云端资源。

六、金融服务业云计算的主要应用场景

（一）IDC 云

随着互联网应用日趋广泛，传统 IDC（Internet Data Center，互联网数据中心）服务已经无法满足用户需求，用户期望更强大、更方便和更灵活的数据中心系统。IDC 云是在原有数据中心基础上，采取更灵活的技术支持系统，使其在应用过程中具有更多云技术特征。例如，系统虚拟化技术、自动化管理技术等。通过 IDC 云系统，用户在使用资源时能够通过互联网获得虚拟机和存储资源。此外，IDC 可通过引入新的云技术来提供许多新的具有一定附加值的服务，比如 PaaS 等。

（二）云存储

云存储系统可以整合网络中多种存储设备，以此为基础提供存储空间服务。云存储系统能自动管理数据存储、备份、复制和存档，拥有良好的人机交互系统、操作界面和强大的 API 支持，能便利地解决本地存储数据丢失、管理缺失等问题。云存储尤其适合有海量数据需要管理和存储的企业，比如互联网企业、电信公司等，以及个人存储应用。

（三）开发测试云

通过系统界面，开发测试云可以预约、部署、管理和回收整个开发测试环境，通过预先配置（包括操作系统，中间件和开发测试软件等）虚拟镜像，快速构建开发测试环境，使用快速备份／恢复等虚拟化技术重现问题，并可通过强大的云计算能力，对系统应用进行压力测试。开发测试云系统尤其适于需要

开发和测试多种应用的组织和企业，比如银行、电信和政府等。

（四）数据处理云

数据处理系统可以将软件和服务运行在云计算平台上，并利用平台计算能力和存储能力，对企业的海量数据进行大规模并行处理，通过数据清洗、数据配对、数据关联等方式方法，洞察企业业务发展新趋势，发现潜在问题，使企业迅速、全面地进行决策。

（五）HPC 云

由于数据规模增加，企业数据处理要求增长，传统计算中心因为资源配置等因素难以满足现实需要。基于云计算技术的高性能计算（HPC 云）能够基于用户需求，提供完全定制的高性能计算环境，这种计算模式下，用户可以根据自己的需求，调节计算环境操作系统、软件版本以及节点规模等，避免与其他用户在使用资源时产生冲突。高性能计算（High Performance Computing，HPC）中心不仅能提供高性能计算，而且还能根据用户需求增加资源管理、用户管理、虚拟化管理、动态资源产生和回收等。HPC 云特别适合需要使用高性能计算，但缺乏巨资投入的普通企业和学校。

第四节　区块链技术带来的"链式反应"

一、区块链横空出世

区块链（Block chain）是系统内所有各方集体参与维护一个可靠数据库的技术方案。它的运行原理是：系统内众多节点共同行动，把一段时间内全系统产生的数据，通过密码学算法压缩重构，计算生成该数据块的特征值（哈希值），并记录到一个数据块（block）中，每个数据块都自动嵌入了上一个数据块的哈希值，最终形成以创始区块为开始，以哈希值为连接纽带，以时间戳实现交易追溯，以非对称加密保护系统安全的数据块链条，系统所有参与的节点共同认定记录是否为真。在区块链中，哈希值除了用于连接各数据块，还用于数据真伪的校验，当块链中数据被更改时，哈希值就失效。

区块链技术起源于匿名研究员"中本聪"（Satoshi Nakamoto）于 2008 年发表的奠基性论文《比特币：一种点对点电子现金系统》。该文章发表以后并未引起过多关注，但随着区块链技术的研究和应用日趋增加，该文献检索次数快速增长，研究领域对其关注程度明显增加。一般认为，区块链技术可包括广义区块链技术和狭义区块链技术，前者是一种全新的分布式基础架构与计算范式，它以块链式数据结构来验证与存储数据、利用分布式节点的共识算法来生成和更新数据、并利用密码学技术保证数据传输和访问安全以及自动化脚本代码形成智能合约来编程和操作数据；后者是分布式账本技术，它按照时间顺序，将数据区块相互连接组成一种链式数据结构，同时通过密码学技术保证块链内信息不可篡改和不可伪造。区块链技术依托分布式数据存储、共识机制、点对点传输、加密算法等计算机技术等，是继大型商用计算机、个人电脑、互联网之后计算和数据存储模式的颠覆式创新，这种创新一旦进入广泛应用，有很大可能在全球范围掀起一场以信息技术为基础的技术革新，并可能对某些行业如金融业的运行模式带来巨大变革。

区块链具有以下技术特征：

（一）分布式存储

通常区块链中所有节点都具备同样存储功能，除非某些区块链在系统搭建的初期就对不同节点的功能进行区分。整个区块链系统所有具有维护功能的节点共同记录和存储数据。由于使用分布式账簿和存储，理论上区块链系统不存在中心化硬件或管理机构，因此业内通常认为区块链具有去中心化功能。

（二）信息透明高

系统数据向所有用户开放，用户可以通过具有查询功能的节点查询区块链条中的任何数据，整个系统对所有用户信息都是完全透明。现实中，为了对交易数据保密，交易方的私有信息会被加密，此外，区块链系统还会对登录用户范围设定限制，以保证信息在有限范围内向特定用户透明。根据授权开放的程度，区块链可以分为公有链、联盟链和私有链。公有链对社会所有成员开放，联盟链则对加盟区块链的用户开放，而私有链仅对单个集团用户开放，具有强烈排他性。

（三）自治性

区块链系统以全系统共识的规范和协议自动交换和存储数据，系统各节点不需要人为干预，这种共识协议包括支持系统运行的数学算法以及完成交易的智能合约。

（四）数据不可篡改

各区块内的数据经过哈希算法计算生成哈希值，然后作为块链信息安全存储，只有控制超过 51% 的系统运算能力，才可能对系统块链内数据进行修改，单个节点对区块链数据的修改无效，因此区块链系统数据的可靠性和安全性高于普通的信息系统。

（五）去中心化

区块链系统与传统的中心化信息系统的主要区别是前者采取分布式记录储存和分布式传播，系统数据传输不依赖单个中心节点，而是点对点直接传输。从技术角度来看，区块链基于密码学原理而非信用，全网每个节点都依据共识开源协议自由安全地存储和传输数据。所有交易记录是对全网公开，每个节点对数据记录、储存承担相同的责任，没有中心化或第三方机构负责管理，即便系统中一个节点出现运行故障，系统其余节点会继续更新和存储数据，维持系统稳定运行和信息完整可靠。

（六）安全可信度高

区块链以数学方法解决了交易之间存在的信任问题，它通过非对称加密和可靠数据库完成了背书，不需要借助第三方机构来进行担保验证，系统只需信任共同算法即可建立互信。非对称加密是区块链系统通过公钥与私钥的配合实现。每个参与者都可用公钥来加密一段信息，而解密时只有信息拥有者才能用对应的私钥来接收。私钥接收使用电子签名来验证，确保信息为真正的持有人发出。非对称加密有助于保护个人隐私，同时也保障加密安全。因此，区块链上述特征解决了两个长期存在于加密数字货币行业的问题："双花"问题和"拜占庭"将军问题。

二、分布式"账本"

区块链的技术构成主要包括：

（一）核心技术

区块链是一个开放式、全网共同维护的分布式"账本"（分布式数据结构）。这一技术融合了 P2P 网络、密码学和共识机制等三类成熟技术，不仅实现了交易过程的去中心化和去中介化，同时各节点之间信息可靠传递、交易账户安全和节点之间传递的信息不会被篡改。

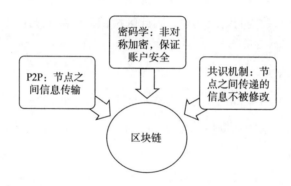

资料来源：方正证券官方网站。

图 3-6　区块链核心技术示意图

（二）共识机制

共识机制是区块链的核心，是指区块链各链块传递和保存的信息得到链上所有成员的共同认同。目前常见的共识机制除运用于比特币的 POW（Proof of Working，工作量证明）外，还有 POS（Proof of Stake，权益证明），DPOS（Delegate Proof of Stake，股份授权证明）等。

1. POW：POW（Proof ofWorking，工作量证明）机制是比特币采用的共识机制，比特币是全球首个区块链在数字化资产方面的应用尝试，它基于非对称加密原理，节点需要花费很大的运算能力，解决一个数学难题（每个节点解决的数学难题的初始条件不同，但难度相同）才获得记账权限，其他节点可以很轻松地验证该节点的答案是否正确（POW 机制解决的数学难题具有难求解、易验证的特点）。此外，算法会评估每个节点的算力，并根据系统运算能力分配投票权限，单个节点必须获得系统51% 运算能力也就是投票权限才能作弊，因而单个节点作弊需要花费极高成本，在比特币区块链应用中普遍认为单个节点无法作弊。

	原理	优点	缺点	案例
POW	通过算力暴力枚举解答数学难题获得记账权利，同时记账节点获得相应奖励	成熟、稳定、容易获得所有节点认可	能耗高、算力集中趋势	比特币
POS	通过消耗币天数获得记账权，同时获得相应奖励	效率较高、能耗较低	初始阶段可能需要POW 等机制配合，可能一定程度上造成穷者愈穷、富者愈富	未来币
DPOS	投票产生适当数量的代表，在代表中随机选择记账人，记账人获得相应奖励	效率高、能耗低，解决 POW 共识机制中算力集中的问题	整个共识机制还是依赖于代币	比特股

资料来源：长江证券官方网站。

图 3-7 POW/POS/DPOS 三种共识机制的比较

2. POS：POS（Proof of Stake，权益证明）机制的设计思路如下：当系统出现问题，持有权益越多的人遭受潜在损失越大，因此持有权益越多，作弊动机越小，系统就给予其更多的投票（记账）机会。

3. DPOS：DPOS（Delegate Proof of Stake，股份授权证明）机制在 POS 机制基础上进一步完善，首先系统投票选出一批具有代表性的节点，然后再由这些代表性的节点共同选择一个节点负责记账，其他节点核对记录，如此可大幅度提升记账效率。

（三）基础架构

区块链的基础架构包括区块、区块头、创始区块及区块链分叉。其中区块和区块头的结构及功能如图 3-8 所示。

区块结构	大小	字段	描述
区块	4字节	区块大小	用字节表示的该字段之后的区块大小
	80字节	区块头	组成区块头的几个字段
	1~9	交易计算器	交易的数量
	可变	交易	记录在区块里的交易信息
区块头	4字节	版本	版本号，用于跟踪软件/协议的更新
	32字节	父区块哈希值	引用区块链中父区块的哈希值
	32字节	Merkle值	该区块中交易的merkle树根的哈希值
	4字节	时间戳	该区块产生的近似时间
	4字节	难度目标	该区块工作量证明算法的难度目标
	4字节	Nonce	用于工作量证明算法的计数器

资料来源：方正证券官方网站。

图 3-8　区块链技术比较示意图

简单而言，区块是一种可检索、可追索且不能篡改的数据结构，它是一串超长随机数密码，且字符串的前十位数字为 0。若要生产区块链条，系统必须首先指定上一区块，才能实现有序排列，因此区块链必然有创始区块。就其传递的信息而言，区块是定时记录系统各类数据，向全网公开并保护每笔交易隐私的信息集合。与一般信息集合不同的是，区块的信息集合中隐含着上一个数据集的信息，有了这个可以追溯的信息符号，无数个区块形成了链式数据集，实现了有序排列。

（四）网络架构

按照节点授权方式即信息对外公开程度不同，区块链的网络架构可分为：公共区块链（公有链）、私有区块链（私有链）和联盟区块链（联盟链）。不同架构类型特征如图 3-9 所示。

1. 公有链（Public Blockchain）：公有链是区块链系统向全体人开放，全世界任何人都可读取、发送交易且交易能获得有效确认，所有人都能参与其共识过程的区块链。公有链安全由"加密数字"维护，"加密数字"采取工作量证

	私有链	联盟链	公有链
参与者	个体或公司内部	特定人群	所有人
信任机制	自行背书	集体背书	POW/POS/DPOS
记账者	自拟	参与者协商	所有人
激励机制	无需	可选	需要
中心化程度	中心化	多中心	去中心化
特性	可追溯	提升效率	信用的自建立
适用场景	审计、发行	结算	虚拟货币
代表公司或组织	Over stock	R3银行联盟	比特币和比太坊

资料来源：方正证券官方网站。

图 3 - 9　三种不同形式区块链对比分析

明机制或权益证明机制，将经济奖励和加密数字验证结合了起来，系统遵循原则是：个体从系统中获得的奖励与其对共识过程作出的贡献成正比。

2. 私有链（Private Blockchain）：私有链的写入权限仅在一个组织的成员手里，系统读取权限和写入权限不对外开放。

3. 联盟链（Federated Blockchain）：联盟链是若干组织和机构共同发起设立的一个区块链系统，系统对参加联盟的所有成员开放，其共识过程受到预选节点控制。联盟链的数据写入和读取受限于参与者成员方。

虽然不同类型区块链开放程度不同，但是区块链本身的中心化、去中介信用、数据可靠性等特点仍然无差别存在，系统只在节点接入和共识机制建立方面存在区别。

三、从区块链 1.0 到区块链 2.0

相对传统信息处理技术方式，区块链技术被很多大型机构视为可能彻底改变行业和企业运作模式的突破性技术，对包括金融交易、资产管理、信息传递等行业可能会产生颠覆性影响。如同云计算、大数据、物联网、人工智能等新一代技术，区块链也不是单一的信息技术，它是以现有的信息技术为基础，但在一些数据分发和存储的关键环节加以独创性创新，使系统产生了前未实现的功能。

（一）技术探索

1. 以点对点为基础搭建网络，即 P2P 网络架构。P2P 网络架构是区块链系统连接各节点的组网技术，是建构在互联网上的一种连接网络。当前互联网主要组网模式是中心化服务器与外围用户的网络架构，而 P2P 网络架构中各节点计算机都是平等的，每个节点在系统中具有同等权力，不存在中心化服务器，各节点通过特定软件协议共享计算资源、软件或者信息。P2P 网络架构广泛用于开发各种应用，如网络视频播放软件、文件共享和下载软件、即时通讯软件等。区块链技术应用的出现，使这种系统组网技术应用达到一个新的高度，这种基于点对点的 P2P 网络架构也成为区块链技术架构的技术。

2. 非对称加密算法。它是使用公私密钥，对系统中的数据存储、传输和记录进行加密和解密。非对称指数据发送方和数据接收方用不同密码加密和解密，以保证信息内容不对第三方开放。其中，公钥用于发送方加密要发送的信息，通常会公开发送，系统各方都能收到，私钥用于对加密内容进行解密。通过非对称加密的公私钥，区块链系统各方可以构建节点间信任。

3. 数据库技术。区块链系统上，数据储存独立于代码，改变了传统数据架构中的数据存储模式。它从早期的网状结构、层次结构发展到基于严密关系代数关系型数据库。关系型数据库以简单二维表格集存储真实世界的对象及其联系，使用 SQL 语言广泛用于构建各种系统和应用软件。此外，海量数据催生了以键值（简称：Key – Value）对为基础的分布式数据库系统。当前区块链系统中数据库技术既包括关系型数据库，也包括分布式键值数据库。

4. 数字货币。数字货币又称为电子货币（E – money），是对现实货币的功能替代，按照其含义不同，数字货币分为广义和狭义两种。广义数字货币包括虚拟货币，如腾讯 Q 币等各类游戏软件使用过程中用于记账的货币。狭义的数据货币仅指主权国家或地区中央银行通过电子方式发行的用于记账、交易等使用的主权货币。迄今为止，区块链对数字货币还处于研究探索阶段，如匿名学者中本聪在其论文中设计提出的比特币就是一种数字货币的尝试，这种数字货币与虚拟货币概念存在根本区别。

（二）区块链1.0——数字货币

区块链是通过全网共识机制，在系统全体参与者之间维系一套不可篡改的账本记录的技术。2009 年，比特币系统正式上线运行。比特币系统作为一种虚拟货币，通过网络共识协议，对比特币生产、流通等进行了有益探索。如系统将比特币总量自动限定在2100 万个。同时，比特币网络系统中任何人或机构都不能对网络内的支付和交易记录进行篡改修订。区块链技术在支撑比特币运行中发挥了关键作用，也是系统的底层核心技术，这种以分布式共享账本及点对点价值传输技术为基础的系统一旦成功投入应用，对金融乃至其他行业产生的潜在影响现在还无法准确估计。这一阶段具有如下典型特征：

1. 以区块为单位的链状数据块结构。区块链系统各节点通过一定的共识机制选取具有打包交易权限的区块节点，该节点需要将新区块的前一个区块的哈希值、当前时间戳、一段时间内发生的有效交易及其梅克尔树根值等内容打包成一个区块，向全网广播。每一个区块都与前续区块通过密码学证明的方式链接一起，当区块链达到一定长度后，要修改某个历史区块中的交易内容，就必须修改所有区块中交易记录，并需要通过密码学证明进行重构，且需要取得系统其他节点的一致认同，因此单个节点无法修订块链内的数据，有效防止数据被篡改。

2. 全网共享账本。典型的区块链网络的每一个节点都能够存储全网历史交易记录的完整账本，因此，系统即便出现个别节点账本数据被篡改和攻击，全网总账的安全性不会受到影响。此外，由于全网节点通过点对点连接，没有中心化服务器，也不存在单一的攻击入口。全网共享账本这个特性也能有效防止双重支付（双花问题）。

3. 非对称加密。账户体系包括非对称加密算法下的公钥和私钥，没有私钥就无法使用对应公钥中的资产。

4. 源代码开源。区块链的共识机制、规则等可以通过一致、开源的源代码进行验证，源代码开源不仅保证了共识机制的实现，同时，开放源代码也为应用推广区块链提供了技术前提，随着源代码开放，区块链技术应用将而出现大幅度上升。

（三）区块链 2.0——智能合约

2014 年前后，区块链技术开始应用于数字货币以外领域，如分布式域名系统、分布式自治组织、分布式身份认证等，这些应用被称为分布式应用（DAPP）。区块链 2.0 版本试图创建通用型技术平台，为大家提供开发区块链应用的基础，并向开发者提供 BaaS 服务，使交易方在提高交易速度的同时，大幅度降低资源消耗。同时，区块链 2.0 版本还支持 PoW、PoS 和 DPoS 等多种共识算法，使 DAPP 技术开发在实际中更易于实施。

区块链 2.0 版本特征如下：

首先，系统开始应用智能合约。智能合约是加载在区块链系统上中的应用，它是一套以数字编码形式定义的合同，以区块链为技术基础自动运行，一旦现相关方设定的合约执行的条件出现，则合约自动履行。智能合约解决了交易方的信任问题，各交易方只要事前准确设定好合约内容，则在交易中无需中介撮合，条件实现时合同自动执行。

其次，以 DAPP 为基础，一些应用如虚拟电子钱包应用已经日趋广泛，其他应用也在不断出现。

最后，虚拟机功能开始应用。虚拟机主要功能是执行智能合约编译后的代码，当智能合约的触发条件达到时，虚拟机就对合约条款（交易核心条款，如资金结算支付等）自动执行，完成交易双方的无人化约定。

四、金融服务业将成为区块链应用的突破口

区块链作为信息技术创新的最前沿，目前已经在不断向应用落地演变。金融是现代经济的核心，有望率先成为区块链应用的突破口。这不仅是技术从研发向落地转变，也是金融业应用先进技术，提升服务效率和盈利能力的现实要求。区块链技术流程简单、节约成本、高可靠性、交易信息可追踪以及数据质量改善等特点，使其在金融业基础架构中具有重大应用潜力。区块链技术以点对点技术为基础，能实现价值转移。在数字化大潮下，一些传统市场的基础架构可使用区块链技术重构，能大幅度提升金融资产交易及清算效率，因此一些人认为，一旦区块链技术在金融行业全面应用，将对金融行业发展模式和金融

业态演变带来巨大影响。此外，基于区块链技术的系统数据不可篡改性和可追溯性，可满足监管部门对金融业务数据真实性要求，同时监管机构可以构建各类监管工具箱，以利于实施及时、精准有效监管。

一是应用于支付清算。区块链技术有助于降低金融机构间对账成本及争议解决成本，大幅度提升支付处理速度及效率，特别是在跨境支付领域，基于区块链技术的系统清算效率明显提升。另外，区块链技术也能以较低的成本，支持金融机构开展小额跨境支付，满足消费者小额跨界支付需求，推动普惠金融发展。

二是应用于资产数字化。各类资产（如股权、债券、票据、收益凭证、仓单等）均可以在以区块链为基础的平台上开展交易，成为链上数字资产，这种平台的优势在于，资产所有者无需通过中介机构，交易各方能直接发起和参与交易。这一功能可借助于行业基础设施类机构，机构管理者扮演托管者的角色，确保资产的真实性与合规性，并在托管库和分布式账本之间搭建一座桥梁，分布式账本平台能安全访问托管库中的可信任资产。交易各方通过分布式账本技术完成交易的发起和在线资金清算、交易标的物交割。

三是应用于证券交易。基于智能合约能促成更高意义上的交易达成。所谓智能合约是资产交易相关方基于一定的交易规则达成合约，合约明确清晰地表达交易业务逻辑，如固定收益证券、回购协议、各种掉期交易以及银团贷款等，当交易方之间约定的条件实现时，区块链技术支持合约自动执行，且保证相关合约只有交易各方可见，对第三方保密。基于区块链智能合约技术的证券交易能通过机制确保其运行符合特定的法律和监管框架。

四是应用于客户的 KYC 管理。按照规定，金融机构在向客户提供服务时必须履行客户识别（KYC，Know Your Customer）责任。传统金融体系中，不同机构间用户身份信息和交易记录由于系统不共享、信息不能标准化而无法实现一致、实时和高效分享，使 KYC 流程非常耗时，缺少自动验证消费者身份的技术，因此无法高效地开展工作。依托区块链技术，金融机构可实现数字化身份信息的安全、可靠管理和传递分享，在保证客户隐私不向无关方泄露的前提下，提升金融机构 KYC 管理效率，降低管理成本。

当前，随着区块链技术日趋成熟，一些金融机构和监管部门已经在积极推动区块链技术应用早日落地。2015 年以来，一些国际金融市场具有重要影响力的金融机构积极布局区块链研究和应用，如从高盛、摩根大通、瑞银集团、巴克莱银行等为代表的银行巨头除了参与国际区块链技术联盟等组织，还分别各自成立区块链实验室、发布区块链研究报告，并大力申请区块链专利，同时，一些金融机构由于自身研发能力限制，还通过并购等方式介入区块链初创公司，分享区块链技术进步带来的潜在红利。例如，高盛投资区块链创业公司 Circle，同时还在 2015 年 11 月提交了一份专利申请，描述一种可以用于证券结算系统的数字货币"SETL - coin"。再如，美国存管信托和结算公司 DTCC、Visa、环球同业银行金融电讯协会 SWIFT 等金融巨头也相继宣布其区块链战略，推动开展行业协作，利用区块链技术改造传统封闭复杂的金融业务发展模式，使其变得现代化、组织化和简单化。

证券市场对区块链技术的应用也在迅速推进，如上海证券交易所、纽约证券交易所、芝加哥商品交易所、纳斯达克证券交易所等开始对区块链技术在证券行业的应用进行探索。2015 年 12 月 30 日，纳斯达克证券市场宣布通过基于区块链技术的交易平台 Linq 完成了首笔证券交易。

不仅金融机构正在推动区块链技术应用，各国监管机构也在高度关注区块链技术的发展应用前景。在数字资产方面，主要国家和地区的中央银行对基于区块链技术的数字货币发展前景就十分关注，各中央银行对于区块链技术应用普遍持积极支持。2016 年 4 月，英国在全球范围内在全球率先推出"沙盒计划"（Sand box），对包括区块链技术在内的金融科技发展持相对宽松的监管立场，促进本国金融科技领域创新能力不断增强。中国相关部门对区块链技术研究也在不断提速，互联网金融协会成立了区块链研究工作组，中国人民银行不仅成立了基于区块链技术的数字货币研究所，致力于推动数字货币相关问题研究，还在积极探索将区块链技术应用于包括票据发行与交易等环节，推动区块链技术在中国金融体系中的健康应用。

第五节　人工智能与智能化机器人

一、AI 是一门交叉学科

人工智能（Artificial Intelligence，AI）是当前新思想、新理论以及科技创新快速发展的情况下产生的一门交叉学科，它至少涉及数学、计算机科学、哲学、认知心理学、信息论、控制论等学科，随着计算机技术创新不断向纵深发展，人工智能技术有望成为人类社会向高级智慧生物演变的重要推手。

最早提出人工智能的概念是马文·明斯基和约翰·麦卡锡，此二人于 1956 年在"达特茅斯会议"上共同提出，正如任何新兴事物一样，当时计算机技术还处于发展的初级阶段，人工智能概念在很大程度上是一种前瞻性探讨。1960 年，麦卡锡在美国斯坦福大学建立了世界上第一个人工智能实验室。经过近几年互联网的飞速发展，AI 对企业甚至是行业产生了巨大而又深远的影响。机器学习，尤其是深度学习技术成为人工智能发展的核心。

迄今为止，有关人工智能的概念内涵尚未统一，比较流行的定义是由当时麻省理工学院麦卡锡在 1956 年的达特茅斯会议上提出的："人工智能就是要让机器的行为看起来就像是人所表现出的职能行为一样。"

美国斯坦福大学人工智能研究中心尼尔逊教授对人工智能的定义为："人工智能是关于知识的学科——怎样表示知识以及怎样获得知识并使用知识的科学。"而美国麻省理工学院的温斯顿教授认为："人工智能就是研究如何使计算机去做过去只有人才能做的智能工作。"

总体来讲，人工智能是研究、开发用于模拟、延伸和扩展人的智能的理论、方法、技术及应用系统的一门新的技术科学。它是计算机科学的一个分支，试图了解智能的实质，并生产出一种新的能以人类智能相似的方式做出反应的智能机器，该领域的研究包括机器人、语言识别、图像识别、自然语言处理和专家系统等。

二、人工智能的技术分层

从产业实践来看，人工智能可分为基础层、技术层和应用层三个层面，基础层最靠近"云"，应用层最靠近"端"。基础层是发展人工智能的技术基础，相关细分技术如大数据、云计算、智能芯片、传感器及智能硬件等不可或缺，其中大数据为人工智能发展提供了数据基础；技术层面上，人工智能技术包括图像识别、机器学习、知识图谱、语音识别、生物特征识别、自然语言处理等；应用层面上，人工智能包括计算智能、感知智能和认知智能。虽然人工智能已经取得了长足发展，但目前还没有具有完整认知功能的人工智能出现。从产业链发展来看，人工智能的基础层是构建产业链生态的基础，隐含的价值最高，但需要长期研发投入，对企业而言财务负担不可小觑；应用层属于解决方案层，变现能力最强。

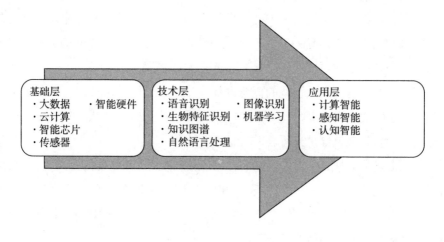

资料来源：互联网。

图 3 – 10　人工智能的技术分层

人工智能核心技术包括机器学习、知识图谱、语音识别、图像识别、生物特征识别、自然语言处理等。

语音识别是机器通过识别和理解发音，并把语音信号转变为文本或命令的技术。语音识别主要包括特征提取技术、模式匹配准则及模型训练三个方面。

　　图像识别是利用计算机对图像进行处理、分析和理解，以识别各种不同类型目标和对象。

　　生物特征识别是利用人体生物特征进行身份认证，通过计算机与光学、声学、生物传感器和生物统计学原理等方法，利用人体固有的生理和行为特点进行身份辨识。

　　机器学习（Machine Learning，ML）是一门交叉学科，涉及概率论、逼近论、凸分析、统计学、算法复杂度理论等学科。机器学习是通过程序驱动计算机如何模拟或实现人类的学习行为，以获取新的知识或技能，重新组织已有的知识结构，以不断提升计算机的综合性能。

　　知识图谱是基于现有数据的再加工，包括关系数据库中的结构化数据、文本或 XML 中的非结构化或半结构化数据、客户数据、领域本体知识以及外部知识，通过数据挖掘、信息抽取和知识融合等方式方法，形成统一的全局知识库。

　　自然语言处理（Natural Language Processing，NLP）是研究人机交互的语言问题。大致可分为两类，一类是浅层分析，如分词和词性标注等，一般只需对句子局部范围进行分析处理；另一类是对语言进行深层处理，需要对句子全局进行分析。

三、智能化机器人能做什么？

　　目前，人工智能已经取得了长足发展，相关应用也在不断丰富，相关子领域至少包括 10 类：机器学习、计算机视觉、实时语言翻译、情感感知计算、手势控制、自然语音处理、推荐引擎及协同过滤、智能机器人、虚拟个人助理、视频内容自动识别等。这些领域发展程度有所差异，但理解能力、感知能力、学习能力、交互能力等四个方面是人工智能的基础。

（一）感知能力

　　感知能力主要通过物联网来实现，物联网上接入机器上安装大量的传感器，提供了机器设备感知和控制物理世界的接口与手段，通过数据采集、分析和传送，在人工干预或系统自动运行情况下交互、控制。如，公共场所的摄像头记录现实生活中大量图像和视频，计算机、手机的麦克风记录了音频资料和声音，各类传感器在工作过程中则对其传感目标进行不间断跟踪，并及时回传管理中心。感知能力是系统对信息控制和占有的前提，是人工智能工作的基础。

（二）理解能力

现阶段智能系统对事物问题的理解主要依赖于处理器的计算分析能力，这一点和人类通过神经元分析工作具有很大不同。近年来，随着云计算、GPU（图形处理器）大规模应用，计算机数据计算处理能力也在快速提升。GPU 拥有远超 CPU 的并行计算能力，是为了处理 3D 及更高维度图像中百万级乃至千万级像素的图片和视频而专门设计的，它拥有更多内核，能处理更多计算任务，具备执行大规模并行计算的能力。云计算则是通过系统设置，将系统内各类计算能力进行整合优化，使系统计算能力和理解能力大幅度提升。

（三）学习能力

学习能力是人工智能不断进步的重要推动力。人工智能之所以能在各种复杂条件下自主解决问题，且解决问题能力不断增强，主要是因为人工智能具有强大的自我学习能力，也就是机器学习能力。机器学习是人工智能进步的主要推动力，其学习方法就是利用大数据，从中抽象出人类处理问题、解决问题的经验，因此大数据是人工智能开展自我学习的书本。机器学习是计算机利用设定的算法分析数据、学习数据，并以掌握的数据为基础，对未来发展态势进行判断，在此基础上预测下一步发展的可能结果。

机器学习的算法至少包括决策树、逻辑归纳编程、聚类算法和贝叶斯网络等。以决策树模型为例，计算机利用历史数据，能进行详细的二分法判断，由此形成以历史数据为基础，对未来可能出现的同类事情进行预测分析。如图 3－11所示，机器学习通过历史数据，可以训练获得基于历史数据的运行模型，以模型为基础，结合输入的数据对未来进行预测。学习能力的高低，决定了建模的科学性以及对未来预测的准确性。机器学习是持续过程，只有持续输入数据，系统对模型进行自动优化和调整，以逐步提升预测的准确性，这就是学习能力的含义。

国际上一些科技巨头如 Google，Microsoft、Baidu 等互联网巨头都在大力布

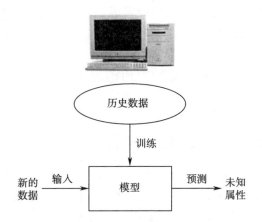

图 3 – 11　机器学习和学习能力示意图

局 AI，通过开源平台工具，极大地丰富了机器训练的素材和手段。如微软开源分布式机器学习工具包 DMTK，使用户能够在较小的集群上以较高的效率完成大规模数据模型的训练。

（四）交互能力

人机交互是人工智能突破的关键。近年来，随着语音识别技术发展，人类通过语音与计算机交流互动以及机器之间交互逐步成为现实，交互能力发展程度最终将决定人工智能是否会推动人类飞跃式发展。机器深度学习是人机交互最重要的核心技术，它基于多层神经网络，融入机器自我学习，从大量样本中抽象出相关概念，并在自身理解的基础上做出判断和决策。2006 年，Geoffrey-Hinton 发表论文 *A Fast Learning Algorithm for Deep Belief Nets*，提出了深层神经网络逐层训练的高效算法，让神经网络模型训练成为可能。人机交互最著名的案例是围棋领域，Google 公司利用人工智能技术开发的阿尔法狗，通过人机交互，阿尔法狗短期内围棋对弈技术快速提升。2016 年，阿尔法狗以 4∶1 战胜了世界排名第二的韩国著名棋手李世石。2017 年伊始，阿尔法狗在互联网上与全球围棋顶尖高手大战六十回合，并以 60 连胜的战绩一举战胜了参与对弈的所有人类棋手，2017 年 5 月，阿尔法狗在与全球排名第一围棋选手柯洁再次鏖战三局，并最终以 3∶0 胜出，在这场人类和人工智能的技术比拼中，阿尔法狗展现了超强的机器深度学习能力和良好的人机交互能力，同时也向人类展示了人工智能巨大潜能和行业发展前景。

四、人工智能在金融服务领域内的应用

（一）人工智能的分类

根据人工智能的应用，人工智能可分为专有人工智能、通用人工智能、超级人工智能。

根据人工智能的内涵，人工智能可分为类人行为（模拟行为结果）、类人思维（模拟大脑运作）、泛智能（不再局限于模拟人）。

（二）人工智能实践——智能投顾

机器人投顾又称自动化数字财富管理解决方案，也称为智能投顾或智能理财，是一种通过自动化设备和程序向投资者提供投资决策和投资咨询服务，鉴于机器人投顾在本质上是以数据为基础提供投资决策，本书将机器人投顾称为数字财富管理。根据其内涵不同，数字财富管理分为狭义和广义两种，狭义的数字财富管理是根据投资者风险偏好，计算机系统智能化计算，进行股票投资组合推荐和提供自动程序化策略交易服务，是完全以财富的保值增值为出发点；广义的数字财富管理是系统在考虑投资者需求的基础上，统筹考虑多种资产，如股票、基金、保险等，对投资者的资产配置进行科学规划。显然，广义数字财富管理除了对财富保值增值外，还将对投资者个性和投资组合进行规划和优化。

1. 大数据正在推动财富管理行业创新发展

数字财富管理行业发展不仅是技术发展的产物，其快速发展本身也具有必然性。一方面各国居民收入不断提升，在面临通货膨胀导致的负利率（即实际负利率）和中央银行设定的负的基准利率（如欧洲、日本的名义负利率）影响下，各国居民对财富管理的需求不断增大；另一方面，随着互联网应用发展，金融业传统格局日渐模糊，大数据在金融业的应用日渐广泛。财富管理作为金融子行业，在行业发展过程中正在顺利嫁接大数据，在提升服务水平和服务质

量的同时，也正在给各国居民带来实实在在的实惠，特别是大数据财富管理破除了传统财富管理行业对高净值人群的要求，使广大普通收入居民在充分利用海量数据和现代投资理论进行投资分析和决策的同时，提升了财富管理的科学性和有效性，给居民的财富增值带来了实实在在的影响，是互联网推动普惠金融发展的一个缩影。

财富管理行业发展至少需要以下三点：一是对市场信息的有效过滤和价值发掘，二是对资产进行有效配置以分散风险和实现收益最大化，三是有效的技术支持以提升交易的有效性和及时性。互联网行业快速发展过程中，以大数据和云计算技术为支撑，不断自我创新发展，逐步具备了以上三点能力，使财富管理行业与互联网行业融合发展成为可能。

在财富管理过程中，最优管理模式是针对不同投资者的期限、盈利、损失承受能力、投资方向等特性，提出不同的资产组合策略，实现投资服务的供求相匹配。数字财富管理模式的出现，为这种最优匹配提供了现实可能性。因为数字财富管理通过网络分散提供服务，降低了特性化服务成本，同时，数字化财富管理通过调查问卷，提前了解投资者的特性化需求，并通过大数据和云计算技术，为投资者的需求提供相应的资产配置，有效实现了投资者需求和现实资产供给的精确匹配。

移动财富管理终端的出现，不仅极大地提升了投资者获得在线财富管理的可能性，同时通过在线数据推送，能使投资者瞬时了解市场动态，提升投资者（财富管理公司）投资决策的时效性和科学性。另外，随着互联网大规模应用，传统财富管理机构能利用网络渠道和网络数据加强对财富管理产品组合的研究和供给，特别是利用互联网数据模拟和分析符合投资者需求的投资组合，创新产品和服务供给渠道，通过互联网分发公司内研究推出的投资产品组合，提高顾客对公司投研产品的满意度。

综合以上分析，大数据对财富管理行业的创新机制可参见图 3 – 12。

以上分析表明，互联网和大数据技术至少在以下四方面促进财富管理行业的发展模式创新：首先是在财富管理的服务渠道方面，互联网和大数据推动传统财富管理机构服务渠道的升级换代。传统的财富管理机构通过互联网实现财

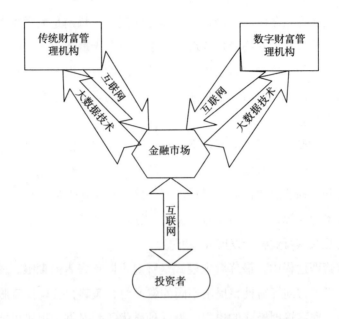

图 3-12 互联网和大数据技术创新财富管理模式

富管理服务，极大地提升了服务供给的便利性，同时通过在线服务提供方式，传统的财富管理机构可以低成本与投资者互动，有效掌握投资者需求，并提出优化和改进方式。其次在财富管理的产品研发方面，利用大数据和云计算技术，财富管理机构快速模拟市场运行状况，利用算法为投资者提供最优投资组合，实现风险、收益、期限等投资者个性要求的合理匹配。再次在风险管理方面，利用互联网、大数据和云计算技术，财富管理公司可以针对市场波动状况，适时调节资产组合规模和运行参数，改变传统财富管理公司面对市场波动时的风险管理能力不足状况，提升管理资产的经营效果。最后但并非最不重要的是随着互联网技术发展和大数据技术运用，财富管理行业中一些全新的依托互联网支持的财富管理机构脱颖而出，这些财富管理机构无论在产品研发能力，还是在服务渠道建设，或者满足投资者个性化需求等方面，都丝毫不逊色于传统的财富管理机构，有效增加财富管理行业的市场竞争，迫使各财富管理机构加强研发创新，促进整个行业利用新技术创新发展的良性循环。

2. 国外数字财富管理行业发展特点以及存在的问题

与传统的以人工为基础的财富管理模式相比，国外的数字财富管理行业已经展现出了一定竞争优势（由于风险资本等资本市场投资主体推崇，大量资金正在不断涌入数字财富管理行业，未来数字财富管理行业竞争优势将进一步凸显），总体而言，数字财富管理行业正在形成以下优势。

首先是在现代投资组合理论基础上充分考虑了投资者的个性化需求。数字财富管理技术以现代资产组合理论为基础，在为投资者提供投资决策时充分考虑到投资者的个性化需求。同时，结合投资者对未来的财富管理规划，提供包括财富投资组合策略选择、资产保值增值等较为全面的财务规划，实现了以专业技术为投资者提供个性化服务。

其次是投资者对数字财富管理技术认同程度逐步上升。现代互联网技术应用日趋广泛，投资者对数字财富管理技术认同度稳步提升，对利用移动互联、手机应用软件等管理财富的习惯也在逐渐养成，为数字财富管理公司利用线上技术推广应用产品和服务提供了前提条件。

表3-1　美国部分数字财富管理公司收费情况和资产规模

公司名称	顾问费率	管理资产（亿美元）
Vanguard	0.3%	310
E * Trade	0.3%	不详
Betterment	0.15% ~0.35%	33
Wealthfront	0.25%	28
Personal Capital	0.49% ~0.89%	24
Future Advisor	0.5%	7.5
Sigfig	0.25%	1

数据来源：Are the Robots Taking Over? The Emergence of Automated DigitalWealth Management Solutions，www.ftpartners.com。

再次是数字财富管理行业的成本较低。财富管理公司需要为人工投资顾问支付较高的入职前培训和学习成本，而且需要定期为高水平投资顾问升职加薪，如此增加了财富管理公司的经营成本。数字财富管理技术依托互联网提供服务，具有明显的边际收益递增效应，能有效降低财富管理公司成本。

与传统财富管理公司相比，美国一些财富管理公司针对客户收取的费用并不高，如表3-1所示，Betterment 的顾问费率为 0.15% ~ 0.35%。Wealthfront、

Sigfig 的顾问费率为 0.25%；Vanguard、E * Trade 的顾问费率为 0.3%，Future Advisor 的顾问费率为 0.5%；Personal Capital 的费率为 0.49% ~0.89%。

最后，数字财富管理以大数据为基础进行组合分析和高频交易，投资决策的成功率较高。数字财富管理公司以现代投资理论和全球投资产品为基础，构建资产组合，并辅以高频交易，能有效提升管理绩效，如表 3 - 2 所示，Virtu Financial LLC 公司每天交易一笔时，周盈利的可能性为 51.9%，当每天交易 1000 笔时，周盈利可能性上升到 92.1%，当日均交易上升到 10000 笔时，周盈利的可能性已经达到 99.9999%。显然，依托大数据为基础的高频交易大幅度提升了交易回报。

表 3 - 2 高频程序化交易 Virtu Financial LLC 公司交易盈利状况

日交易次数	周盈利可能性
1	51.9%
100	67%
1000	92.1%
10000	99.9999%
100000	100%
800000	100%

资料来源：《人工智能系列之一：三大拐点交织，AI 重塑互联网》，长江证券研究报告，2016 年 4 月 18 日。

虽然数字财富管理行业已经出现了爆发性增长态势，而且这种趋势将随着智能技术的发展而日渐广泛，但也并非没有挑战，一些潜在问题不容忽视。

首先是从法律角度出发的信托责任。现有法律体系对人工投资顾问的信托尽职责任，防止利益冲突等都有较详细规定。但信托责任是否适用于数字财富管理，有关法律规定仍需进一步明确，数字财富管理平台如何尽信托责任，数字财富管理如何摆脱利益冲突，如何高标准关注投资者，如何提供切实可行的个性化投资建议等。

其次是市场下行时期面临的不确定性。美国的数字财富管理行业已经避开了 2008 年市场剧烈下滑对行业带来的巨大风险，但在市场波动过程中，挤兑现象难免可能出现，特别是当出现系统性风险时，如何保持管理资产的流动性，仍然是数字财富管理行业面临的重要问题。

最后是算法和安全问题。虽然计算机强大的算法已经显示出战胜市场的潜能，但算法问题也可能导致在数字财富管理证券组合中出现不受欢迎的自动化交易。此外，随着数字财富管理程序应用增加，数字财富管理和数字财富管理公司可能成为网络攻击目标，给投资者造成重大损失。

3. 国内外数字财富管理行业发展现状

（1）国外数字财富管理行业发展规模及行业模式

自从 20 世纪 90 年代中期美国率先开始股票在线交易以来，财富管理行业的计算机应用技术就在快速发展，并从简单的代客交易向财富规划和财富管理转移，特别是随着网络技术发展和数据积累，机器人投顾在财富管理行业的应用也在不断深入，行业领军企业发展规模和市场估值也在明显提升。如 Betterment 仅在 2016 年 3 月实施的 E 轮融资中，就获得 10 亿美元资金支持。

目前，大数据财富管理在国外财富管理行业已经相当广泛，覆盖了从提供交易平台，到根据客户的个性化投资需求制定交易策略，并能提供高频程序化交易。从行业企业财富管理的规模来看，Betterment、Personal Capital、Wealthfront 等机构管理的财富规模均已达到数十亿美元。

从财富管理的经营成效来看，通过大数据和计算机算法，机器人财富管理已经展现了较强实力。如表 3 - 2 所示，Virtu Financial LLC 公司运用高频程序化交易，在 1238 个交易日中，仅有一个交易日出现亏损，据测算，利用每日 10000 次的高频交易，Virtu Financial LLC 公司实现盈利周的可能性达到 99.9999%；对冲基金 Cerebellum 掌管规模达 900 亿美元，通过使用机器人财富管理技术进行交易，自 2009 年以来，没有一个月亏损。

在数字财富管理技术不断深化的同时，其经营模式也在不断演化发展。如美国的数字财富管理行业至少已经出现以下模式：

一是直接面对消费者：这种模式以在线/移动方式直接面对消费者，根据消费者特定的投资目标、期限和风险偏好构建 ETF 组合，提供自动化的投资建议和/或投资组合。直接面对消费者的数字财富管理大多数提供自动持续的资产再平衡、重新配置和投资损失税前扣除，很少有或没有人工顾问。

二是国际数字财富管理：这种模式通过在线/移动方式，根据消费者特定的投资目标、期限和风险偏好，直接向投资者提供自动化投资建议和（或）证券组合，此种模式最典型的是通过构建 ETF 组合实现，此外，此种模式下多数企业提供自动持续的资产再平衡和投资亏损税前扣除，一些公司可以提供人工顾问。

三是直接面对消费者并提供顾问帮助：此种模式自动提供包括在线投资咨询，投资工具和/或搭建投资组合等产品，而且在投资过程中还提供人工财务顾问，以协助实现投资者个人目标，处理投资者特定事件。

四是 B2B 数字财富管理/白标签解决方案：此种模式通过向个人财务顾问和财富管理公司提供一些数字财富管理工具（包括彻底的数字财富管理服务），从而为财富管理机构提供服务，以上帮助通常限于白标签[①]基础上，使传统投资经理能保护他们的品牌形象。

五是传统财富管理机构提供"数字财富管理"服务：一些传统财富管理机构如 Charles Schwab 和 Vanguard 等，推出自己的机器人财富管理服务，其他机构通过收购或形成合作伙伴关系，以便提升以机器人财富管理市场的进入速度，如 BlackRock 和 Fidelity 等。

其他国家数字财富管理发展规模和势头尚不及美国，但是趋势也已经显现，如日本 Alpaca 公司推出的交易平台利用基于图像识别的深度学习技术，可帮助用户从存档里找到外汇交易图表并做好分析；韩国《金融时报》利用"人工智能记者"程序，仅花费 0.3 秒就可以利用市场交易数据，在股市交易日结束时写出一篇有关股票市场的财经报道。

（2）我国数字财富管理行业发展模式及存在的问题

我国数字财富管理起步比互联网企业晚，但互联网企业快速发展并积累的大量数据有望成为数字财富管理行业的重要助推器。艾瑞咨询数据显示，2015年，我国网络经济同比增长约33%，规模步入万亿量级，随着"互联网＋"成

---

① 白标签通常指金融行业中一家服务机构借助另一家服务机构的数据、产品等为自己客户提供服务。

为国家发展战略，未来互联网经济有望长期繁荣，这为财富管理行业发展积累了巨大的数据存量，为未来我国财富管理行业发展提供了优良的产业发展环境。

同时，国内一些财富管理机构已经开始关注数字财富管理行业，并正在采取措施进入这一新兴行业。网贷之家的统计数据显示，目前国内号称具有数字财富管理理财平台已达 16 家①，包括蚂蚁金服、京东金融、平安一账通、聚爱财、宜信、蓝海财富、百度股市同等，另外，还有积木盒子、PPmoney、人人贷、挖财网、百度理财等平台处于已上线或正在研发阶段。从业务模式来看，我国的数字财富管理可分为独立建议型、混合推荐型和一键理财型三种。

独立建议型是理财平台在对投资者年龄、资产、投资期限和风险承受能力等方面进行分析处理后，向投资者提供投资理财的建议，并可代销其他金融机构的产品，但是理财平台自身不提供理财产品。在投资标的方面，独立建议型平台推荐的资产组合范围有货币基金、股票基金、债券基金、混合基金、票据理财等。在投资币种方面，既有人民币资产，也有美元等其他国家货币计价的资产。

混合推荐型平台是在向投资者提供理财服务时，既有其他机构设计的投资产品，也包括平台自身开发的金融产品。混合型平台在提供服务时，也是率先通过调查问卷，了解投资者的年龄、资产、投资期限、风险承受能力等特定属性，并以此为基础，经过大数据分析计算，为投资者推荐包括平台自己的产品以及其他财富管理机构提供的金融产品，混合推荐型产品组合范围包括固定收益理财，票据理财、定期理财、股票基金等，也包括一些 P2P 网络借贷产品。

一键理财型数字财富管理平台的用户不参与具体的金融产品配置方案设定，平台根据投资者年龄、风险偏好、收益要求、期限等因素以及客户既往的行为数据配置产品，一键理财型平台投资标的范围包括信托、货币基金、P2P 网络信贷等。

总体而言，目前国内的数字财富管理发展还处于初级阶段，大多数数字财

---

① 数据来源：《国内具有智能投顾功能的平台有哪些》，http：//www. rong360. com/gl/2016/05/23/100498. html。

富管理还停留在为用户进行简单的资产配置，通过对流动性和收益之间进行搭配，以匹配投资者的各项特定需求。在投资标的选择方面，国内数字财富管理选择的对象还比较单一，资产配置的视野还不够开阔，对大数据的利用也处于初期阶段，无法通过高频交易和大数据模拟，实现投资决策的最优化。

第四章　金融科技与支付清算

第一节　数字货币与区块链技术

一、什么是数字货币？

数字货币简称为 DIGICCY，是英文"Digital Currency"的缩写。国际清算银行（BIS）的报告认为，数字货币是电子货币的一种，但是又明显有别于传统电子货币。它不能完全等同于虚拟世界中的虚拟货币，因为它经常被用于真实的商品和服务交易，而不仅仅局限在网络游戏等虚拟空间中。国际货币基金组织（IMF）的报告认为，数字货币包括虚拟货币（指价值的数字化表现，由私人机构发行并且使用自有的记账单位）和电子货币（即以法定货币表示的电子化支付机制）。欧洲银行业管理局（EBA）将数字货币称为"虚拟货币"，定义为"价值的数字化表示，既非央行或公众当局发行，也不与法定货币挂钩，但由于被自然人或法人接受，可作为支付手段，也可以电子形式转移、存储或交易"。

1982 年，世界上第一个数字货币方案被 Chaum 创造性地提出，致力于解决重复花费问题，使用了盲签名技术，可以完全保护用户隐私。完全匿名的数字货币不能满足政府和金融机构的监管要求，于是匿名可控的概念被学者们提出。匿名可控即在适当条件下可以撤销匿名性且用户无法察觉，也可以是在审计时用户主动撤销匿名性。[1]

一般而言，数字货币体系包括央行的数字货币发行库、商业银行的数字货

---

① 资料来源：中国区块链技术和产业发展论坛，《中国区块链技术和应用发展白皮书（2106）》，2016 年 10 月 18 日。

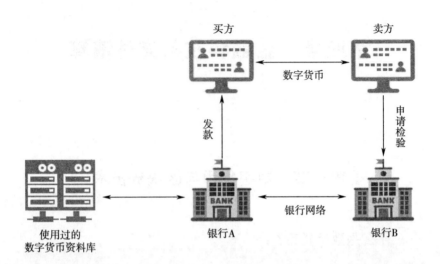

买方　　　　　　　卖方

数字货币

发款

申请检验

使用过的
数字货币资料库　　　银行A　　银行网络　　银行B

BANK　　BANK

资料来源：中国区块链技术和产业发展论坛，《中国区块链技术和应用发展白皮书（2106）》，2016 年 10 月 18 日。

图 4 - 1　数字货币的使用过程

币银行库和用户端（如手机）数字钱包。因此在应用过程中，也可区分为不同场景。

电子商务。对于目前以比特币为主的数字货币而言，各国对其应用范围规定各有不同。部分国家已有很多电子商务平台允许使用比特币进行交易和支付，如美国微软在线商店、美国电子商务网站 Overstock、荷兰电子商务零售商 Fonq. nl、非洲最大的电子商务平台 Bidorbuy 等接受数字货币（主要是比特币）付款。

专栏 4 - 1　关于比特币

比特币是类似电子邮件的电子现金，交易双方需要类似电子邮箱的"比特币钱包"和类似电邮地址的"比特币地址"。和收发电子邮件一样，汇款方通过电脑或智能手机，按收款方地址将比特币直接付给对方。比特币地址是大约 33 位长的、由字母和数字构成的一串字符，总是由 1 或者 3 开头，例如 "1DwunA9otZZQyhkVvkLJ8DV1tuSwMF7r3v"。比特币软件可以自动生成地址，生成地址时也不需要联网交换信息，可以离线进行。比特币的交易数据被打包到一个"数据块"或"区块"（block）中后，交易就算初步确认了。当区块链接到前一个区块之后，交易会得到进一步的确认。在连续得到 6 个区块确认之后，这笔交易基本上就不可逆转地得到确认了。比特币对等网络将所有的交易历史都储存在"区块链"（blockchain）中。区块链在持续延长，而且新区块一旦加入到区块链中，就不会再被移走。

电子现金。电子钱包可以便捷地应用于手机等移动终端，其应用体检类似于支付宝付款，已经被部分商家接受用于日常消费。巴比特网站数据显示，欧洲和亚洲地区接受比特币的商家数量不断增加，截至 2015 年末已突破 10 万大关。2016 年 11 月，意大利大型出租车公司 Cooperativa Radio Taxi 宣布接受比特币支付，该公司在罗马拥有超过 3700 辆出租车，每年能提供 1000 多万次服务。

跨境支付。使用数字货币可以有效规避外汇管制、耗时较长、手续费较高等问题。巴比特网站数据显示，2016 年 1 ~ 10 月，比特币跨境交易金额从 500 万美元上涨到 4000 万美元。很多商业银行也在尝试将数字货币及其技术应用于国际贸易结算，如英国巴克莱银行于 2016 年 9 月完成了全球第一笔基于区块链技术的国际贸易结算，金额为 10 万美元。

表 4 - 1　国际贸易支付模式费率和效率对比

业务模式	费用	到账时间	其他问题
电汇（T/T）	手续费：0.1%（美元）；电报费：100 元 RMB；外币转换费：1% ~ 3%	一般 1 ~ 3 天	没有追踪汇款状态的直接途径
西联汇款	<500 美元（15 美元）；500 ~ 1000 美元（20 美元）；1000 ~ 2000 美元（25 美元）；2000 ~ 5000 美元（30 美元）	一般小于 30 分钟	单笔金额有限制，小额转账成本高
比特币支付	零费率将人民币转换成比特币，兑换外币取决于不同平台和币种手续费（0 ~ 3%）	秒级	目前仅小规模应用

数字货币的发行。目前部分大型国际金融机构已开始尝试使用区块链技术

研发自己的数字货币。如瑞士信贷银行于 2015 年 4 月开始数字货币的试验，研发一种与真实货币和央行账户相关联的"多用途结算货币"，这种虚拟货币可在运用区块链技术构建起来的金融机构交易平台上进行交易。花旗银行也正在运用比特币的"区块链分布账户技术"研发自己的数字货币——"花旗币"。

我国主流观点认为，数字货币作为法定货币须由央行来发行。数字货币的发行、流通和交易，都应当遵循传统货币与数字货币一体化的思路，实施同样原则的管理①。目前中国人民银行已经开始着手研究数字货币，并表示将在未来发行数字货币。

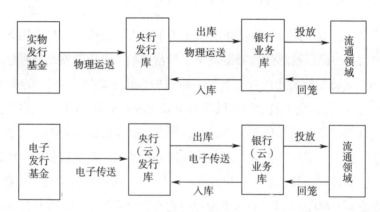

图 4-2　数字货币与传统货币的对比

二、数字货币的底层技术——区块链

区块链本质上是一种去中心化的数据库和基于共享理念的分布式账本，是一串使用密码学方法相关联产生的数据块，每个数据块中都存储着一次交易信息，用于验证信息有效性并生成下一个数据块。区块链在隐匿交易者身份信息的基础上，将所有发生的交易加盖时间戳后在全网发送，更新所有节点的账本副本，同时通过全网实时广播的方式让所有节点共同验证交易信息的有效性，形成无需第三方干预的"共识"机制。

---

① 参见周小川在 2016 年 2 月接受《财新周刊》专访时的讲话。

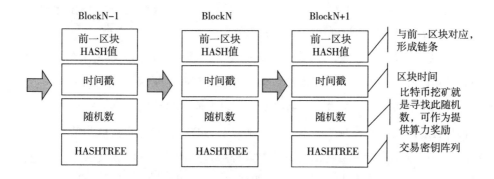

图 4 - 3　区块链结构与要素示意图

具体分析，区块链技术有以下特点：

1. 分布式记账——去中心化。"中心"机构（或中介）作为关键节点存在，使其成为参与者完成交易的必要条件，掌握参与者的信用状况和交易信息，拥有资源价格的决定权，事实上履行了资源再分配职能，也隔断了交易者之间信息、资源的流通。

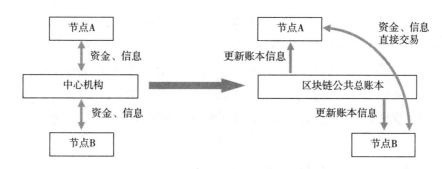

图 4 - 4　区块链实现了"点对点"直接交易

分布式记账的区块链可以被认为是一种基于共享理念的技术，区块链上的每一个节点都是对等的，所有的交易都是在既定交易规则约束下进行的，无须第三方进行管理、仲裁或提供信任，且任何节点的增加或减少都不会影响区块链的正常运行。交易信息不是存储在某些特定的服务器或中心节点上，而是在每一个节点之间共享，当交易发生时，每一个节点都可能成为区块链上临时的中心，实现全网所有节点之间"点对点"直接交易（如图 4 - 4 所示）。区块链分布式、去中心化的特点使交易更加便捷、低成本，能够在一定程度上降低"中心"带来的信息不对称和信息安全风险。

2. 共识机制——信息不可篡改。通过设置公钥和私钥，区块链上的每一个节点都可以验证账本的完整程度和真实可靠性，确保所有交易信息是没有被篡改的、真实有效的，对账本上记载的交易信息形成"共识"；区块链上每一个节点都保存着所有交易信息的副本，当区块链上的数据和参与者数量非常庞大时，修改信息的成本将会非常高，至少需要掌握超过全网51%以上的运算能力才有可能修改信息，修改成本可能远超预期收益；在某些极端情况下，即使部分节点的信息被恶意篡改了，区块链上其他节点会在短时间内发现这些未形成"共识"的信息并进行维护和更新，那么修改将不具有任何意义，故而理论上区块链上的交易信息是不可篡改的。

3. 交易可查询——透明公开和信息安全。区块链是一种公开记账的技术，在记录交易的同时保证每个节点能够实时同步交易数据，保障所有节点的知情权。以比特币为例，整个比特币软件的源代码是公开的，任何人都可以查验，这种交易信息的公开透明，保证所有交易都是可查询的。与此同时，区块链也能保障参与者信息不被他人窃取，信息可查询也仅限于交易数据，而参与者个人信息则是隐匿的，也保障了参与者在完成交易的同时不会受到其他信息的干扰。

随着区块链技术的演进，越来越多的机构开始重视并参与到区块链技术的探索与应用中。自2009年以来，全球已有数十亿美元的资金投入到区块链行业中。自2012年起，区块链技术获得产业资本的高度关注，区块链技术成为全球范围内金融创新领域最受关注的话题之一，世界各国政府、金融机构纷纷对区块链技术的应用和发展表示密切关注。从最初的以比特币、以太坊等公有链项目开源社区，到各种类型的区块链创业公司、风险投资基金、金融机构、IT企业及监管机构，区块链的发展生态也在逐渐得到发展与丰富。国内外先后成立各种类型的区块链产业联盟。2015年9月，包括花旗、摩根士丹利、汇丰、德意志银行等多家顶级金融机构联合组建了诸如R3区块链技术应用联盟；万向控股、乐视金融、上海矩真等发起成立的分布式总账基础协议联盟（简称

Chinaledger）；微众银行、平安银行、招银网络、恒生电子等共同发起成立的金融区块链合作联盟（简称金联盟）。

目前为止，区块链领域的投资金额仍处于线性增长阶段。其中，绝大多数的投资都集中在北美，其次是欧洲，最后是亚洲。由于区块链技术发源于欧美，相应的区块链初创公司数量也远高于亚洲。

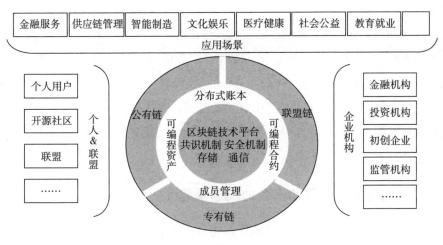

图4-5　区块链生态系统①

第二节　网络支付与移动支付

一、网络支付的应用场景

网络支付主要是指借助互联网信息安全技术，建立用户与银行支付结算系统之间联系的电子支付模式。从支付方式看，网络支付可分为互联网支付、移动支付、固定电话支付、电视支付等。从发展现状及趋势看，互联网支付、移动支付在整个第三方支付中发展迅速，且发展潜力巨大。从支付模式看，网络

---

① 资料来源：中国区块链技术和产业发展论坛，《中国区块链技术和应用发展白皮书（2106）》，2016年10月18日。

支付业务主要有两种模式：一是独立第三方支付模式，是指第三方支付平台独立于电商网站，仅提供支付服务，如银联、快钱等；二是有交易平台担保支付模式，是指依托自有 B2B、B2C 电商网站并提供担保服务，如支付宝、财付通等。以第三方支付为核心的支付型信息化金融模式的最大优势在于支付行为的快捷便利，统一支付界面和即时到账服务加快了资金流转，提高了资金使用效率。

目前网络支付的创新领域主要包括：信息安全技术，生物测定学（如指纹、虹膜、人脸），图像识别，标记化；支付、清算的实时性协议；综合类支付服务，如电子钱包；跨境支付平台等。从国际经验看，第三方支付的商业模式和技术已经比较清晰。从社会效用和发展前景看，网络支付和移动支付等第三方支付能显著提高支付效率和便利程度，是现有金融服务体系的有效补充，能进一步推动现有金融体系效率提升，未来发展前景十分广阔。

二、网络支付与移动支付的快速崛起

我国的第三方支付产业早在 2002 年银联成立之前就已建立，如北京地区的首信，属于早期的互联网支付网关企业，主要业务在北京地区，其二级结算模式为中国在线支付的首创。但它并未获得如支付宝般的成功，一方面由于首信自身的原因，属于半官方机构，商业运作能力相对较弱；另一方面则是由于首信建立时独立的第三方产业背景的原因。随着用户支付习惯的改变、互联网支付安全性和便捷性不断提升、互联网支付技术的升级创新以及互联网支付场景丰富完善，我国金融科技在支付领域的应用呈现出快速发展的态势。

从总体规模来看，2015 年，我国互联网支付用户规模达到 4.16 亿人，同比增长 36.8%。中国支付清算协会发布的《中国支付清算行业运行报告 2016》显示，2015 年，我国商业银行共处理网上支付业务 363.71 亿笔，业务金额为 2018.20 万亿元，分别比 2015 年增长 27.29% 和 46.67%。支付机构共处理互联网支付业务 333.99 亿笔，业务金额 24.19 万亿元，分别比 2015 年增长 55.13% 和 41.88%。

从第三方网络支付涉及的行业看，主要包括网络购物、购买基金、航空旅

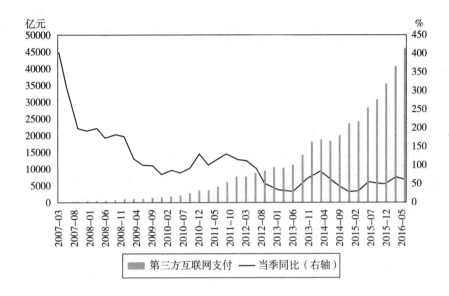

资料来源：根据艾瑞咨询公开数据整理。

图 4 - 6　2007 ~ 2016 年第三方互联网支付规模及同比增速

行、电信缴费、电商 B2B、网络游戏和其他类型。其中，网络支付和购买基金所占份额较大，且购买基金比重一直维持在 20% 左右，这说明网络理财已成为理财的重要组成部分。此外，其他类型的第三方支付比重在不断增大，说明第三方支付涉及的行业越来越广，逐步渗透到生活中的方方面面。

根据中国支付清算协会统计，我国 2015 年移动支付规模已达到 21.96 万亿元，同比增长 166.5%。中国移动支付领域的飞速发展，主要是因为用户规模稳定增长，支付模式和支付场景不断创新，这带来了移动支付规模也显著扩大。移动支付具有高频小额特征，2015 年移动支付笔均交易额为 550.91 元，日均业务 1.09 亿笔。艾瑞咨询数据显示，2016 年我国移动支付交易额已达 15.6 亿笔，同比增长 242%。同时预计未来仍将保持较快增长。

表 4 - 2　第三方互联网分类支付规模占比　　　　　　　　　单位:%

时间	网络购物	基金	航空旅行	电信缴费	电商 B2B	网络游戏	其他
2014 - 03	27	21	10	5	5	3	30
2014 - 06	30	14	11	5	7	3	31

续表

时间	网络购物	基金	航空旅行	电信缴费	电商 B2B	网络游戏	其他
2014 – 09	29	13	11	5	8	3	31
2014 – 12	32	15	11	4	7	2	29
2015 – 03	24	19	12	4	7	3	31
2015 – 06	25	22	11	4	6	2	30
2015 – 09	24	21	11	4	6	2	33
2015 – 12	23	20	9	4	5	2	38
2016 – 03	14	22	8	3	4	2	47
2016 – 06	13	20	7	3	4	1	52

资料来源：根据 WIND 公开数据整理。

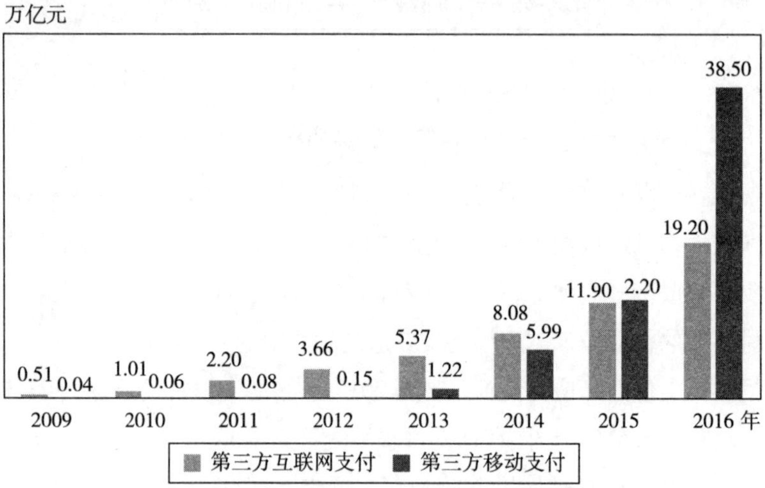

资料来源：根据 WIND 公开数据整理。

图 4 – 7　我国第三方互联网支付与移动支付市场规模

线下支付线上化，线上支付移动化是近年来网络支付发展的显著特点。
2015 年第三方支付总交易额中，线下支付交易额占第三方支付总交易额的比重
为 28%，同比下降 10 个百分点；同期移动支付比重达 34%，同比上升 14 个百
分点。同时，从发展趋势看，第三方移动支付比互联网支付发展更为迅速，
2009 年第三方移动支付交易额仅为 389 亿元，而第三方互联网支付交易额为

5100 亿元，到了 2016 年第三方移动支付交易额已经高达 38.5 万亿元，是第三方互联网支付交易额的 1 倍。在银行体系之外，第三方支付厂商是主要的消费金融资金供给方，当前央行已停止发放第三方支付牌照。目前国内具有第三方支付业务资质的公司有 267 家，第三方支付牌照已成存量市场，具有较强稀缺性。

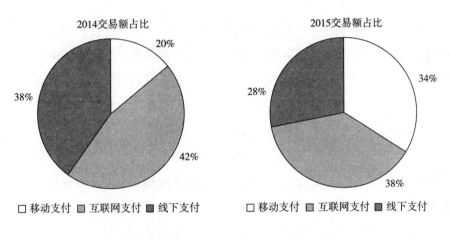

资料来源：根据 WIND 公开数据整理。

图 4-8 我国第三方支付机构移动支付占比

第五章　金融科技与融资

　　金融科技在融资领域的应用主要是指依托互联网融资平台作为中介，为企业或个人提供融资服务。目前网络融资正成为一股新兴融资力量迅速发展，网络融资规模不断增大。网络融资模式的核心，是互联网时代的金融脱媒，即摒弃了银行这一吸存放贷的传统信用中介，通过网络平台整合借贷双方投融资信息，实现资金的有效配置。网络融资主要包括两种方式：一是众筹，是指利用互联网和社交网络服务，让企业、个人等向公众展示创意并获取资金支持；二是网络借贷，主要是指通过互联网平台，直接或间接为个人或企业法人提供贷款融资。无论是众筹，还是网络借贷，都扩大了公众及企业的投融资渠道，为促进资金合理配置提供了更好的方式和平台。尤其是对中国而言，一方面还是以银行为核心的间接融资格局，传统银行借贷服务相对落后；另一方面存在着巨大的融资需求，金融科技的发展为股权众筹、网络借贷等在中国市场的快速发展提供了良好的工具，这使得近年来获得爆发式增长。而且，未来随着网络技术的不断发展，以及相应监管手段的不断完善，此种金融服务的正规性与合法性会逐步加强，在有效监管下发挥网络技术优势，有助于更好地实现普惠金融。

第一节　网络借贷的平台模式

　　网络借贷是指利用云计算、大数据等互联网技术，通过互联网平台实现资金供需双方的合理匹配，降低融资门槛，将资金直接或间接地借给用户和小企业。目前，网络借贷业务的创新领域主要包括：提升传统银行运营效率和服务质量；信贷融资渠道的"脱媒"和虚拟化；信用评估的大数据分析。网络信贷主要包括 P2P 网络借贷和平台贷款两类。

一、中国网络借贷的发展历程

我国网络借贷的发展整体可分为三个阶段。

（一）第一阶段是 2007 年至 2011 年的初始探索阶段

2007 年拍拍贷的成立标志着网络借贷正式进入中国，由于是新生事物，网贷行业在初始发展阶段市场认可度较低，网贷平台数量和交易规模都处于较低水平。并且此阶段的网络借贷多是以仿照国外的信用借款为主，但是由于我国的个人征信体系尚不健全，网贷平台对借款人的风控主要集中在线上审核，一旦出现借款人违约就会对投资者的利益造成损害，网贷平台也很容易出现挤兑、跑路现象。

（二）第二阶段是 2011 年至 2014 年的高速扩张阶段

2012 年 3 月平安系网贷平台陆金所上线，给新兴的网贷市场注入了信心与活力，随之而来的是 2013 年网贷市场出现爆发式增长，网贷平台遍地开花，交易规模成倍增长，2013 年被称为互联网金融元年。2014 年 3 月政府工作报告鼓励互联网金融健康发展，在政策上给予网贷平台大力支持，随后各路资本纷纷进军网贷市场，其中不乏国资、银行、上市公司、风投等背景，市场竞争更加激烈。但不可忽视的是，由于监管主体没有正式就位、相关法律法规和监管规则尚未完全落地、缺乏市场准入门槛等因素的存在，导致我国 P2P 网络借贷行业乱象丛生，滋生了大量违法经营的劣质平台，提现困难、非法集资、非法吸存、"跑路"等问题频发。

（三）第三阶段是 2014 年至今的政策频发、监管力度加大以及行业加速洗牌阶段

2014 年底美国的网贷平台 Lending Club 在纽交所上市，表明国际资本市场对网贷行业的认可。2015 年 7 月中国人民银行等十部委下发《关于促进互联网金融健康发展的指导意见》，明确网贷平台归银监会监管，并且确定网贷平台的定位为信息中介。2015 年 9 月国务院印发《关于加快构建大众创业万众创新支

撑平台的指导意见》，鼓励互联网企业设立网贷平台。宜人贷赴美上市以及 PP-money 借壳挂牌新三板为我国网贷平台登陆资本市场开启了先河。2015 年 12 月 28 日，《网络借贷信息中介机构业务活动管理暂行办法（征求意见稿）》正式出台，监管政策落地，网贷行业进入规范化发展的道路。在该阶段，一方面国家政策频发鼓励积极发展互联网金融，导致 P2P 网络借贷平台的数量进一步激增，网贷行业的交易规模也大幅上升，市场规模达到万亿元；另一方面监管力度加大，《网络借贷信息中介机构业务活动管理暂行办法（征求意见稿）》出台，同时行业竞争更加激烈，行业正在面临洗牌。

二、中国的 P2P 网络借贷行业

所谓 P2P 网络借贷（英文为 peer – to – peer lending），是指个人与个人间的小额借贷交易，一般需要借助网络借贷信息中介机构帮助借贷双方确立借贷关系并完成相关交易手续。借款者可自行发布借款信息，包括金额、利息、还款方式和时间，实现自助式借款；借出者根据借款人发布的信息，自行决定借出金额，实现自助式借贷。

虽然在 2007 年 P2P 网络借贷就已进入中国，但自 2013 年后，中国 P2P 贷款才呈现出爆发式增长的态势，大量的 P2P 贷款平台在市场上涌现。2011 年 P2P 网络借贷平台数量仅为 20 家，月成交额仅为 5 亿元。但到 2013 年底，网贷平台数量增加到 600 家（其中活跃的 P2P 借贷平台已超过 350 家），月交易额达到 110 亿元，截至 2014 年 6 月，P2P 网络借贷数量突破 1200 家，平均每天成立一家平台。网贷投资人规模也从 2012 年的 5 万人增加到 2014 年 6 月的 29 万人。据美国 Lend Academy 的调查数据，2014 年上半年，Lending Club 平台促成的借贷规模为 18 亿美元，同比增长 125%，是世界第二大 P2P 网络借贷平台，我国的宜信和陆金所名列第一位和第三位。Lending Club 的上市为我国 P2P 网络借贷的发展注入了一针强心剂。网贷之家相关数据显示，截至 2015 年底，我国累计有 P2P 网络借贷平台 3858 家，问题平台累计 1263 家，占平台总数接近 1/3；2015 年全年成交量达到了 9823.04 亿元，相比 2014 年全年成交量（2528 亿元）增长了 288.57%。2015 年 10 月，P2P 网络借贷历

史累计成交量首次突破万亿元大关,2015 年底历史累计成交量已经达到了
13652 亿元;2015 年平均利率 12.45%,平均借款期限 6.93 个月,累计待还
款金额 4394.61 亿元。从平台地域分布来看,截至 2015 年底,广东、山东、
北京三地分别以 476 家、329 家、302 家的运营平台数量排名全国前三位,占
全国总平台数量的 42.66%。

专栏 5 - 1　陆金所:不止于 P2P 的信息化金融平台

　　陆金所全称是上海陆家嘴国际金融资产交易市场股份有限公司,于 2011
年 9 月成立于上海,注册资本 8.37 亿元,是中国平安保险(集团)股份有限
公司旗下成员之一。美国 Lend Academy 调查报告显示,陆金所目前已经是世
界上第三大 P2P 平台,并且是其中增长最快的平台。在 2012 年 8 月,陆金所
正式推出"稳盈 - 安 e 贷"时,月交易额不足 4000 万元,在 2014 年 7 月,日
交易额已接近 3000 万元,这是传统金融产品难以企及的成长速度。陆金所是
全球第三大 P2P 平台,但陆金所绝不满足于此,陆金所给自己的定位是大金
融资产交易平台,为达此目标,陆金所倾力打造了两大交易平台:网络投融
资平台(Lufax)和金融资产交易服务平台(Lfex)。

　　Lufax 是陆金所的个人金融服务即 P2P 网络借贷业务,Lufax 平台提供了
多种产品,包括:稳盈 - 安 e、稳盈 - 安业、富盈人生、专项理财和 V8 理财
等五种产品. 陆金所尽管也采用 P2P 模式,但和 Lending Club 等都存在一些差
异,主要体现在以下几点:线上 + 线下模式、平安全额担保、标准化产品。

　　线上 + 线下模式:陆金所的投资者全部是从网站上直接获客而来,但部
分借款人仍然是来源于线下的渠道,由线下门店推荐上来的借款申请人在网
站提交借款申请后,去网点提交纸质申请资料,陆金所在国内有 26 个服务网
点。面对面的资料审核虽然有助于陆金所控制信用风险,但也给陆金所获客
的地域和实效性带来了不良影响。

平安集团全额担保：陆金所 Lufax 平台上的产品（除 V8 理财外）都由平安担保提供全额担保，平安集团的背书基本保证陆金所 P2P 网贷的零信用风险，这也是为什么陆金所能以低得多的收益率吸引如此多投资者的原因。但根据我国担保业的规定，担保公司提供担保的额度不得超过其注册资本的 10 倍，为陆金所提供担保的平安天津担保公司注册资本金仅为 2 亿元，其担保的 P2P 网络借贷已经超出了其上限，陆金所的全额担保难以持续。

标准化产品：陆金所为 P2P 产品设定了统一的利率标准，即在央行同期贷款利率上浮40%。与美国 Lending Club 等 P2P 公司不同，投资者在陆金所平台上的资金出借行为并非直接面对借款人，而是由陆金所批量打包借款需求，整合成理财产品对外销售。

三、中国的机构网贷平台

随着产品和商业模式的发展，网贷平台基础已经扩大至机构投资者、对冲基金和金融机构。相应地，这些公司被称为"网贷平台"。网贷公司主要分为两种基本的商业模式：直接借贷，一般称为资产负债表网贷，这类平台发行贷款，并持有贷款作为公司投资组合的一部分；平台借贷（类似中国的 P2N 模式），这类平台与发放贷款的存款性金融机构合作，它们购买这些贷款，然后将整笔贷款卖给投资者，或者通过发行证券产品（例如会员偿付支持票据）的方式转售给投资者。

机构网贷平台一般依附于电子商务平台，通过分析平台内商务交易、物流数据及信用记录情况来评估客户还款能力并决定贷款发放，实现了贷款申请、审批和放款的完全网络化。机构网贷平台的服务对象一般仅限于平台内的商户，金融生态比较封闭。同时，机构网贷平台的单笔贷款额度小、期限短、以短期周转用途为主。以其中最大的阿里金融为例，2013 年阿里金融旗下三家小额贷款公司累计发放贷款已达 1500 亿元，累计客户数超过 65 万家，贷款余额超过 125 亿元，整体不良贷款率约为 1.12%。2014 年 9 月，中国银监会正式批复同意浙江网商银行和上海华瑞银行两家民营银行筹建。其中，浙江网商银行由阿里巴巴牵头筹建，实质为互联网商业银行，期望能用互联网的技术和理念，尤其是互联网信用，去提供适合小微企业和个人消费者的金融服务，拓宽网络商业的边界。网商银行将坚持小存小贷的业务模式，主要满足小微企业和个人消费者的投融资需求，主要提供 20 万元以下的存款产品和 500 万元以下的贷款产品。而在之前，以腾讯等为主发起人的深圳前海微众银行也已被批准筹建。

专栏 5-2　宜人贷

宜人贷是由宜信公司 2012 年推出的在线金融服务平台。宜人贷通过互联网、大数据等科技手段，提供信用借款咨询服务，并通过"宜人理财"在线平台为投资者提供一站式理财咨询服务。2015 年 12 月 18 日，宜人贷在美国纽约证券交易所成功上市，成为中国金融科技第一股。

截至 2016 年 9 月 30 日，宜人贷累计促成借款总额约 260 亿元，服务的借款人总数超过 40 万人，吸引总数约 80 万出借人。非不良借款（指本金及利息逾期未达 90 天的借款）余额为 170 亿元，与 2015 年 9 月 30 日的 67 亿元相比增长了 153%。贷款余额的增长反映了宜人贷整体规模的扩大，且一直保持着较高的增长速度。2016 年第三季度，宜人贷促成借款金额达到 56.18 亿元，较 2015 年同期的 25.51 亿元增长了 120%。

宜人贷的目标借款客户定位为优质城市白领，这部分人群相对来说在还款能力和还款意愿上表现都比较良好，而且普遍有非常深度的互联网行为，特别是移动互联网使用习惯，积累了大量的线上数据作为信用水平的参考依据。在网贷行业中，宜人贷是最早将个人信用借款批核时间缩短至 10 分钟以内的平台，借款人仅需在手机简单操作三步，授权数据，即可 1 分钟内获知预估额度，10 分钟快速批核，最快 30 分钟资金到账，借款期限 12 个月至 48 个月不等。除极速模式最高批核金额 10 万元之外，其他三种模式最高批核金额为 20 万元。

> 宜人贷的大数据风控体系，基于用户授权的信用数据、宜信 10 年的风控数据、合作伙伴的数据以及网络公开数据，构建信用特征图谱，对多维度数据进行智能调取分析，实时推送决策引擎，快速生成信用评分，实施科学的风险定价。

第二节　众筹兴起及其产业化实践

众筹，翻译自国外 crowdfunding 一词，即大众筹资或群众筹资，由发起人、跟投人、平台构成。具有低门槛、多样性、依靠大众力量、注重创意的特征，是指一种向群众募资，以支持发起的个人或组织的行为。一般而言是通过网络上的平台连结起赞助者与提案者。群众募资被用来支持各种活动，包含灾害重建、民间记者、竞选活动、创业募资、艺术创作、自由软件、设计发明、科学研究以及公共专案等。

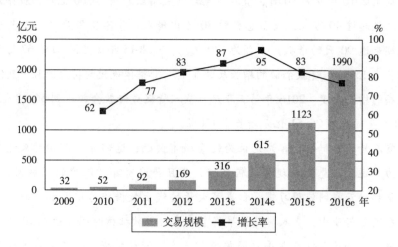

资料来源：根据公开数据整理。

图 5 - 1　全球众筹融资交易规模及增长率

中国首个众筹融资平台"点名时间"于 2010 年 7 月推出。根据网贷之家发

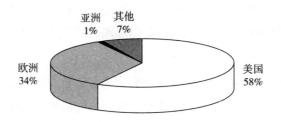

资料来源：根据瑞银证券公开数据整理。

图 5 - 2　全球众筹资产规模地域分布图

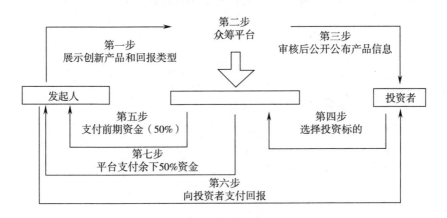

图 5 - 3　众筹步骤与流程

布的《2015 众筹行业年报》数据显示，截至 2015 年底，全国正常运营的众筹平台数量达 283 家。其中，股权类众筹平台新增 60 家，总数达 121 家。2015 全年，全国众筹平台融资总额为 114.24 亿元，较 2014 年增长逾 4 倍。从众筹项目来看，2015 年，众筹行业共新增项目 49242 个，其中，奖励众筹贡献最多，33932 个项目占总数的 68.90%；公益众筹和互联网非公开股权融资项目数与公益众筹的项目数大致接近，分别占比约 15%。2015 年，行业所有众筹项目中，互联网非公开股权融资项目的预期融资额最多，占总预期融资额的 54.79%；其次是奖励众筹项目，预期融资占比为 42.24%；公益众筹项目预期融资金额最少，占全国总预期的 2.97%。项目实际完成率上，公益类众筹项目平均完成率最高，达 42.95%；奖励类众筹项目平均完成率达 26.80%；非公开股权融资项目平均完成率仅为 19.14%。从投资人角度来看，2015 年，我国众筹行业参与投资人次达 7231.49 万，其中，公益众筹项目参与的投资人次最多，占比超 50%。

世界银行报告更是预测，在收入和购买力、储蓄率、权益投资参与度、社交媒体发达程度等指标假设下，2025 年全球众筹规模将达 900 亿~960 亿美元，而中国将成为潜力最大的市场，年规模达 460 亿~500 亿美元。随着"大众创业、万众创新"政策的提出，以股权众筹融资为核心的互联网众筹行业，对于解决初创型、小微企业"融资难、融资贵"困境起到了不可忽视的重要作用。

第六章　金融科技与投资管理

第一节　量化投资模型和量化系统

一、量化投资的兴起

量化投资在国外已经有几十年的历史，已逐步成为全球金融机构的主流投资手段之一。据统计，美国80%以上的大型基金以及亚洲三分之一的大型基金，均使用量化投资策略和量化手段。量化投资是指通过数量化方式及计算机程序化发出买卖指令，以获取稳定收益为目的的交易方式。量化投资技术几乎覆盖了投资管理的全过程，包括量化选股、量化择时、股指期货套利、商品期货套利、统计套利、算法交易，资产配置，风险控制等。与传统投资相比，量化投资更为倚重数学模型和实际数据，所做决策也更为客观理性科学，避免了个人主观因素对于投资的影响。随着资本市场复杂程度的日益提升，传统投资决策方式将受到严峻的挑战，这也为量化投资的发展提供了契机。

一直以来，量化投资交易都是运用计算机来进行辅助工作的：分析师通过编写模型，选取一些指标作为变量，利用机器来观察数据分布及计算结果。也就是说，计算机仅是进行了简单的统计计算。而且随着计算机、通信技术的不断成熟和在金融领域的发展，降低了全球互联网系统的连接成本、数据储存成本，提高了计算速度和信息处理能力，量化交易得到了进一步普及。大数据、云计算等技术的出现使得处理海量数据难度大为降低，在"大数据技术"的强力支持和"电子化交易"的产业革新下，量化投资的可靠性也在不断上升。近年来，众多欧美对冲基金以及投行的自营盘都开始热衷于开发基于"大数据技术"的套利策略，其中最具代表性的包括温顿资本（Winton Capital）在牛津设立数据研究中心，以及瑞信信贷（Credit Suisse）对 HOLT 选股系统进行技术革新等。

目前中国量化交易规模还不算特别大，但是一般大一点的公募都有自己的量化团队，加上私募行业的蓬勃发展给量化投资带来的机遇，无论是人才积累还是产品本身的多样性，中国量化交易都处在方兴未艾的大好时机。除了资产管理领域，量化模型和量化系统在全球企业风险管理中的使用也十分广泛。随着交易过程越来越电子化，先进的交易执行算法往往含有各种复杂的量化模型，来管理交易过程中的市场风险和流通性风险。

二、量化投资的技术构成

量化投资涉及很多数学和计算机方面的知识和技术，总的来说，主要有人工智能、数据挖掘、小波分析、支持向量机、分形理论和随机过程这六种。

（一）人工智能

从思维观点看，人工智能不仅限于逻辑思维，还要考虑形象思维、灵感思维才能促进人工智能的突破性发展，数学常被认为是多种学科的基础科学，因此人工智能学科也必须借用数学工具。数学不仅在标准逻辑、模糊数学等范围发挥作用，进入人工智能学科后也能促进其得到更快的发展。

金融投资是一项复杂的、综合了各种知识与技术的学科，对智能的要求非常高。所以人工智能的很多技术可以用于量化投资分析中，包括专家系统、机器学习、神经网络、遗传算法等。

（二）数据挖掘

数据挖掘（Data Mining）是从大量的、不完全的、有噪声的、模糊的、随机的数据中提取隐含在其中的、人们事先不知道的，但又是潜在有用的信息和知识的过程。

与数据挖掘相近的同义词有数据融合、数据分析和决策支持等。在量化投资中，数据挖掘的主要技术包括关联分析、分类、预测、聚类分析等。

关联分析是研究两个或两个以上变量的取值之间存在某种规律性。例如，研究股票的某些因子发生变化后，对未来一段时间股价之间的关联关系。关联分为简单关联、时序关联和因果关联。关联分析的目的是找出数据库中隐藏的关联网。一般用支持度和可信度两个阈值来度量关联规则的相关性，还不断引入兴趣度、相关性等参数，使得所挖掘的规则更符合需求。

分类就是找出一个类别的概念描述，它代表了这类数据的整体信息，即该类的内涵描述，并用这种描述来构造模型，一般用规则或决策树模式表示。分类是利用训练数据集通过一定的算法而求得分类规则。分类可被用于规则描述和预测。

预测是利用历史数据找出变化规律，建立模型，并由此模型对未来数据的种类及特征进行预测。预测关心的是精度和不确定性，通常用预测方差来度量。

聚类就是利用数据的相似性判断出数据的聚合程度，使得同一个类别中的数据尽可能相似，不同类别的数据尽可能相异。

（三）小波分析

小波（Wavelet）这一术语，顾名思义，小波就是小的波形。所谓"小"是指它具有衰减性；而称之为"波"则是指它的波动性，其振幅正负相间的震荡形式。与傅里叶变换相比，小波变换是时间（空间）频率的局部化分析，它通过伸缩平移运算对信号（函数）逐步进行多尺度细化，最终达到高频处时间细分，低频处频率细分，能自动适应时频信号分析的要求，从而可聚焦到信号的任意细节，解决了傅里叶变换的困难问题，成为继傅里叶变换以来在科学方法上的重大突破，因此也有人把小波变换称为数学显微镜。

小波分析在量化投资中的主要作用是进行波形处理。任何投资品种的走势都可以看做是一种波形，其中包含了很多噪音信号。利用小波分析，可以进行波形的去噪、重构、诊断、识别等，从而实现对未来走势的判断。

（四）支持向量机

支持向量机（Support Vector Machine，SVM）方法是通过一个非线性映射，把样本空间映射到一个高维乃至无穷维的特征空间中（Hilbert 空间），使得在原来的样本空间中非线性可分的问题转化为在特征空间中的线性可分的问题，简单地说，就是升维和线性化。升维就是把样本向高维空间做映射，一般情况下这会增加计算的复杂性，甚至会引起维数灾难，因而人们很少问津。但是作为分类、回归等问题来说，很可能在低维样本空间无法线性处理的样本集，在高维特征空间中却可以通过一个线性超平面实现线性划分（或回归）。

一般的升维都会带来计算的复杂化，SVM 方法巧妙地解决了这个难题：应用核函数的展开定理，就不需要知道非线性映射的显式表达式；由于是在高维特征空间中建立线性学习机，所以与线性模型相比，不但几乎不增加计算的复杂性，而且在某种程度上避免了维数灾难。这一切要归功于核函数的展开和计算理论。

正因为有这个优势，使得 SVM 特别适合于进行有关分类和预测问题的处理，这就使得它在量化投资中有了很大的用武之地。

（五）分形理论

被誉为大自然的几何学的分形理论（Fractal），是现代数学的一个新分支，但其本质却是一种新的世界观和方法论。它与动力系统的混沌理论交叉结合，相辅相成。它承认世界的局部可能在一定条件下，在某一方面（形态、结构、信息、功能、时间、能量等）表现出与整体的相似性，它承认空间维数的变化既可以是离散的也可以是连续的，因而极大地拓展了研究视野。

自相似原则和迭代生成原则是分形理论的重要原则。它表示分形在通常的几何变换下具有不变性，即标度无关性。分形形体中的自相似性可以是完全相同的，也可以是统计意义上的相似。迭代生成原则是指可以从局部的分形通过某种递归方法生成更大的整体图形。

分形理论既是非线性科学的前沿和重要分支，又是一门新兴的横断学科。作为一种方法论和认识论，其启示是多方面的：一是分形整体与局部形态的相似，启发人们通过认识部分来认识整体，从有限中认识无限；二是分形揭示了介于整体与部分、有序与无序、复杂与简单之间的新形态、新秩序；三是分形从一特定层面揭示了世界普遍联系和统一的图景。

由于这种特征，使得分形理论在量化投资中得到了广泛的应用，主要可以用于金融时序数列的分解与重构，并在此基础上进行数列的预测。

（六）随机过程

随机过程（Stochastic Process）是一连串随机事件动态关系的定量描述。随机过程论与其他数学分支如位势论、微分方程、力学及复变函数论等有密切的联系，是在自然科学、工程科学及社会科学各领域中研究随机现象的重要工具。随机过程论目前已得到广泛的应用，在诸如天气预报、统计物理、天体物理、运筹决策、经济数学、安全科学、人口理论、可靠性及计算机科学等很多领域都要经常用到随机过程的理论来建立数学模型。

研究随机过程的方法多种多样，主要可以分为两大类：一类是概率方法，其中用到轨道性质、随机微分方程等；另一类是分析的方法，其中用到测度论、微分方程、半群理论、函数堆和希尔伯特空间等，实际研究中常常两种方法并用。另外组合方法和代数方法在某些特殊随机过程的研究中也有一定作用。研究的主要内容有：多指标随机过程、无穷质点与马尔科夫过程、概率与位势及各种特殊过程的专题讨论等。其中，马尔科夫过程很适于金融时序数列的预测，是在量化投资中的典型应用。

第二节　智能投顾

一、智能化机器人提供的投资顾问服务

"智能化"是当前及未来金融科技最具深刻意义的特征，人工智能的出现大幅减小了传统线下人工服务的优势，降低了工作中的人力成本，在未来将取代部分传统人力工作。机器不再是简单的辅助工具和信息载体，而是逐渐加强了与人类的互动交流，并发展出独立决策的能力。而且随着人工智能技术的发展，计算机可以进行海量数据的处理、分析、拟合和预测，因此人工智能与量化交易的关系也变得愈发密切。目前，包括阿里巴巴、平安集团等企业已开始将人工智能应用在金融业务领域，智能投顾就是这一智能化特征的具体应用。

智能投资顾问（简称"智能投顾"，也称机器人投顾），是指利用大数据分

析、量化金融模型以及智能化算法，并结合投资者的风险承受水平、财务状况、预期收益目标以及投资风格偏好等要求，为其提供多元化、自动化、个性化的智能理财服务。智能投顾是以最少量的人工干预帮助投资者进行资产配置及管理的资产管理新方式：理财顾问是计算机，用户则可以是普通投资者。智能投顾的目的在于提供自动化的资产管理服务，为投资者提供符合其风险偏好的投资建议。智能投顾平台借助计算机和量化交易技术，为经过问卷评估的客户提供量身定制的资产投资组合建议，提供的服务包括股票配置、债券配置、股票期权操作、房地产资产配置等。

二、智能投顾的优点

智能投顾的出现使得原先只有高净值客户才能享受到的金融服务变成了低成本大众化的服务。相较于传统财务顾问收取1%以上管理费率而言，有的智能投顾公司仅收取0.3%左右的费率，而低廉的收费标准对于大众富裕阶层而言，无疑具有极大的吸引力。根据贝莱德数据统计显示，共有25%曾经使用财富管理服务的用户因为费用昂贵而停止使用相关财富管理服务。同时大数据技术的采用可以捕获用户的多维数据，从而可以根据个人需求提供个性化服务。云计算、大数据等技术将原本矛盾的大众化与定制个性化统一到了全新的低成本、高质量的全新服务体系。与传统投顾相比，智能投顾通过对信息收集、处理的进一步系统化、智能化和自动化（既包括前台投资决策，也包括中后台的风险管理和运营管理），能更好地降低投资理财成本、分散投资风险、预测黑天鹅事件风险等。因此，无论是科技公司、互联网金融平台、券商还是投资机构，都在布局智能投顾业务。一方面，传统投资机构开始引入大数据因子和人工智能算法来提升投资决策，特别是量化投资决策的有效性和准确性；另一方面，以"智能投资顾问"为方向的科技公司，设计提供基于网络的智能化投资咨询平台，改善零售投资者的信息不对称问题。

三、智能投顾的发展历程

智能投顾是人工智能与专业投顾结合的产物。传统投资顾问是以投资顾问的专业素养和从业经验为基础，结合投资者的资产状况、风险偏好、预期收益等，为投资者提供专业的投资建议。智能投顾将人工智能引入投资顾问领域，通过搭建的数据模型和后台算法，提供相关的理财建议。智能投顾在美国起源较早，其从一般的数字化在线投资分析工具，到今天的智能投顾服务，大致可分为三个阶段。

（一）在线投顾阶段

20 世纪 90 年代末期，可供投资者选择应用的投资分析工具的技术水平和规模都有了很大的提高。投资者可以利用投资分析工具进行不同投资策略的投资收益分析，其很好地方便投资者对投资收益和投资风险进行分析。此阶段的特点主要是机器智能应用比较有限，主要应用领域是投资组合分析。

（二）机器人投顾阶段

2008 年开始，大量新兴科技企业开始提供基于机器学习的数字化投顾工具，此时一种新兴的商业模式"机器人投顾"开始出现。在此阶段，机器智能的应用进一步深化，应用领域进一步深化，除投资组合分析外，客户分析、大类资产配置等阶段都有智能技术的参与。

（三）智能投顾阶段

2015 年，随着人工智能技术和云计算技术的突破性发展，智能投顾服务商开始提供一种完全无需人类参与涵盖投资管理全价值链的人工智能投顾系统。与传统的机器人投顾服务相比，其投入由几百万上升到了上亿级别，给客户的体验也有了质的提高。同时，相比简单的机器人投顾服务，采用人工智能和云计算架构的智能投顾服务突破了传统投资顾问的用户边界，长尾客户也能以极小的成本获得投顾服务，客户也可以达到千万以上级别。

四、量化投资的精准化延伸

自 2008 年以来，智能投顾凭借低费率、个性化、方便便捷等特性逐步赢得市场的认可，更是在近两三年实现管理规模的迅速增长。年轻人群成为使用智能投顾的主力，根据 Capgemini 咨询机构统计，39 岁以下群体接受智能投顾的比例达到 71%，远高于其他年龄阶层。截至 2015 年底，全球智能投顾管理资产规模已达 1000 亿美元。由于看好智能投顾存在的巨大市场潜力，风投资金蜂拥而至，推动了智能投顾公司有如雨后春笋般涌现。国际知名咨询公司 AT Kearney 预测，未来五年，机器人投顾的市场复合增长率将达到 68%，到 2020 年全球机器人投顾行业的资产管理规模将突破 2.2 万亿美元；而 My Private Banking 机构也对于美国智能投顾行业资产管理规模做出相关预测，其预计该市场有望保持 113% 的年化增速，并于 2020 年达到 1.59 万亿美元。尽管两家权威机构对于行业预测数据有所不同，不过都可以看出对于智能投顾行业的前景十分具有信心。

我国智能投顾市场潜力巨大。我国财富管理市场起步较晚，专注于高净值人士的私人银行于 2017 年才起步，而服务于中低净值人群的财富管理服务市场则存有大量空白。但我国财富管理市场规模巨大，根据中国社科院统计，过去十年金融资产在居民总资产中的比例从 34% 提升至 41%，年化复合增长率高达 19.1%。截至 2015 年底，我国金融机构和第三方理财总规模达到 81.18 万亿元，其中银行 23.5 万亿元，占比 28.95%；基金公司 16.65 万亿元，占比 20.51%；信托 16.3 万亿元，占比 20.08%；券商 11.89 万亿元，占比 14.64%；保险 11.86 万亿元，占比 14.61%；互联网 P2P 规模为 9800 万元，占比 1.21%。随着房地产市场不断调整，金融产品日益丰富，居民理财观念趋于成熟，中国居民进行资产配置和财富管理的必要性和可行性都在提升，为资产管理行业注入更大活力。我国智能投顾行业发展机遇巨大，多家金融机构成立了国内机器人投顾，但潜在发展空间依然巨大。

专栏 6-1　机器人投顾国内外发展状况

2011 年以来，机器人投顾作为金融科技（Fintech）领域创新的成功案例被广泛传播。机器人投顾的核心是算法设计，包括证券投资组合理论、组合优化、技术分析、模式识别等机器学习和人工智能系统的理论或方法，其与量化投资的主要区别在于其个性化和多样性，是量化投资领域向精细化运用的进一步延伸。如果机器人投顾的服务层次从仅提供在线投资咨询延伸到交易层面，那么在投资组合建立和风险控制环节，均会涉及程序化交易。比如在满足止损规则的情况下，投资者可以选择让机器人自动下单交易。

一、国外机器人投顾发展现状

目前，全球提供智能投资顾问服务的公司数量众多，其业务形式也多种多样，遍布美国、欧盟、加拿大、澳大利亚、新加坡、印度、韩国等经济体。美国是全球机器人投顾行业的领头羊，自动程序化交易始于被动的指数化投资。由于金融危机后美国证券市场波动加剧，投资者逐渐接受交易所交易基金（ETF）被动化指数产品，同时 ETF 的费率也比共同基金低，导致大量资金转向 ETF 投资，ETF 基金的发展为财富管理的升级优化奠定了基础。随着科技的不断进步和个人投资者需求的演变，机器人投顾得以快速发展。截至2016 年 2 月，美国机器人投顾的平台共有 208.7 万个账户。目前，美国大部分机器人投顾为投资者提供 ETF 基金或共同基金的优化组合方案，帮助投资者优化长期资产配置，获取稳定的投资收益；也有部分机器人投顾为投资者提供包括选股、ETF 基金、房地产投资信托基金（REITs）等品种在内的短期择时和资产配置服务。其中，最典型的是 Wealthfront，它通过调查问卷了解、评价投资者的风险偏好和风险承受能力，得到风险偏好分数并用于资产配置模型中。客户访问公司网页便可填写金融资产规模和投资倾向等个人信息，投顾平台依据每个客户提供的资料为其提供相应的投资组合建议。相比较而言，Betterment 则只需要了解投资者的年龄、年收入状况、投资目标和投资期限，并没有风险偏好调查。Betterment 认为，投资期限、投资目标以及资金支出计划是资产配置需要考虑的首要问题，其本身就反映了投资者的风险承受能力。Betterment 为投资者提供了三个目标选择：Safety Net（安全保障）、Retirement（退休基金）和 General（一般投资），并详细解释了每个选项的具体含义。

2015 年以来，传统的人工投资顾问服务公司，例如嘉信理财、贝莱德、高盛等金融巨头通过收购或创立产品的方式也开始布局机器人投顾业务，并基于品牌效应、研发优势、产品资源和客户资源等优势得以迅速扩张。1971年成立的 Charles Schwab（嘉信理财）于 2015 年 3 月推出机器人投顾产品 Schwab Intelligent Portfolios（SIP），目前的管理资产规模为 2.5 亿美元。SIP 在其确定备选的各类别 ETF 最优配置比例后，还进一步考虑管理费率、跟踪误差和买卖价差等因素，筛选出最终的 ETF 来构建组合。2016 年 7 月底，美国著名的投资管理公司富达（Fidelity）发布其机器人投顾产品 Fidelity Go，通过人机结合的方式，为年轻的、乐于运用电子化平台的投资者提供投资咨询。韩国近年也加速了机器人投顾的开发步伐。2015 年以来，未来资产大宇、现代证券、NH 投资证券、三星证券等争相推出机器人投顾产品，基于券商自身的用户和平台优势快速扩张，期望在机器人投顾市场占据先机。2016 年 1 月，韩国总统工作报告中就提出了"关于活跃机器人投顾的方案"，指出相关机制得到保障后监管部门将允许机器人投顾业务直接面向大客户提供服务。2016年 8 月，韩国金融委员会（FSC）出台了"机器人投顾测试床（Test bed）的基本运行方案"，通过三阶段的审核程序检验机器人投顾平台的实际运营情况，测试算法的稳定性、收益性和整体系统的安全性，最终审议通过的机器人投顾平台将面向广大中小投资者合法进行资产管理服务，这成为韩国机器人投顾走向大众化的关键一步。

二、中国机器人投顾发展现状及瓶颈

与国际市场相比，中国股市散户投资者占比较大，投资者专业知识薄弱，缺乏风险管理、价值投资等理念。在以散户为主体的特点短期内很难改变的前提下，机器人投顾的出现恰恰契合了中小投资者投资低门槛、低成本、价值投资理念缺乏等现状，国内的一批先知先觉者已闻风而动，踏浪而来。

2015 年以来，弥财、资配易、平安一账通、胜算在握、蚂蚁聚宝、百度股市通、微众银行等国内机器人投顾相继成立。弥财为客户提供全球化 ETF基金资产优化配置服务；资配易为客户提供 A 股组合优化和再平衡服务；平安一账通为客户提供包括智能投资、保险、贷款等全方位服务，其中智能投资服务是根据投资者的风险偏好类型（保守型、稳健型、平衡型、成长型、激进型）提供包括开放式基金、银行理财产品的优化配置和组合调整服务；胜算在握依据纯量化数学模型只提供选股功能，又借鉴了 Uber 的共享经济模式，用户可以享受到专业投资顾问的服务。

但是比较而言，国外的机器人投顾业务模式若在中国实现，还面临着一些限制因素。首先，在法律环境上美国机器人投顾拥有资产管理许可，可以帮投资者做全权的委托管理，设置执行自动化交易。但是在中国目前监管环境下，证券投资咨询机构的职能只是向客户提供咨询建议，下单交易必须由客户亲自进行，不能代客理财。如果 2015 年 6 月中国证券业协会发布的《账户管理业务规则（征求意见稿）》正式通过，那么中国机器人投顾至少可以实现自执行交易功能。其次，在大类资产配置的基础资产上，中国仅有 130 只左右 ETF 基金，还远远少于美国上万级别的 ETF，可投资的标的较少。再次，投资者教育和风险意识还有待于进一步提高。机器人投顾的核心是对信息进行处理，挖掘有效的因子，在风险控制的基础上优化投资组合。因此，投资策略有别于传统的以定性判断为主的方法，更为专业和复杂。这更是需要投资者经验的积累和投资理念的成熟、对风险收益有正确的认识。

资料来源：节选自姜海燕、吴长凤：《机器人投顾领跑资管创新》，《清华金融评论》，2016 年第 12 期。作者根据需要对文章内容进行了修改。

第三节　电子化交易

20 世纪 90 年代以来，随着数字化和网络化的信息革命在世界范围迅速发展，国际上几乎所有的金融交易所都在认真研究和开展电子化交易。2015 年夏天，芝加哥商业交易所关闭了几乎所有的期货喊价交易厅，这项传承了 167 年的传统彻底被电子化交易平台所取代。同时，电子化交易平台逐步从场内拓展到场外，取代场外传统的电话协商方式。2015 年，全球场外衍生品市场通过掉期执行设施（SEF）电子平台完成的利率和信用产品交易量分别占到总量的60% 和 90%。

电子化交易是指投资者通过与交易平台自动委托交易系统连接的计算机终端，或者通过互联网，按照交易系统发出的指示输入合约买卖交易指令，以完成合约买卖委托和有关信息查询的一种委托交易方式，主要包括交易指令下达、交易结果确认、追加保证金通知等有关交易信息的传递。电子化交易的优点有很多，一是成交速度快、成交回报快、准确性很高。二是交易成本低。投资者可以通过各种电子手段发出交易指令，进而直接通过经纪公司的网上交易系统进入交易所的撮合系统中去，减少通过营业部这一中间环节，从而降低交易成本。三是不受地域限制，客户可以通过异地信息服务、异地电子开户、异地电子交易、异地电子确认等方式，在一些没有经纪公司的城市进行网上交易。四是能有效增加交易透明度。联网交易通过向所有的投资者提供报价，并能提供相关市场方面的背景信息，随时查阅交易的历史记录，确保交易健全。五是提高了交易的安全性。电子化交易通过使用先进的加密技术和身份认证技术，使在交易安全方面可能发生的问题将远远小于传统交易流程中人为因素可能造成的安全问题。

第七章　金融科技与金融衍生品

第一节　金融衍生品与金融衍生品市场

金融衍生品（derivatives），是指一种金融合约，其价值取决于一种或多种基础资产或指数，合约的基本种类包括远期、期货、掉期（互换）和期权。金融衍生品还包括具有远期、期货、掉期（互换）和期权中一种或多种特征的混合金融工具。我国金融衍生品市场作为新生事物历经了 20 多年的发展，从无到有，从小到大，从无序逐步走向有序，逐渐发展并走向成熟，逐步进入了健康稳定发展、经济功能日益显现的良性轨道，市场交易量迅速增长，交易规模日益扩大。其中，金融衍生品中最重要的两个市场是期货市场和期权市场。

一、期货市场

期货市场是我国发展最为成熟的衍生品市场，产品品种不断丰富。2012 年以来，我国期货市场陆续推出白银、玻璃、油菜籽、菜籽粕、焦煤、国债、动力煤、石油沥青、铁矿石、鸡蛋、粳稻、纤维、原油等商品期货。2010 年 4 月，股指期货正式上市交易。2013 年 9 月，国债期货重新上市交易。2014 年，中国期货市场又上市聚丙烯、热轧卷板等 6 个新品种。

中国期货业协会资料表明，2016 年 12 月全国期货市场交易规模较上月有所下降，以单边计算，当月全国期货市场成交量为 287686785 手，成交额为 174678. 98 亿元，同比分别下降 14. 61% 和增长 15. 64%，环比分别下降 23. 83% 和 19. 41%。2016 年 1～12 月全国期货市场累计成交量为 4137768273 手，累计成交额为 1956316. 09 亿元，同比分别增长 15. 65% 和下降 64. 70%。

上海期货交易所（上期所）全年累计成交量为 1680711841 手，累计成交额为 849774.91 亿元，分别占全国市场的 40.62% 和 43.44%。从品种来看，螺纹钢的累计成交量和成交金额占比 22.58% 和 11.21%，占绝对主导地位。

郑州商品交易所（郑商所）全年累计成交量为 901240809 手，累计成交额为 310297.11 亿元，同比分别下降 15.79% 和增长 0.16%，分别占全国市场的 21.78% 和 15.86%。

大连商品交易所（大商所）全年累计成交量为 1537479768 手，累计成交额为 614052.98 亿元，同比分别增长 37.73% 和 46.43%，分别占全国市场的 37.16% 和 31.39%。

中国金融期货交易所（中金所）全年累计成交量为 18335855 手，累计成交额为 182191.10 亿元，同比分别下降 94.62% 和 95.64%，分别占全国市场的 0.44% 和 9.31%。交易品种主要为国债期货（10 年期、5 年期）和股指期货（沪深 300、上证 50、中证 300）。

二、期权市场

2015 年 2 月，上海证券交易所正式挂牌上证 50 交易型开放式指数基金（ETF）期权合约，拉开了中国期权市场发展大幕。国内目前的期权交易品种十分有限，只有上证 50ETF 期权。

2016 年，上证 50ETF 期权总成交 7906.93 万张，日均成交 32.41 万张，单日最大成交 106.65 万张；年末持仓 131.53 万张，日均持仓 94.86 万张，单日最大持仓 172.24 万张；累计成交面值 17651.29 亿元，日均成交面值 72.34 亿元；累计权利金成交 431.89 亿元，日均权利金成交 1.77 亿元。同期，上海市场股票总成交 50.17 万亿元，上证 50 指数成分股累计成交 6.99 万亿元。

自上证 50ETF 期权上市以来，投资者开户数稳步增长。2016 年，期权开户数达到 202013 户，较 2015 年年末增加 147.70%，其中，个人投资者 198495 户，机构投资者 3518 户。期权经营机构全年月均开户数为 10021 户。

从交易的期权合约类型来看，投资者更偏好交易认购期权。全年认购期权交易量占总交易量的 57.21%，认沽期权占 42.79%。从投资者类别看，机构投

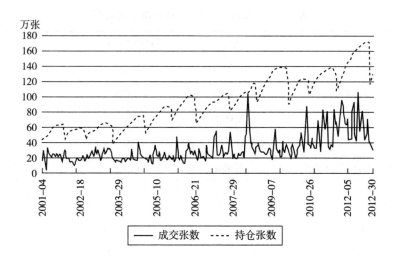

资料来源：根据上交所公开数据整理。

图 7 – 1　2016 年 50ETF 期权合约成交量和持仓量

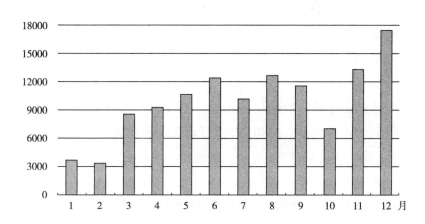

资料来源：根据上交所公开数据整理。

图 7 – 2　2016 年期权经营机构月度开户数

资者交易认购期权占比略高于个人投资者，机构投资者认购期权交易占比为
54.74%，个人投资者为45.26%。从期权买卖方向来看，个人投资者偏好买入
开仓，占其所有开仓交易的58.50%。机构投资者偏好卖出开仓（不含备兑开
仓），占其所有开仓交易的61.33%。备兑开仓主要由个人投资者使用。

表 7 - 1   2016 年不同类型投资者交易偏好

	个人投资者	机构投资者	全部投资者占比
买入开仓	13.98%	13.07%	27.05%
卖出开仓（不含备兑开仓）	9.86%	20.72%	30.58%
备兑开仓	0.06%	0.01%	0.07%
卖出平仓	11.27%	8.09%	19.36%
买入平仓（不含备兑平仓）	8.08%	14.81%	22.89%
备兑平仓	0.04%	0.01%	0.05%
合计	43.29%	56.71%	100.00%

资料来源：根据上交所公开数据整理。

三、远期/互换市场

对于远期和互换市场而言，目前主要的衍生品是存在于在银行间债券市场的利率衍生品，属于场外交易的范畴。目前可交易的利率衍生品主要有利率互换（IRS）、债券远期和远期利率协议（FRA）三类，其中后两者交易量相对较小。

利率衍生品交易量继续增加，互换利率震荡上行。据中国人民银行 2016 年金融市场运行情况数据显示，2016 年银行间人民币利率衍生品市场累计成交 9.9 万亿元，同比增长 13.1%。其中，普通利率互换成交名义本金额 9.9 万亿元，同比增长 20%；标准利率互换成交 8 亿元，标准债券远期成交 1 亿元，远期利率协议成交 1 亿元。普通利率互换期限品种仍以短期品种为主，1 年期及以下交易名义本金额占总成交量的 79.3%；浮动端参考利率主要为 7 天回购定盘利率（FR007），占比达 85.9%。互换利率震荡上行，下半年升幅较大。2016 年末，1 年期 FR007 互换利率为 3.35%，5 年期 FR007 互换利率为 3.81%，分别较 2015 年末上升 103 个和 123 个基点。

第二节　金融科技在金融衍生品市场的应用

一、风险控制与投资者行为分析

期货公司应当针对自己的特色有选择性地收集相关数据，同时形成自身的逻辑体系。重视经纪业务的，不妨对投资者的投资偏好、客户来源等方面做具体的收集，为更好地服务经纪业务做铺垫；重视投研部分的，本身就对数据非常敏感，那么大数据方面应当尽可能地在数据的精确性、时效性等方面做更多的整理，同时也应当尽可能搜集产业链数据，为形成完整的基本面分析链条做铺垫；产品设计和程序化则可能需要更多高频数据，从中寻求一定的交易规律。

通过不同的数据源对期货交易数据的不断收集，可以形成规模可观的大数据资源库。依托于大数据资源库，期货交易所集团、期货公司与其母公司以及股东单位旗下公司拥有的巨量的客户资源都可以得到有效的整合和共享。一方面，以大数据分析为基础，通过海量交易数据对投资者行为进行分析，提高期货交易所和期货公司客户服务和产品服务的精准度，助推高端服务以及定制化服务，增强客户体验。另一方面，随着期货公司设立风险管理子公司以及资产管理子公司，业务的种类增加，复杂程度提高，风险也在不断加大，并且由于这些业务都是在子公司层面开展，因此可能存在监管盲区。可以对期货公司及其子公司的大数据进行整合，进行深入挖掘，通过投资者交易行为的分析，为期货交易所以及其他机构所监管、监察以及采取风险控制提供数据支持，不断提升监管效率。

值得注意的是，无论在客户风险控制还是公司风险控制上，大数据都可以极大地提升期货公司处理风险的能力。业内人士指出，一方面，期货公司可以在云计算的基础上，建立统一的服务器进行从业人员管理平台，完成合规性风控和道德风险最小化管理。另一方面，由于有了数据支撑，期货公司比过去更了解客户的交易模式、交易行为等，可以对其进行市场风险监控、合规风险监控。

二、个性定制服务与期货财富管理服务

基于大数据进行用户画像，期货公司能在法律范围内提前获知客户的一些个人身份信息及信用信息等基本信息，接着就（或）准备相应的保证金、佣金的价格以及对应偏好的交易品种的基础信息以及研究报告等（交易偏好被获知），通过设计相应的交易程序来满足客户的需求，甚至不排除能够提供针对性的资产管理服务。未来参与交易的投资者可能更偏向于购买或者交易期货公司提供的财富管理服务，而非单纯地靠自己去进行交易，那么大数据就能够为客户量身定做，提供个性化的金融服务。

据悉，美国期货公司经营客户的三大步骤即了解客户的需求和投资偏好，设计交易程序、策略和量化模型，提供合适的产品组合以供交易。与此对应的是，随着大数据的引入，国内客户的交易模式、交易习惯也会发生一些大的改变，高频交易、量化交易方式或被更多采用。由于大数据所涉数据相对客观，回避风险的时间周期较短，客户可能越来越注重通过大数据来挖掘交易模型，再依据交易模型设计更多的低风险理财产品。

而对于中国的期货市场来说，目前还鲜有类似的金融理财产品推出，如果能在风险可控的前提下，与期货资产管理业务相结合，通过合理的产品设计和风险控制措施，推出基于保证金、结算准备金余额的类似于"余额宝"的低风险理财产品，不但能有效拓展期货市场的产品创新，降低出金率，还能有效地推动期货资产管理业务规模的增长与影响力的提升。

三、建立虚拟营业部降低运营成本

当前期货业最经典的商业模式还是经纪业务，由于手续费的降低，同时还由于租金上涨、业绩拖累、客户不稳定等因素，很多期货公司将考虑关闭营业部。云计算正在改变着期货公司的经营模式，许多期货营业部在向网点与互联网＋的方向上转型，将其转移到基于云计算的互联网上，网上交易或将解决线下经营的种种难题。

云端服务模式下，云技术突破了地域、时间的限制，人们可以随时随地利

用互联网和通信设备完成业务办理，这使得虚拟营业部成为金融机构未来业务发展的方向。以期货市场为例，在保证金监控中心、期货交易所等多方监管下，建立基于云平台的虚拟营业部是利用电子化服务手段提供非柜台服务，将营业部的功能迁移到云端网络环境之中。借助于应用软件、手机客户端等工具，实现网络开户、合约买卖和资金划转，在技术上已经完全可以实现。相对于传统网点，虚拟营业部具有成本低、效率更高、覆盖面更广的优势，并有助于期货公司在总部层面实现大数据管理与监控。依托互联网的云计算平台技术的成熟将为期货营业部降低成本，期货公司营业部通过公司云平台可以解决员工业务终端问题，且可以有效降低会员公司的经营成本；云平台的利用大大降低了新设期货营业部的建设成本和建设周期，有利于期货公司快速部署新的营业网点。另外，目前，期货公司对高端客户资源的争夺日益激烈，高端客户对期货公司的可选择性也越来越多。这要求期货公司在原来的"行情交易服务"的基础上，结合市场需求，强化对高端客户的高端服务以及定制化服务，以服务品牌替代佣金竞争，顺应期货市场的转型发展。

四、整合信息与资源，构建期货企业云联盟服务系统

近年来，随着信息技术的革新，证券期货行业信息技术已完成规范化和标准化的转变，随之而来的买方市场和卖方市场对于信息系统及资源的需求越来越丰富、专业。传统的软件服务、信息行情服务、托管服务资源的分散，消耗市场直接参与者巨大的时间成本、交易成本，也加大了证券期货经纪公司与交易所和市场投资者的沟通成本，无法快速整合与集成优势信息技术资源，并快速反馈给市场。

针对以上问题，期货行业可以构建期货云联盟服务系统，将服务器、存储、网络、安全、运营和应用以集成的解决方案结合在一起，实现从基础设施到应用再到整个生命周期的自动化，从而形成完整的期货业务解决方案。

具体而言，期货企业可借助云计算技术，建立一些有共同利益（如交易、安全需求、策略目标考虑等）并打算共享计算资源、网络资源、软件和服务能力的企业联盟组织，即期货企业云联盟。基于企业联盟内的网络互连优势和技

术易于整合等特点，通过对企业联盟内各种计算能力进行统一服务形式的整合，结合企业联盟内的用户需求共性，实现面向企业用户需求的云计算联盟服务模式。

五、基于区块链技术的智能合约

分布式总账技术（DLT）在期货等衍生品交易的交易后周期的使用预计会：（1）让自动化创造实质性的操作效率；（2）减少贸易和初始结算之间的时间差；（3）释放资本；（4）减少双边的对手风险。

区块链中的分布式总账技术（DLT）可以允许交易商和其他市场参与者来创造期货等衍生品的智能合约，让传统由后台系统、中台系统、抵押品管理及其他人力来完成的任务和功能自动执行。这些衍生品合同本质上是加了"算法"（也就是能形成计算机代码基础的逻辑指令）并用法律语言来描述的法定协议。

某些目前正在发展中的分布式账本能够允许参与者开发并进入期货等衍生品智能合同。这些"可编程的"分布式账本能够公布和记录的不仅仅是贸易和结算记录，还有智能合约的条款和"输出"，例如合同股价，价格变动押金的结算，原始押金的计算，原始押金的保管，债务更替和净额结算，以及与对手违约相关的出清存货管理。

但具体到某些场外衍生品业务来说，在集成区块链技术时，需对其技术体系进行裁剪，以满足实际的应用场景。

六、期货产品风险定价

将机器学习引入到期货模型的定制和数据挖掘过程中，来进行风险定价。比如对期货做市模式建立模型，通过数据本身来进行拟合，具体通过图形和非结构化的数据，让机器识别这些数据的定价，对期货的定价进行拟合。在做的过程中，发现机器学习对 RMSE（均方根误差）传统的做法有所改进，可以在期货定价上降低成本。未来机器学习完全可以用到期货风险定价相关的一系列业务过程当中去。

七、期货订单高频交易

证券市场的交易机制可以分为报价驱动市场（Quote – driven Market）和订单驱动市场（Order – driven Market）两类，前者依赖做市商提供流动性，后者通过限价单订单提供流动性，交易通过投资者的买进委托和卖出委托竞价所形成。中国的证券市场属于订单驱动市场，包括股票市场和期货市场。

订单簿的动态建模，主要有两种方法，一种是经典计量经济学方法，另一种是机器学习方法。国内期货市场属于订单驱动型市场，根据股指期货主力合约 IF1312 的 Level – 1 行情订单情况可以发现，其基础信息就包括买一价、卖一价、买一量和卖一量。在国外的某些学术论文中，和订单簿对应的还有信息簿（Message Book），包括最明细的订单撮合数据，包括每个订单的下单量、成交价、订单类型等信息，由于国内市场不公开信息簿的信息，因此超高频交易我们只能依赖订单簿。

第八章　金融科技与保险业

随着互联网的普及和新兴科技的高速发展，金融科技概念应运而生，成为继互联网金融之后金融行业发展的新风口，为金融产品创新、服务改造升级提供了无限的想象空间。金融科技的崛起是技术手段变革引发的金融创新，能够在提升金融服务效率、降低金融交易成本、减小金融交易中信息不对称性的基础上，进一步发挥金融实现资金融通的本质作用。

从我国保险业目前发展来看，互联网、大数据、云计算、区块链、物联网、车联网、可穿戴式设备等一系列新技术、新产品的开发和应用正在从经营理念、商业模式、技术手段、销售渠道、内部管理等多个维度改变着整个保险业，金融科技已逐渐成为引领保险业转型升级、行业发展环境优化的核心驱动力。

第一节　互联网技术重塑保险业

互联网技术的迅猛发展，无时无刻不在改变着原有的社会生产方式和公众生活方式，为社会经济发展提供了强劲的创新动力。作为互联网技术与传统金融业结合的产物，互联网金融表现出广阔的发展前景和巨大的潜力，正改变着原有的金融业格局。保险业作为金融业重要产业之一，在互联网浪潮的推动下，也正处在变革的关键时期。

一、互联网将不断扩大保险产品创新空间和保险市场范围

互联网的快速普及使"上网"时代进入"在线"时代，社会公众的消费和支付习惯产生了较大改变，赋予了保险公司较大的产品创新空间，增强了保险公司引导和创造客户需求的能力。互联网的发展使智能移动终端迅速取代传统

PC 端，成为社会公众联接互联网的主要渠道，使消费行为突破了时间和地域的限制，客户能够利用智能移动终端实时在线，随时随地进行购买和支付，网络消费、网络支付等行为中蕴含的风险能够派生出新的保险需求，为保险业开辟出新市场。2010 年，华泰保险与淘宝合作，在"天猫"交易线中"嵌入式"运营"退货运费险"，并根据出险率进行保险定价。这是国内首个针对网络交易而设计的创新险种，也是首个实现保险产品动态定价的创新产品。未来，类似"退货运费险"这类保障互联网消费、支付行为的创新型保险产品将大量涌现。

二、互联网将助力保险场景化

互联网时代下，高频化、碎片化的各类需求层出不穷，而场景化则是挖掘、满足这些需求的有效途径。线下场景产生的保险需求催生了传统保险产品的发展，而互联网的普及使很多线下场景逐渐迁移到线上，线上场景的出现为互联网保险产品异军突起提供了契机。未来，保险公司可以开发嵌入互联网生态圈的创新型保险产品，将保险服务"无缝式"嵌入互联网消费的购买、支付、物流等各个环节，从而在不影响用户体验的前提下，以较低成本满足客户的高频化、碎片化的保险需求。

三、互联网丰富了保险产品销售渠道

互联网拓宽了保险销售渠道，保险公司可以突破地域限制，通过网络互联网随时随地向不同地域的客户提供产品和服务。在保险公司传统营销体系中，代理公司和代理人的手续费、佣金构成了保险公司财务成本的重要组成部分。有研究表明，互联网可以使整个保险价值链的成本降低 60% 以上。未来，通过互联网渠道销售保险产品，能够使保险业进一步摆脱传统营销体系中代理人制度的束缚，减少销售成本。显而易见，销售成本的减少可以让保险公司让出部分利润用于降低各险种的保险费率，从而让客户受益。

四、互联网将从深层次更新保险业的服务模式

互联网技术的发展使保险服务突破了时间、地域限制，为保险服务模式创

新提供了无限可能。通过穿戴式设备、手机健康监测软件等获得客户身体状况信息，可以让保险公司随时提供个性化的健康风险管理方案；通过物联网终端能够对承保财产实施实时的管理和控制，可以让保险公司以更加精细和动态的方式管理承保财产，提供更加精细化、个性化的防损减损方案；通过车联网获得驾驶行为信息和车辆、道路状态信息和事故信息，可以创新产品定价模式，提供驾驶行为管理、主动救援等服务。

五、互联网的深入应用将进一步凸显"以客户为中心"的理念

随着互联网深入到人们生活的各个领域，保险销售模式产生了根本性的变化，原先以保险产品为主导的销售模式将逐渐转化为以客户需求为核心的销售模式。互联网使得客户不再被动接受保险公司推送的信息，客户需求成为新险种出现的源动力，其行为数据成为保险产品设计的基础，这也意味着客户能够化被动为主动，参与保险产品设计和服务的全过程。在这一过程中，客户行为数据、消费习惯、支付偏好等大数据，将逐渐成为保险公司展开竞争的核心资源。保险公司应积极融入这一潮流中，利用自身原有优势、培养大数据分析能力，针对目标客户、潜在客户的需求，设计定制化保险产品。

互联网不仅可以使客户更自由、更自主地选择适合自身需求的保险产品，也可以使客户通过互联网，更加便捷、便利地在不同保险公司、保险产品之间进行比较和选择。保险公司应主动顺应这一发展趋势，主动促使保费更加透明，保障权益更加清晰，不仅可以吸引更多客户，也可让保险销售的退保率大幅降低。[1]

六、借助互联网技术，保险公司经营管理将不断优化改善

互联网技术能够提升保险公司的市场反应速度和能力，能够及时掌握保险市场发展新动向、挖掘潜在客户群体、发现市场上出现的各种创新产品，并随时采取适当的经营策略；互联网技术将使保险公司核心运营流程和客户服务实

---

① 赵大伟：《互联网保险的九大发展趋势》，《清华金融评论》，2016 年 5 月。

现了网络化和自助化，提高保险公司处理保险业务的效率、减低成本，提高管理水平，提高客户满意度；互联网技术使保险公司能够越过代理公司和代理人直接面对客户，大幅减少销售费用与管理费用。

七、保险业将更加注重保护客户权益与信息披露

互联网正在快速改变人们的生活，保险标的、属性和风险因素随时根据互联网技术的发展而发生变化。保险已经不是传统意义上只能保障生、老、病、死、残的产品和服务，而是发展到与客户日常生活、工作、消费行为息息相关的各个领域，保险产品的形式、品种、保障范围、保障程度等都有巨大的创新空间。但我国金融消费者知识整体水平偏低，消费者知识水平滞后于互联网保险创新水平，可能会造成消费者权益受损、创新保险产品市场认可度低等一系列问题的发生，故而如何提高消费者认识、选择保险产品的能力、提升风险的辨识与防范的能力，对于保险业未来的健康发展来说无疑是一个不可回避的重要问题。

公开透明的信息传递是互联网的核心优势，也是互联网保险得以持续健康发展的重要保障。在保险业市场化程度日益提高的同时，互联网技术能够帮助保险公司细化互联网保险产品的信息披露规则，在保险责任、告知义务、免责条款、退保的权利义务等方面明确披露要求，防止避重就轻、销售误导。通过机制设计，保险公司应开始尝试整合线上线下资源，在投保、查询、理赔等方面建立信息公开标准，保障消费者的知情权和选择权，不断提高市场透明度。①

第二节　大数据技术助力保险业全方位升级改造

随着互联网技术快速更新迭代，大数据技术在金融行业应用达到了前所未有的程度。大数据等技术的运用有可能从根本上改变金融业包括保险业的游戏

---

① 陆磊、姚余栋主编：《新金融时代》，中信出版社，2015 年 11 月。

规则和经营模式。保险业天然具有大数据基因，其本质上就是通过数据采集、分析、预测来管理风险的行业。当前，大数据战略业已上升到国家战略层面，标志着我国大数据时代的全面来临，大数据技术将从经营理念、商业模式、产品设计、管理流程对保险业进行全方位的升级改造。未来，数据将成为保险业的核心资源，数据挖掘、分析、应用能力将成为保险业的核心竞争力。

一、数据作为保险业"核心资产"的地位将进一步加强

在大数据时代，数据将成为构建行业核心竞争力的关键。对于保险公司而言，数据就是核心资产，数据分析能力就是核心竞争力。保险公司能够通过数据处理、分析、整合、挖掘等技术获得价值信息。从数据收集来看，要借助互联网不仅获得客户的行为数据，也要获得潜在客户的行为数据，为将来拓展市场、开辟新的市场需求做准备；从数据应用来看，保险公司应利用大数据分析能力充分挖掘客户需求，通过数据采集了解每位客户的特征及需求，为其提供更具个性化、定制化的服务与产品。

在互联网信息技术快速发展的影响下，分散化、多样化、小型化成为了移动终端的主流发展方向，客户可能采用不同的支付方式在任何时间、任何地点使用不同的移动终端进行消费，从而形成了大量不规则的、碎片化的消费信息，这就是对保险公司收集、整合、处理、分析信息的能力提出了巨大挑战，也对保险公司复杂灵活的运营能力提出了极高要求。

二、大数据技术能够助力保险业实现精准营销

随着大数据技术的深入运用，保险公司将获取和深入挖掘数据的能力将得到极大的提升，客户行为数据将逐步实现可获取、可分析、可预测，客户关于保险产品的反映也能被保险公司及时获取，这对保险公司传统的营销体系形成了强有力的冲击，使得保险销售具备了越过代理人这一中间环节的可能性。鉴于此，保险公司未来如何开发基于大数据技术的产品营销策略，如何利用大数据技术直击客户"痛点"，实现精准营销，如何利用合适的平台、在合适的时间，将合适的保险产品向合适的客户推送，就成为大数据时代保险公司重塑营

销体系的主攻方向。

三、大数据技术将进一步拓宽保险市场，开辟新的"蓝海"市场

随着经济形势变化和市场化发展，保险市场将出现大量的细分领域，由于传统营销体系的约束，传统保险公司无暇应对市场化过程中的每一个细分领域，或者由于规模不经济的原因对客户和市场的细分有限，或者并不能保证覆盖每一个细分领域，从而形成了市场空隙。未来，保险公司能够借助大数据技术优势，在实现对原有客户资源的进行深入挖掘的同时，也覆盖到不同地域、不同行业的客户，提供传统上规模不经济的产品和服务，从占领广阔的"蓝海"市场，进而获得更多的客户资源和行为数据，形成发展良性循环。一方面，保险公司基于大数据技术，能够对客户行为数据、消费习惯、支付偏好进行深度挖掘与分析，为精准营销、精准定价提供了可能性，为制定个性化、定制化、差异化的保险产品提供了数据基础，开辟了广阔的保险产品创新空间。另一方面，随着大数据技术的深入应用，保险公司能不断提升风险定价与风险管理能力，可以将以前无法或难以有效管理的风险纳入保险公司能力范围。

四、大数据技术将创新保险业风险管理技术

基于大数据技术，保险公司可以实时获得消费投保标的数据信息，不断创新风险管理技术。在车联网方面，保险公司可以随时对投保人的健康信息、投保人的驾驶习惯、车辆的实时状况、车辆经常行驶路段的风险状况等信息进行监控，能够根据客户不同风险程度，提供个性化的风险管理服务，实现风险减量管理。在医疗保险方面，保险公司通过可穿戴式设备，实时获得、监测到客户健康状况，不仅能为客户量身定做个性化的保险解决方案，更可以在客户健康数据出现异常时进行报警、发出救援信息等，降低风险损失。此外，保险公司还可以通过大数据技术加强对业务风险的管理，提升反欺诈技术。

五、大数据技术将助力优化保险公司组织管理

从行业性质上来看，保险是经营风险的行业，是否能够顺利经营管理取决

于保险公司风险管理技术的专业程度。未来，随着大数据技术的快速发展，不仅能够促使保险公司转变营销和服务方式，也为保险公司重塑自身的组织结构和管理制度提供驱动力，让保险公司重新打造企业信息化管理系统成为了可能。保险公司应将大数据技术渗透到保险公司经营的关键环节和流程，优化保险业务系统、管理系统、信息系统、客服系统和决策支持系统，充分发挥大数据技术在企业管理和运营、信息化建设和维护、客户服务和新产品开发等方面的积极作用。

通过不断挖掘大数据技术在保险业的潜力，保险公司能够更好地将已有的客户资源掌握在自己手中，并在此基础上开发新的市场需求，不仅能够在客户大数据分析领域形成竞争优势，也对保险公司的长期稳定发展具有重大意义。同样，大数据技术的应用也将持续推动保险公司的保险信息透明化，有利于保险公司树立诚信经营的企业形象。

第三节　云计算技术为保险业创新提供新思路与新技术

云计算是一种全新的计算模式，打破了传统的主机架构模式，实现了系统分层和分布式架构，提供了一个全新的模式，即通过网络便捷、低成本、随时、按量付费访问定制化、共享化的资源池。不论是客户还是企业，都可以快速地部署资源池中的资源，只需按量付费，而不需要将更多的精力放在与供给方的交互上。

一、云计算技术将助力保险公司业务创新

云计算技术的发展，赋予了保险公司成为金融科技公司的可能。保险公司可以利用云计算技术，为企业量身打造"保险云"，在云端开发保险核心业务模块、财务模块、流程管理模块等，客户通过云端可以"一站式"完成投保、理赔等保险服务，提升客户服务体验；在非高峰时期，可以将云端开发保险核心业务模块、财务模块、流程管理模块等租借给其他保险公司使用，打造新的利润增长点。在这种模式下，信息化部门将不再仅仅作为支持部门、后台部门出

现，而有可能成为保险公司新的利润中心。

二、云计算技术将为中小保险公司发展提供新机遇

在信息化时代下，信息和数据数量越来越庞杂、处理速度越来越快，这就对保险公司的信息和数据处理能力提出了较高的要求。保险公司在信息化基础设施建设、系统保养和维护、人才培养等方面需要投入大量的人力、物力和时间。对于中小保险公司而言，由于其注册资本少、信息化人才储备不足，很难满足信息化建设的需要，且其投保、承保、理赔等环节需要的存储和运算能力并不是非常巨大，专门进行信息化建设成本比较高。借助 IaaS 服务，中小保险公司可以租用通信供应商、大型保险公司的设备，将能够节省大量的信息化建设成本，可以将资金更多用于渠道建设、产品研发、提升客户服务体验方面。

三、云计算技术将为保险公司提升大数据分析能力提供支持

如前所述，在信息时代下，保险业数据规模急剧扩大，保险公司时刻需要处理内外部的各种非结构化数据和信息，电话销售记录、电话理赔记录、保险合同、理赔单据、互联网销售记录、网络客服记录等庞杂的影像、语音、文本将成为数据和信息主要来源，数据和信息多样化、复杂化、大量化的特点对保险公司数据处理能力提出较高要求。云计算的可扩展性可以为保险公司深入采集、存储、分析海量的数据和信息，并从中挖掘出有价值的信息提供充足的存储空间和计算能力，进一步提升保险公司大数据分析能力。

四、云计算技术为打造"行业云"创造了可能

信息共享机制对我国保险业未来发展至关重要，在中国保险业协会的推动下，我国保险业省级信息共享机制已经初步形成。随着云计算技术出现和成熟，在省级信息共享的基础上搭建全国保险业信息共享平台成为了可能。未来，基于云计算技术，将各省信息共享平台整合起来，实现数据跨行业、跨部门共享，有利于进一步提升保险服务水平，提高保险业整体效率。

此外，由于不同地区保险业务规模不同，对算力的要求也不尽相同，云计

算按需部署算力的特点更加有利于优化保险业资源配置和利用率；云计算的共享和开放性使得客户不再被动接受信息，客户的需求成为新金融产品出现的源动力，其行为数据成为保险产品和服务设计的基础，能够参与产品和服务设计的全过程；云计算低成本、快速便捷、按需付费的特点，为企业部门和居民部门中的"弱势群体"更好地利用保险产品和服务开辟了一条新的渠道，使其能够从金融创新中获益，真正享受更加合理的金融服务，得到自身应有的金融权利。

第四节　区块链技术在保险业的应用实践

区块链技术是一串使用密码学方法相关联产生的数据块，每一个数据块中包含了一次网络交易的信息，可以验证交易信息的有效性并生成下一个区块。区块链技术在记录交易信息的同时，可以有效保护交易参与者的身份信息，并将交易信息盖上时间戳后在全网公开，同时发送给网络内的每一个节点，由所有节点共同验证形成"共识"，从而形成无须第三方介入的创新型信任机制。区块链技术的特点与互联网保险未来发展所关注的"互助保险、数据安全、信息公开透明、降低管理成本、提升客户体验"等要求是存在很高契合度的。

一、区块链技术在互联网保险业的创新应用

（一）区块链分布式、去中心化的特点使"点对点"交易成为可能，为互联网微型互助保险提供了发展机遇

"中心"机构（或中介）具有专业化优势，由其为达成金融交易提供相关服务是较为经济的，但"中心"机构（或中介）在掌握交易各参与者信息的同时，隔断了参与者之间相互联接的渠道，阻碍了参与者之间信息、资源的流通，实际上增加了交易过程中的信息不对称性。

分布式记账的区块链是一种基于共享理念的技术，在既定交易规则约束下，所有交易都能自动进行，无须第三方进行管理或提供信任。交易数据不是存储在某些特定的服务器或中心节点上，而是在每一个节点之间共享。从这一个角

度分析，区块链技术使"点对点"交易成为可能，形成"去中心化（或中介化）"的自治型保险组织，提供了一种点对点之间的风险融资解决方案，为互联网微型互助保险创造了发展机遇。这种自治型保险组织可以通过预先设定的规则，在不需要第三方干预的情况下，让具有共同需求和面临同样风险的客户自行完成保险交易，通过预交风险损失补偿分摊金，实现直接、主动管理风险。

（二）区块链技术有利于加强对客户信息的保护

区块链技术能保障参与者信息不被他人窃取，虽然全网每个节点都保存着每笔交易信息数据，但通过公钥和私钥的设置，每个节点在进行信息查询时，只能查询到交易数据，而参与者个人信息则是隐匿的，保障了参与者个人信息免于泄露，也能够使参与者在完成交易的同时不受其他信息干扰。

在信息保护层面，购买保险需要提交客户真实有效的身份信息，以及健康状况信息或财产信息等，这对互联网保险平台信息保护能力提出了较高要求，信息安全保障水平低、信息泄露是互联网保险平台目前面临的一大风险。区块链技术利用分布式智能身份认证系统可以在确保客户身份信息真实可靠的基础上，防止信息泄露。客户将在区块链上注册的用户名与个人其他有效身份信息相互验证并形成"共识"，实现个人信息数字化管理，个人信息丢失、被人为篡改的风险也被大大降低。借助加密技术，客户真实身份信息被隐匿，其他节点查询也仅限于交易信息，只有客户本人通过私钥才能获得身份信息，从而能够对个人信息形成有效保护。

（三）区块链使智能合约从虚拟转化为现实

智能合约实际上就是按照既定合约条款，当某些条件触发时，能够自动执行的计算机程序。区块链技术的出现为智能合约从虚拟转化为现实提供了无限可能。

智能合约的出现对互联网保险发展具有较为重要的意义。比如，通过区块链技术储存一个到货延迟险，并借助互联网渠道与电商平台、物流平台相连接，获得购买信息、物流信息。交易完成并确认后，区块链会自动对购物交易进行记录，包括物品信息、发货信息和商家承诺到货时间等，一旦到货时间发生延误，智能合约就会被触发，对投保人进行支付理赔。由于此前交易信息已经被记录且在区块链上并形成"共识"，故而排除了个人主观判断因素，也不会存在信息伪造或篡改，一切都是在智能合约事先设定的程序下运行，即做到了自动和及时理赔，也避免了欺诈行为，还减少了理赔处理成本，增加了客户和保险平台双方的满意度。

（四）区块链技术构筑的信任机制能进一步提升消费体验

在互联网保险带来便捷、低成本、信息透明、低费率保险服务的同时，由于固有消费习惯和偏好的影响，客户通过互联网购买保险产品可能存在是否操作失误、是否购买成功、线下理赔是否会被受理等疑虑，这对客户的购买体验产生了负面影响，且一旦产生纠纷，这部分客户可能将不再选择通过互联网渠道购买保险产品。区块链技术在互联网保险平台和客户之间打造一种全新的交互方式，向客户提供了一种全新的购买体验。客户购买保险服务后，全网所有节点都保存有购买行为的副本，购买行为在全网范围将被共同验证并形成共识，确保购买行为真实有效。

（五）区块链技术能在一定程度上降低互联网保险平台信息不对称风险

区块链是一种公开记账的技术，在记录交易的同时向全网内所有节点公布交易信息，保证各节点能同步交易信息。区块链技术可以实现互联网保险平台、客户、体检机构、医院等相关交易方共同验证的信任机制，形成一个完整的保险生态圈。客户身体状况、职业信息、体检、医疗等相关信息和数据将被记录并在全网内实时广播，并得到相关交易方的共同验证，确保信息真实有效，从而有效降低信息不对称风险。

（六）区块链技术能够进一步压缩互联网保险成本

区块链技术可以保证所有交易按照既定的规则执行，这对于定制化风险评估、缩短承保周期大有裨益。同时，区块链上的规则是公开透明的，可以被用户查验。以比特币为例，整个比特币软件的源代码是公开的，任何人都可以查验，这种交易信息的公开透明，保证所有交易都是可查询的。基于区块链的保险服务，投保、承保、理赔等环节基本可以不需要人为操作，能够有效避免欺诈等不诚信行为，压缩保险成本和互联网保险平台面临的风险，进一步释放保费空间。

（七）区块链技术能保证交易信息安全、真实可靠，提高了保单的可查询性

区块链上的每一个节点都可以验证账本的完整程度和真实可靠性，确保所有交易信息是没有篡改的、真实有效的；区块链上每一个节点都保存着所有交易信息的副本，当区块链上的数据和参与者数量非常庞大时，修改信息的成本将会非常高，至少需要掌握超过全网51%以上的运算能力才有可能修改信息，修改成本可能远超预期收益；当部分节点的信息被恶意篡改了，区块链上其他节点会在短时间内发现这些未形成"共识"的信息并进行维护和更新，故而理论上区块链上的交易信息是不可篡改的。

源于区块链数据的真实可靠和不可篡改等特点，能够保证保单信息的真实性，保障客户权益，提升客户满意度。区块链技术分布式记账的特点，使保单不仅是存储在"中心"机构（或中介）的服务器，还在全网所有的节点保存有交易副本，即使"中心"机构（或中介）存储系统受到黑客攻击或因操作失误等因素造成数据丢失，客户的保单依然可以通过区块链上其他节点的交易副本进行查询，提升了保单的可查询性。

二、区块链技术仍需要解决的几个问题

如前所述，区块链技术在互联网保险未来创新发展过程中将扮演较为重要的角色，但目前区块链技术仍存在一定风险和亟待解决的问题。

（一）区块链技术算力有限

从区块链技术本身来分析，区块链难以有足够的算力来保证系统的稳定性；在初期节点较少的情况下，掌握区块链51%以上的计算能力相对容易，区块链受到攻击且信息被篡改的风险不可忽视。从发展阶段来分析，区块链目前还是一项全新的技术，尚未达到大规模应用的要求，其运算能力还有待进一步提升。

（二）从目前发展情况分析，互联网保险平台"中心"机构的作用是不可或缺的

区块链去中心化的特点在互联网保险业表述为"弱中心化"将更为贴切。

区块链技术去中心化的特点解决了"中心"机构（或中介）带来的信息不对称和信息安全风险，提高了金融交易的效率，但不可否认的是，在互联网保险业，由于互助保险发展尚不充分以及"大数法则"的影响，只有保险平台才有能力集合大量面临同样风险或有同样保险需求的样本群体，只有保险平台才具有在大量出险时进行支付理赔的能力，因此，保险平台作为"中心"机构（或中介）存在还是有必要的。

（三）技术风险不可能完全避免

区块链的交易规则以及智能合约实际上都是由计算机程序和语言控制的，是自动化的。在去中心化的作用下，因缺乏强有力的指导和控制，出现技术性、操作性失误的风险是不可能完全避免的，当失误未被及时发现时，系统将按照错误程序继续执行，可能放大单次失误所带来的影响，且修正这些失误所带来的损失将付出较大成本。

（四）主观上道德风险依然存在

区块链上的节点与技术设计人员依然是委托代理关系，在缺乏有效激励手段的情况下，技术设计人员人为设置交易规则漏洞的情况将难以有效避免。

（五）缺乏区块链技术的监管法律和制度

除技术风险、道德风险外，亦有必要对区块链技术的监管法律和制度进行研究，尽快明确区块链技术的法律属性。当监管大幅滞后于技术发展时，一旦发生区块链被攻击、客户个人信息泄露等事件，区块链技术的发展前景将受质疑，整个区块链技术生态环境将受较大负面影响。[①]

第五节 物联网技术为保险业创新开辟想象空间

继计算机、互联网技术之后，物联网作为一项改变生活、生产、商业、经济发展模式的新兴科学技术，实现了由"人的互联"向"物的互联"的转变，

---

① 赵大伟：区块链技术在互联网保险业的应用探讨，《金融发展研究》，2016 年 12 月.

具有跨时代的重要意义。据《经济学人》预测，到 2020 年，全球将会有 500 亿个智能设备，平均每人有 7 个；而到 2025 年，智能设备的数量将达到 1 万亿个，城市地区每 4 平方米就会有 1 个智能设备——城市几乎完全被智能设备所覆盖。未来，物联网将成为世界创新变革的主要驱动力之一。随着智能设备在家庭、企业、城市、国家范围内的广泛应用，势必影响保险业传统的经营模式。

一、万物互联的物联网

物联网技术是新一代信息技术的重要组成部分和综合应用，也是"信息化"时代的重要发展阶段。顾名思义，物联网技术就是实现"物物互联"的互联网技术，即是在互联网基础上，将用户端扩展到了物品和物品之间，使物品和物品之间能够实现通信并进行信息交换。

从技术层面分析，物联网通过射频识别（Radio Frequency Identification，RFID）、红外感应器、全球定位系统、激光扫描器、气体感应器等信息传感设备，按约定的协议，把物品与互联网联接起来，进行信息交换和通信，从而实现智能化识别、定位、跟踪、监控和管理。

从联接对象层面分析，物联网能够实现物品与物品之间的联接（Thing to Thing，T2T），人与物品之间的联接（Human to Thing，H2T）以及人与人（Human to Human，H2H）之间的联接。

从应用层面分析，物联网技术将新兴的一系列互联网技术充分地运用到交通、环保、公共安全、消防、智能家居、供水供电等领域，将智能信息传感设备嵌入物品中，再借助互联网技术实现"物物互联"和"人物互联"。在物联网系统内，通过大数据技术对人和物的数据信息进行实时采集和分析，从而以更加精细、动态的方式对人和物进行"智能管理"，进一步提高资源利用效率。

从物联网技术的概念和特点来分析，能够对保险业的经营模式产生颠覆性影响。首先，物联网技术能够降低保险公司和客户之间的信息不对称性，增加交互次数，使保险业与客户之间的"弱联接"关系向"强联接"关系转变；其次，物联网技术能够降低客户风险，有利于实现风险减量管理；最后，物联网技术有助于优化保险业业务流程，提高保险公司风险管理水平，持续改善客户体验，提升保险公司整体竞争能力。

二、可穿戴式设备在保险业的应用

可穿戴式设备作为物联网健康管理最重要的感应终端，已经在全世界得到了广泛的应用。可穿戴式设备是指利用穿戴式技术对人们的日常穿戴进行智能化设计，能够收集人体生物信号[①]的日常穿戴设备。常见的形式有智能手环、手表、眼镜、手套、鞋以及服饰等。另外，有的可穿戴式设备则表现为独立存在的方式，如手机、计步器等。[②]

中投顾问《2016—2020 年可穿戴设备行业深度调研及投资前景预测报告》显示，2015 年，全球市场共出货 7810 万台可穿戴设备，较 2014 年的 2880 万台增长了 171.6%。其中出货量在前五名的分别是 Fitbit，小米，Apple，Garmin 和三星。2015 年，我国智能可穿戴设备行业规模为 125.8 亿元，较 2014 年增长 471.8%。

近年来，随着城镇居民可支配收入的持续增长以及社会公众保险意识的不断增强，健康保险在我国已经越来越受到社会公众的认可和重视。但从总体规模上来看，我国健康保险市场发展相对滞后，市场总体规模较小，与发达国家相比还有较大差距。可穿戴式设备的出现和发展，将成为我国健康保险市场创新的重要驱动力。

（一）可穿戴式设备的发展将创新健康管理模式

可穿戴式设备的出现能够向用户提供全新的健康管理模式，比如目前较为常见的针对心脏病患者的便携式动态心电图，不仅可以发现常规心电图难以发现的心律失常和心肌缺血等问题，实时、连续记录心电活动状况，形成完整的心脏电子病历，还可以在患者心电活动出现异常时及时示警，并通过通信设备将异常情况发送给急救中心或医院，保障患者生命安全。此外类似的设备还有

---

① 目前，可穿戴式设备能够收集的人体生物信号主要包括通过电极收集的电信号，如心电、脑电、肌电、胃电、视网膜电等；通过各类传感器收集的非电信号，如体温、血压、呼吸、心跳、肌肉收缩、二氧化碳分压、氧分压、PH 值等。

② 王和：《大数据时代保险变革研究》，中国金融出版社，2014 年 9 月.

针对糖尿病患者的植入式血糖观测仪，不仅可以实时监测患者血糖变化情况，形成血糖健康档案，还能在血糖数值超过安全界限时，通过植入皮下的微泵自动注射缓释药物。

未来，随着可穿戴式设备的发展和普及，在互联网技术、物联网技术以及现代医学科技的基础上，通过整合可穿戴式设备、呼叫中心、急救中心、医疗机构，可以构建一套集预防、监测、诊断、救助、康复指导于一体的远程健康救助服务系统，可以帮助患者足不出户就能完成对自身健康状况的监测，减少去医院就医的次数；通过将健康数据上传到云端，形成电子健康档案，借助远程交互技术，可以在家直接与医生对话，实现在线就诊。目前，我国已经开始搭建家庭健康管理云计算平台提供医疗健康数据分析服务，将可穿戴式设备采集的数据和分析结果直接提供给患者，并在获得患者同意的基础上将数据发送给医疗机构，提供有针对性的医疗健康解决方案，实现"智能医疗"。

（二）可穿戴式设备的普及将成为保险业获取数据的重要途径

在大数据时代，数据将成为保险业的"核心资产"，将成为构建行业核心竞争力的关键，保险公司能够通过数据处理、分析、整合、挖掘等技术获得价值信息。在健康保险领域，可穿戴式设备将成为数据采集的重要"入口"，按照程序设定可穿戴式设备能够自动采集客户相应的健康数据，不仅形成能够用数字、符号表达的结构化数据，还能形成图形、图表、语音、影像等多样化的非结构化数据，海量的数据积累将为挖掘客户保险需求、提供个性化和定制化的健康保险服务解决方案提供大数据基础。

（三）可穿戴式设备的应用将实现健康保险的差异化定价

2015 年 8 月，众安保险、小米运动与乐动力 APP 联合推出了国内首款利用可穿戴设备参与保险定价的产品——"步步保"，以用户每天的真实运动量作为定价依据，用户的运动步数还可以抵扣保费。可穿戴式设备能够实时采集客户的健康状况、饮食状况、运动状况等信息并上传到云端，形成电子病历和健康档案，实现客户健康状况的"数字化"，精准地评估客户的健康风险状况，并将风险状况作为保险产品定价的依据，有助于打破传统的健康保险产品定价模式。

在基于可穿戴式设备的差异化定价模式下，高风险客户适用的保险费率要高于低风险客户，而两类客户享受的保险服务则是相同的，有利于吸引更多面临同样风险的客户，随着客户数量的增加，保险平均费率必然会持续下降、健康保险产品和服务创新将不断出现，客户群体必将集体获益，从而形成健康保险发展的良性循环。

（四）可穿戴式设备将助力保险业实现精准营销

随着大数据技术在保险业的深入运用，可穿戴式设备采集的数据将成为保险公司制定精准营销策略的重要依据。通过可穿戴设备采集到的健康状况、环境状况、运动状况等数据，结合客户注册可穿戴式设备时提供的个人信息，保险公司可以预测客户保险需求，挖掘客户"痛点"，在合适的时间通过合适的渠道将合适的保险产品向客户推送合适的健康保险产品。

（五）可穿戴式设备将为风险减量管理手段提供依据

如前所述，可穿戴式设备的发展有助于创新健康管理模式，能够实现实时监测患者的健康状况、示警提示等重要功能。一旦客户特定行为导致其身体健康指标出现异常时，可穿戴式设备能及时向客户发出示警信息，对影响客户身体健康状况的特定行为进行纠正和干预，引导客户避免再次出现类似行为，培养健康的生活方式，从根本上降低客户风险水平。此外，包含定位功能的可穿戴式设备，会自动提醒客户所在区域可能存在的潜在风险，及时发布预警信息，实现危机前置管理，避免潜在风险转化为事故，有效做到风险减量管理。

（六）可穿戴式设备的应用将有助于提升客户体验

第一，整合可穿戴式设备、呼叫中心、急救中心、医疗机构的远程健康管理平台，可以直接调阅客户个人电子健康档案，向客户提供一站式医疗与健康管理服务；第二，通过实时更新的电子健康档案，一旦发现异常指标，则直接将相关信息转入在线专家库，专家将通过视频、音频等方式直接与客户连线，进行"一对一"的诊断及后续治疗，为客户节省就诊成本；第三，保险公司可以根据可穿戴式设备采集的客户健康数据，及时向其推送个性化、定制化的健康保险产品，有效增强客户购买体验；第四，可穿戴式设备风险减量管理的功能，能够激励客户培养健康习惯，达成健康目标，改善其健康状况，实现真正意义上的"健康管理"。

三、车联网在保险业的应用

车联网的概念来自于物联网，是物联网技术在汽车行业的应用。车联网是由车辆位置、速度和路线等信息构成的巨大交互网络，能够实现车与车、车与路、车与人之间的无线通信和信息交换。自 2008 年车联网概念被提出以来，在以大数据为代表的互联网新兴技术的推动下，我国车联网应用将进入发展的快车道。2005 年至 2015 年，我国车联网用户数已从 5 万增长至 1300 万，预计在2020 年将超过 5000 万，约占汽车用户总数的 10%；车联网市场规模预计将达到2000 亿元人民币，相关保险产品带来的收益保守估计将突破 200 亿元。车联网的应用不仅改变着传统的汽车行业，也将深刻影响保险业，它将变革车险定价模式，促进风险管理与保险服务的提升，助力社会管理，全面推动保险业的升级。

（一）车联网的应用将推动车险定价模式变革

首先，车险定价受机动车本身规格的影响，车辆的使用用途、大小会直接决定"机动车交通事故责任强制保险"；其次，机动车保险费也会受到车主的影响。比如，车主在上一年度中未出现交通违章情况，在第二年购买"机动车交通事故责任强制保险"时可以享受 10% 的优惠；如果连续三年无不良驾驶记录，在购买"机动车交通事故责任强制保险"时可以享受 30% 的优惠；而如果车主在上一年有酒驾记录的情况，在第二年购买"机动车交通事故责任强制保险"时，保费将最高上涨至上一年的 160%。

在传统定价模式下，车辆实际驾驶情况，诸如年度驾驶里程、百公里内急加速/急刹车次数、行驶速度、经常行驶的路段等信息并未成为决定车险定价的影响因素。在车辆实际行驶过程中，车辆驾驶环境对车辆风险产生重要影响，经常在夜间行车，或在山区、城市拥挤路段行驶的车辆所面临风险偏大；驾驶者的驾驶习惯亦是影响车险产品价格的重要因素，驾驶习惯良好的驾驶者所面临的风险明显偏小。对于相同车型和使用用途，但风险状况不同的机动车适用同样的费率显然有失公平，从某种程度上分析，低风险客户实质上替高风险客户承担了部分保费。

车联网推动的定价模式变革包括数据基础的变革、定价依据的创新以及定价频率的提升等。基于车联网技术，车险产品将不再仅仅依靠少数几个数据来定价，而是在多维度、高精度的海量数据基础上，利用大数据分析技术进行精准定价；车险产品也将不再仅仅依靠历史数据定价，而是根据实时更新的数据定价；车险产品定价频率将改变过去以年为单位的计算模式，实现以日、甚至是以单次行程为单位的微分化定价模式。目前，车联网推动的保险业定价模式变革已经进入应用阶段。美国前进保险公司已经开发出基于汽车诊断系统（On‒Board Diagnostics，OBD）的驾驶者行为保险产品（Usage Based Insurance，UBI）。前进保险公司推出的汽车保险产品 Snapshot 计划，向申请使用该计划的用户寄送一个 OBD 设备，对驾驶者进行为期 30 天的测试，记载其车速、行车日期、里程、加速和刹车行为等数据。前进保险公司对上述数据进行分析，对驾驶者的潜在驾驶风险进行综合评估，并结合车型、事故记载等传统因素，通过模型制定不同的保险费率，提升车险定价的科学性和公平性，为客户提供更多选择，使低风险客户可能获得更加低廉的费率，增强车险产品的竞争力。

（二）车联网的应用将有利于保险公司进行风险减量管理

通过 OBD 设备可以实时采集车辆状况、行驶路段、驾驶里程、百公里内急加速/急刹车次数、行驶速度等数据，通过大数据分析技术可以使保险公司掌握驾驶者驾驶习惯，通过实时监控、报警提醒等功能，一旦客户发生危险驾驶行为，能够立即报警，从而对危险驾驶行为进行干预和纠正，并能够通过费率杠杆正向引导客户进行安全驾驶，从本质上减少客户风险。此外，车联网还可通过检测车辆安全状况、发布灾害预警等手段，对风险进行预报，避免事故的发生，实现风险减量管理。

（三）车联网技术的应用将提升保险业整体风险管理水平

车联网技术将全面提升保险公司的风险管理水平。在承保、定价环节，借助车联网技术，能够更加有效地进行风险识别与风险评估，从而提升保险公司的风险选择能力。在防灾防损环节，借助车联网技术参与客户风险管理，进行有效的灾前预防，减少风险事故发生。在救援、理赔环节，通过车联网的实时监控与定位，在车辆发生事故的第一时间能够获取车辆的位置信息，启动救援工作，最大程度减少事故损失。

（四）车联网技术有助于降低减少保险欺诈风险

据统计，每年车险骗赔金额约占理赔总金额的 20% 左右，个别地区或公司甚至能达到 1/3 左右。保险欺诈发生的原因主要是保险公司对保险事故信息掌握不全面，从而导致了被保险人有机会夸大保险损失甚至故意制造保险事故。因此，全面、真实地获取数据是解决保险欺诈的关键。车联网技术的应用，能够从本质上改善保险公司与投保人之间的信息不对称，改善保险公司所处的信息劣势地位。通过事故发生前的轨迹回放、数据分析，可重构、还原保险事故出险现场信息，增强保险公司对保险欺诈的识别能力。

（五）车联网技术将助力保险公司创新服务内涵

首先，车联网的应用将增加保险公司与客户的接触点，丰富保险服务内容。在传统的车险模式下，保险公司和客户之间是"弱联接"，只在购买车险产品、发生事故理赔时才发生"联接"，客户才有机会享受到保险公司提供的服务。一般而言，不发生事故或发生事故次数较少的优质客户反比经常出险、频繁理赔的客户享受的服务少。通过提供车联网及后续服务，保险公司将增加与客户的接触点和接触频率，形成两者之间的"强联接"关系，深入了解客户需求，并有针对性地向客户提供个性化增值服务，提升客户体验，进而提升客户服务能力。其次，通过车联网可以有效整合保险线下服务资源，扩展保险服务外延。保险公司掌握大量客户信息，车辆承保理赔、车辆损失等信息，以及汽车维修、救援服务等数据与服务资源。通过车联网，保险公司可以构建以车险为核心、以车险生态环境为基础的车联网服务体系，充分利用拥有的第三方供应商体系，整合服务资源，向客户提供基于汽车使用生命周期和相关产业的增值服务，延伸保险的服务功能，进一步提升保险公司的竞争力。

第九章　金融科技与市场基础设施

第一节　智能合约

智能合约实际上就是按照既定合约条款，当触发某些特定条件时，能够自动执行的计算机程序。早在 1993 年，数字合约和数字货币专家尼克·萨博（Nick Szabo）就提出了智能合约的概念，但受困于当时数字金融系统无法满足可编程交易的需要，智能合约在金融体系中未得到实质性的应用。目前随着金融科技的飞速进步，区块链等技术的出现为智能合约从虚拟转化为现实提供了可能。智能合约是区块链技术的重要应用，是所有区块链参与者达成的共识。基于区块链"去中心化"及数据不可篡改的特点，智能合约实现了整个交易流程的透明和可追踪，并可避免恶意行为对正常执行合约的干扰。从某种程度上可以说，智能合约是区块链技术发展的最终形态之一，具有极高的整合度。2016 年 10 月，澳洲联邦银行、富国银行及博瑞棉花有限公司进行了首例结合智能合约的银行间贸易事务。

以智能合约在网络借贷中的应用为例，可以看出智能合约对推动互联网金融的健康稳健发展的重要作用。

首先，智能合约构成了对平台经营行为的约束。智能合约能够杜绝平台搞资金池、非法集资、非法吸存、发布虚假标的、自融自保、承诺本息等违规经营行为。区块链上的交易信息都是公开透明的、可追溯的，虚假标的将无法形成"共识"，交易将不被认可。出借人的资金可以附加一串代码，当符合出借人预先设定的投资偏好时，则自动执行交易，将资金直接划转到贷款人账户，平台将无法再接触出借人资金，也没有必要提供增信、担保、承诺本息，将严格按照信息中介定位开展经营活动。

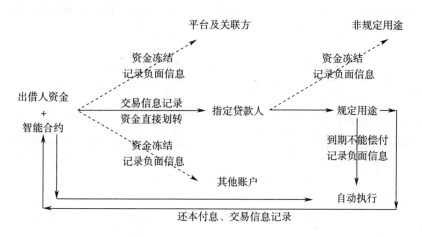

图 9－1　基于智能合约的 P2P 网络借贷

其次，智能合约能够降低贷款人违约风险。当贷款人收到贷款时，则意味着事先公布的所有信息都已经成为智能合约的要件，智能合约能够确保贷款只能被认定的贷款人用于规定用途，也能对贷款人使用资金的过程进行跟踪监控，违约行为难以付诸实现。

最后，智能合约能提高执行力，保障出借人权益。出借人的贷款决策是基于贷款人在平台上公布的贷款金额、信用状况、资金用途等信息做出的，任何改变贷款用途的行为对出借人都意味着风险，智能合约降低违约风险则意味着对借款人权益的保护；当一笔贷款确实出现到期无法偿本付息的情况时，智能合约可以自动强制执行，对贷款人抵押物进行及时处置，弥补出借人的资金损失。

第二节　金融大数据

对于"大数据"（Big data），不同机构的定义不尽一致，著名信息技术研究机构 Gartner 认为"大数据"是需要新处理模式才能具有更强的决策力、洞察发现力和流程优化能力来适应海量、高增长率和多样化的信息资产；麦肯锡全球研究所认为："大数据"是一种规模大到在获取、存储、管理、分析方面大大超出了传统数据库软件工具能力范围的数据集合，具有海量的数据规模、快速的数据流转、多样的数据类型和价值密度低四大特征。

表 9-1 我国促进大数据发展的若干政策措施

发布时间	发布部委	政策名称	内 容
2012 年 7 月	国务院	《"十二五"国家战略性新兴产业发展规划》	明确提出支持海量数据存储、处理技术的研发和产业化。
2015 年 1 月	国务院	《关于促进云计算创新发展培育信息产业新业态的意见》	充分运用云计算的大数据处理能力，带动相关安全技术和服务发展；加强大数据开发与利用，充分发挥大数据在智慧城市建设中的服务支撑作用；到 2020 年，大数据挖掘分析能力显著提升。
2015 年 3 月	国务院	制定"互联网＋"行动规划	推动互联网、云计算、大数据、物联网等与现代制造业结合，促进电子商务、工业互联网和互联网金融健康发展。
2015 年 7 月	国务院	《国务院关于积极推进"互联网＋"行动的指导意见》	鼓励各金融机构利用云计算、移动互联网、大数据等技术手段，加快金融产品和服务创新，在更广泛地区提供便利的存贷款、支付结算、信用中介平台等金融服务，拓宽普惠金融服务范围，为实体经济发展提供有效支撑；利用大数据发展市场化个人征信业务，加快网络征信和信用评价体系建设；研究出台国家大数据战略，显著提升国家大数据掌控能力。
2015 年 7 月	国务院	《关于运用大数据加强对市场主体服务和监管的若干意见》	要求运用大数据加强对市场主体服务和监管，明确时间表；支持和推动金融信息服务企业积极运用大数据技术开发新产品，切实维护国家金融信息安全；落实和完善支持大数据产业发展的财税、金融、产业、人才等政策，推动大数据产业加快发展。

续表

发布时间	发布部委	政策名称	内容
2015 年 8 月	国务院	《促进大数据发展行动纲要》	要求健全大数据市场发展机制；引导培育大数据交易市场；加快建立大数据市场交易标准体系。
2015 年 10 月	工信部	制定《大数据产业"十三五"发展规划》	支持大数据技术和产业创新发展，在大数据资源共享、大数据交易、大数据安全、大数据标准、大数据行业应用等领域展开专题研究。
2015 年 11 月	中共中央	《中共中央关于制定国民经济和社会发展第十三个五年规划的建议》	实施国家大数据战略，推进数据资源开放共享。
2016 年 1 月	发改委	《关于组织实施促进大数据发展重大工程的通知》	将重点支持大数据示范应用、共享开放、基础设施统筹发展，以及数据要素流通。
2016 年 3 月	工信部	《加强信息共享促进产融合作行动方案》	充分利用大数据、云计算等信息技术手段，依托各地工业和信息化系统，建立产融信息对接服务平台。
2016 年 4 月	发改委	《促进大数据发展三年工作方案（2016—2018）》	推动工业大数据、互联网与制造业的融合发展；建立完善大数据管理机制，加强相关法律法规和标准体系建设，强化数据安全保障。
2016 年 7 月	银监会	《中国银行业信息科技"十三五"发展规划监管指导意见（征求意见稿）》	推进大数据应用，全面提升数据治理和数据服务能力。

　　2015 年 8 月，国务院《促进大数据发展行动纲要》的通知中，将大数据定义为"以容量大、类型多、存取速度快、应用价值高为主要特征的数据集合，正快速发展为对数量巨大、来源分散、格式多样的数据进行采集、存储和关联分析，从中发现新知识、创造新价值、提升新能力的新一代信息技术和服务业

态。"近年来，我国鼓励大数据发展的政策集中出台，从 2015 年 8 月的促进大数据发展的第一份权威性、系统性文件《促进大数据发展行动纲要》到 2015 年 11 月首次提出推行国家大数据战略的《中共中央关于制定国民经济和社会发展第十三个五年规划的建议》，再到 2017 年 1 月出台的《大数据产业发展规划（2016—2020 年）》，均显示中国希望能促进大数据快速发展的决心。

根据贵阳大数据交易所统计，2016 年全球大数据产业市场规模将达到 2091 亿美元，同比增长 49.04%；预计到 2020 年，全球大数据产业有望达到万亿美元的市场规模。而作为目前大数据领域应用最广泛、成果落地最多的大数据金融，其发展非常迅速。2015 年，我国大数据市场规模已经达到 102 亿元，2017 年则有望达到 170 亿元，其中 37% 的需求来自于金融行业。很多银行、保险公司及证券公司已积极参与大数据技术的开发应用，基于大数据的产品不断推出，包括风险管控系统、精准营销系统、投资分析系统等。

大数据金融，则是指利用大数据技术，将海量数据通过互联网、云计算等信息化方式加以处理，结合传统金融业务，开展资金融通，创新金融服务方式。在实际中，虽然传统金融机构沉淀了很多支付流水数据，但是由于各部门业务分割导致很多大数据未得到充分有效利用。但随着越来越多的互联网企业基于其掌握的技术和用户资源，成为开展大数据金融业务的领头羊，受此影响，传统金融机构也开始加大对内部数据的整合力度，开始利用大数据技术拓展业务并开展个性化金融服务。目前由互联网企业推出的大数据金融业务主要有两种模式：主要包括以阿里金融为代表的平台金融模式和以京东金融为代表的供应链金融模式。

一、平台金融模式

平台金融模式是指平台企业利用自身掌握的大数据，通过互联网、云计算等信息处理方式对数据进行专业挖掘，再与传统金融服务相结合，为平台企业提供企业的融通、结算等服务。平台金融模式依赖自身的交易平台，以及在交易过程中产生的数据，这些数据是平台挖掘客户需求、分析和了解客户、为客户提供金融服务的根基。金融是经营风险的活动，信用评估是控制风险的核心。

在平台金融模式中，平台方通过对交易数据进行数据挖掘，能快速进行信用评价、提供授信服务，并且基于大数据的信用评估比传统方法更精确，能有效解决风险控制的问题，降低坏账率。

阿里金融利用自身掌握的众多商户经营活动中的大数据，通过其庞大的云计算能力及数十位优秀建模团队的多种模型，实时核定阿里集团的商户、店主的信用额度，发放无抵押的信用贷款及应收账款抵押贷款，单笔金额在 5 万元以内。依托电商平台、支付宝和阿里云，实现客户、资金和信息的封闭运行，阿里金融有效降低了风险因素，同时真正做到了一分钟放贷。

专栏 9 - 1　芝麻信用与大数据征信

芝麻信用是蚂蚁金服集团旗下的子公司。阿里巴巴集团和蚂蚁金服集团本身积累的数据是芝麻信用的一大优势，这些数据包括阿里巴巴的电商交易数据和蚂蚁金服的互联网金融数据。除了自身数据外，芝麻信用还有大量的外部数据，如政府公共部门的数据、合作企业的数据（主要指婚恋网站、酒店等生活场景中的商家）、合作金融机构的数据（目前主要是北京银行和少数P2P 公司）等。目前，芝麻信用的产品主要有：芝麻信用分、芝麻认证、风险名单等产品。其中的芝麻信用分，从 350 分到 950 分，分数越高代表信用程度越好。

二、供应链金融模式

供应链金融模式指供应链条中的核心企业依托自己的产业优势地位，通过对上下游企业的现金流、订单、购销流水等大数据的掌控，利用自有资金或者与金融机构合作，对上下游合作企业提供金融服务。供应链金融模式最早起源于 19 世纪的荷兰并于 20 世纪末期逐渐成熟。供应链金融的起因是由于在一个完整的供应链条中，处于各个节点的企业资金状况良莠不齐，某个节点的资金匮乏可能会影响整个供应链条的效率。依托于一个实力雄厚的核心企业，为整个供应链参与者提供金融支持和服务，能满足了产业链的协调发展。传统的供应链金融只针对某个特定产业的产业链条，现代供应链金融依托互联网、大数据技术，能够涵盖的范围更加广泛。京东是国内供应链金融的典型代表。

京东以自己掌握的各个类别、各个行业、各个地域关联企业的海量交易数据为基础，通过数据挖掘评价企业信用、资金运用状况，以未来收益的现金流作为担保，获得银行授信，为供货商提供金融支持和服务。在京东的供应链金融模式中，京东与银行和供应商实现了双向绑定。供应商必须与京东长期合作，才能有长久的支付、物流业务，才能有京东的授信服务，才能获得贷款，而银行业要实现对企业快速、精准的信用评价，也得依赖京东的大数据。京东通过与供应商和银行的两头合作，整合了物流、信息流、资金流，实现了三方共赢。

第三节　金融云

云计算是基于互联网的相关服务的增加、使用和交付模式，通常涉及通过互联网来提供动态易扩展且经常是虚拟化的资源。"云"是网络、互联网的一种比喻说法。过去在图中往往用云来表示电信网，后来也用来表示互联网和底层基础设施的抽象。美国国家标准与技术研究院（NIST）对云计算的定义是：云计算是一种按使用量付费的模式，这种模式提供可用的、便捷的、按需的网络访问，进入可配置的计算资源共享池（资源包括网络，服务器，存储，应用软件，服务），这些资源能够被快速提供，只需投入很少的管理工作，或与服务供应商进行很少的交互。云计算拥有每秒高达 10 万亿次的运算能力，可以模拟核爆炸、预测气候变化和市场发展趋势等。

金融云，是指面向金融机构（银行、证券、保险、信托、基金、金融租赁、互联网金融等）的业务量身定制的集互联网、行业解决方案、弹性 IT 资源为一体的云计算服务。它利用云计算的一些运算和服务优势，将金融业的数据、客户、流程、服务及价值通过数据中心、客户端等技术手段分散到"云"中，以改善系统体验，提升运算能力、重组数据价值，为客户提供更高水平的金融服务，并同时达到降低运行成本的目的。

2008 年国际金融危机以来，云计算在金融业得以广泛运用。为应对经济环境和市场的不断变化，尤其是很多电子商务公司和 IT 公司对传统金融业务的冲击，传统金融机构也开始利用新的金融科技帮助进行金融业务创新、提升金融服务水平等。许多金融机构已经开始对云计算技术、业务以及战略进行多方面的探索。中桥国际对金融行业的调研结果表明：15.5% 的金融企业已经有部分业务部署于云计算上，接近 40% 的企业计划在未来一年内"上云"。金融业上云，不仅能充分利用云计算平台的超强计算能力，节省服务器等硬件资源的一次性投入成本和 IT 运维人员的投入费用。更重要的是，上云后的业务系统可以更为高效的利用互联网上的各种云服务资源。通过将高成本、非核心的外围系统或者同质化的基础金融服务借助互联网实现业务外包，使自己专注于核心金融业务持续创新以及运营管理。

但同时，金融云发展的重要风险点就在于其安全性和稳定性。中桥国际的调研发现，金融行业选择 IT 基础设施非常谨慎，43.1% 的被受访企业首先考虑云计算能否做到安全稳定。这是因为与绝大多数行业不同，信息安全和隐私保护是金融业的重要命脉，而且由于金融业对国计民生的重要作用，对此方面的监管要求也一向很严格。因此，简单的云计算平台难以满足金融业发展的需要，只有能够为金融行业提出一个完善的——包括高安全性、高稳定性、高可用性等特性在内的一套完整的解决方案，才能充分应对各种金融业务的挑战，帮助金融行业真正实现互联网化创新。

专栏 9 – 2　阿里金融云

2013 年 11 月 27 日，阿里云宣布将整合阿里巴巴集团旗下各方面资源推出阿里金融云服务。该服务在阿里云内部被称为"聚宝盆"项目。金融云服务旨在为银行、基金、保险等金融机构提供 IT 资源和互联网运维服务，同时还为这些机构提供支付宝的标准接口和沙箱环境，让金融机构能够更好的开展互联网业务。

　　2016 年 10 月 13 日，阿里宣布升级金融云战略，通过全面整合蚂蚁金服、阿里巴巴积累十余年的金融科技与服务能力，实现阿里金融云在基础技术、金融核心服务组件和场景连接能力的三大升级，未来服务全球 5 万家金融机构。通过连接蚂蚁金服的生态能量，阿里金融云将升级为包括云计算、人工智能、安全、信用支付、金融生态于一体的强大金融云服务。同时，借助蚂蚁金服国际化的技术实力，阿里金融云将具备强大的国际拓展能力。

　　阿里金融云由阿里云和蚂蚁金服共同发起，是按照金融监管要求打造的云平台。其底层是一整套面向金融客户的独立金融云集群，采用了自主研发的飞天操作系统。过去数年间，阿里金融云在"双 11"、余额宝、网商银行等支付与金融实践中不断优化改进，具有性能强、安全性高等特点。目前已服务了中国银行、民生银行、银河证券、阳光保险集团、友邦保险、陆金所、红岭创投等超过 2000 家金融机构。此前，阿里金融云及蚂蚁金服研发的金融科技产品，已在蚂蚁金服内部进行了大规模的应用实践。比如，网商银行就充分利用了整合后的能力，在 6 个月的时间里即搭建出完整的银行核心系统，实现了基于大数据的互联网贷款，形成了完整的互联网银行服务能力。

第十章　金融科技发展的国际经验

近年来，云计算、大数据、物联网、智慧工程等高新技术日益发达，金融科技快速兴起，并以其平民化、接地气、低门槛、便捷性等优点，在日常生产和生活中广泛应用。随着金融与科技的相互融合，金融科技已然成为国际社会最为关注的话题，更是提高国家核心竞争力的关键所在。为此，各国纷纷布局发展，诸如美国、英国、日本以及以色列已经取得一定成效。

第一节　发达国家金融科技发展概况

一、美国金融科技发展

美国金融科技快速发展主要受益于：法规与政策的完善、充分监管与行业自律、构建较为完善的征信体系建设、通过技术创新革新风控模式、完善的科技孵化器、机构参与度越来越高以及产品与服务类型多样化。

（一）完善相关的法案与政策

美国政府立法允许包括公司退休基金、高校基金、保险公司、投资银行及部分非银行金融机构等都可以成为科技创新投资的主导力量。为保护金融科技的合法权益，美国联邦政府陆续出台了一系列专门针对金融科技行业的法案，确保金融科技主体利益不受侵害。联邦政府通过增加国家预算中的支持建立科技孵化器方面财政支出规模，以及向各类企业实行优惠税率等措施，极大鼓励金融科技企业创新，为金融科技发展构建良好生态环境。美国科技孵化器业务范围广，具有多元化的融资功能，针对不同发展阶段的企业提供不同的融资服务，其业务范围主要包括：创意、技术研发、风险投资、未来市场定位和企业管理等，从而为科技业提供了全方位的服务。科技孵化器也将天使投资、风险投资、银行机构、股票市场和债券市场有机联系起来，从而使高新技术企业快速成长，实现科技与金融的有效结合。

（二）健全金融监管与行业自律

由于人才优势和优越资本环境，形成了以技术创新为主要驱动力的金融科技业态。美国采用较为严格的功能性监管，不论金融科技以何种形态出现，抓住金融科技的金融本质，把金融科技所涉及的金融业务，按照其功能纳入现有金融监管体系。美国监管部门很多，拥有众多联邦和州监管机构，并形成了一系列严密的监管条例。针对放贷、发行票据、二级市场转让等均有不同的法案监管，形成既有联邦一层的伞形监管，又有地方州政府一层的区域监管和协调监管局面，全面规范金融科技企业经营、保护消费者合法权益。这种监管的有效性，取决于现有监管体系的成熟度。美国金融体系历史悠久，经历百年来多次金融风暴的洗礼，金融法规和监管相对成熟，有丰富的经验。对于现有法律法规无法覆盖到的金融科技新领域，政府也能及时适当调整立法。比如说，2012 年奥巴马签署了《创业企业融资法案》（Jumpstart Our Business Startups Act，简称"JOBS 法案"），填补了美国股权众筹的监管空白。

（三）日益不断完善征信体系

20 世纪初，美国就开始构建个人信用制度，这是世界上最早进行征信体系建设的国家之一。20 世纪 60 年代到 70 年代，征信行业迎来了爆发式增长。为了维持行业的持续稳健发展，政府制定了一系列的规制法案，如《公平信用报告法》《公平准确信用交易法》等。目前，美国征信体系规模已经不小，覆盖全美近 85% 的人口。其征信体系的优点主要体现在四个方面：一是全面性。征信体系涵盖了信用卡违约、社会不良记录、网络购物信息、社交信息等诸多方面，并不限于金融维度，而是切实形成多维度数据结构的社会征信体系。二是共享性。不同行业乃至不同企业之间的信用记录可以进行共享。20 世纪 80 年代，三大巨头征信公司便实现了彼此之间的数据共享，这为整个征信体系的完善奠定了基础。三是科学性。通过串联金融信用数据、消费数据及社交数据等各类数据，征信体系评级的科学性大幅提升。四是渠道多样性。征信体系的信息收集渠道涵盖了线上和线下，彼此相互促进。即便数据发生遗漏，也能通过反向促进并帮助渠道升级，从而利用新手段补足缺失的数据。

（四）技术创新革新风控模式

更先进的风控模型、更前沿的机器学习正被更多金融科技企业所使用。美国第一资本金融公司（Capital One）以信息技术为核心驱动而著称，采用"边测试边学习"策略，向客户推送差异化产品，并基于产品接受度、转化率、坏账率等大量数据对利润贡献最高的客户，实行差异化定价，从而牢牢抓住了优质客户，迅速扩大规模。花旗银行把电子银行的安全认证工具，从物理的 etoken 更新为内置在手机上的一个应用软件，大大降低了机具的投入费用开支、又如银行根据客户的信用卡消费记录，挖掘客户的生命周期，并主动推动消费分期的消费金融服务，在网银的页面上开展类似 PowerBall（彩票）让客户参与博手气的营销活动，以增加银行服务的趣味性，从而达到了提升客户体验，防控客户风险，提高客户忠诚度的目的。除了在银行内部开展互联网新技术创新，提高服务效率，降低运营成本外，网贷投资也是一个技术创新革新风控模式的典范。早期网贷投资以个人为主，随着行业逐步成熟，机构投资比例趋高。网贷二级市场、网贷基金、网贷工具供应商等其他生态逐渐崛起，网贷产品渐成为主流投资标的，越来越多的资产管理公司将其纳入配置范畴，其隶属类别也由"另类投资"过渡到"固定收益类"。这背后的一个关键因素是，通过资产端技术创新，网贷平台实现了精准风险定价，整体风险可控，回报稳定且相对丰厚。

二、英国金融科技发展

英国伦敦致力于打造世界金融中心，在金融科技监管上也推陈出新、不留余力。英国金融行为监管局（Financial Conduct Authority，FCA）开展了一项金融"创新工程（Project Innovate）"，旨在促进金融创新。2015 年 11 月，英国金融行为监管局开创性提出对金融科技实施"监管沙盒"（regulatory sandbox）项目，并在 2016 年 5 月正式推出。

（一）政府积极支持金融科技发展

近年来，英国金融科技产业快速发展，截至 2014 年末，英国 Fintech 产业规模已达 200 亿英镑，伦敦金融城内从事金融科技类服务的人数超过 4 万人。英国政府认识到金融科技产业对投资和经济增长的重要作用，专设机构支持金融科技 Fintech 发展，并在税收和投资方面给予初创企业适当优惠，尤其提出英国金融监管环境要有助于促进金融科技行业创新，支持初创企业发展。同时，政府对金融科技发展提供一些措施予以支持。政府每年用于采购的财政支出占 GDP 的 10% 以上，采购信息于每年年初公布于政府公开信息的官方网站上，中小企业采取竞标的方式，针对有满足需求的高科技企业，政府便与其达成协议，以协议的条件进行采购，给初创期的科技创新企业提供了良好的经营环境和发展机会。另一方面，政府提供科技担保。2009 年，英国政府提出企业融资担保计划（EFG），为具有轻资产特点的科技型中小企业进行融资担保，营业额在 2500 万英镑以上的企业在政府担保的前提下，可贷款 1000 英镑到 100 万英镑不等。到 2011 年，EFG 为小企业提供银行担保贷款额度达到 7 亿英镑；个人及法人组织根据其投资于社区金融机构的资金多少，有不同额度的税收减免，从投资之日起四年内每年减免 5%，对于逾期未支付贷款的科技企业，有权获得商贷利息作为补偿。

（二）监管部门尝试建立"监管实验区"

监管沙盒以实验方式，创造出一个"安全区域"（safe place），适当放松参与实验的创新产品和服务的监管约束，激发创新活力，同时对筛选过的产品、服务和商业模型进行隔离环境下的检测和评估，最终投入市场运行。英国金融行为监管局公布企业的规模、产品是否具有创新性、创新的产品或服务能否促进消费者福利的提升等筛选标准，对拟参与监管沙盒的企业进行筛选。根据拟参与企业测试的创新产品和服务选取合适的消费者，并要求拟参与企业设定消费者保护计划，包括适当的赔偿等。在筛选条件合格的前提下，英国金融行为监管局允许参与实验的企业向客户推出创新产品和服务，测试期一般为 3~6 个月。英国金融行为监管局将根据测试的结果进行监管政策的制定或完善，在促进金融科技等新兴业态发展同时，防范金融风险。

（三）明确的金融科技监管思路框架

通过监管沙盒机制，监管机构一改以往被动、滞后的形象，主动积极地参与到金融科技的发展中。这样不仅为金融科技公司缩短创新周期、节省合规成本提供了重要帮助，同时也让监管机构从一开始就能监控和引导金融科技的潜在风险，让把系统风险扼杀在萌芽中，而不是事后亡羊补牢。通过早期的介入，英国监管机构能及时调整法律法规并引导金融科技的发展方向，在稳定和发展两大主题中做到完美的平衡。政府监管思路和框架更为明确，一是充分认识金融科技等新兴业态对促进经济增长、拉动就业等方面的作用，在风险可控的前提下，鼓励其发展。二是逐步完善互联网金融的监管框架，适当借鉴其他国家在监管创新方面的经验。三是积极参与金融科技等新兴业态国际监管规则的制定，为互联网金融健康发展的提供有利的监管环境。

三、日本金融科技发展

日本政策性金融体系中直接为中小企业提供金融服务的政策性金融机构为有国民生活金融公库、中小企业金融公库、商工组中央金库和中小企业综合事业集团等大型金融机构，其中有多家政策性金融机构直接或间接涉及中小企业发展。随着金融科技的巨大潜力日益显现，日本政府也逐渐意识到其重要性，采取多项措施加快金融科技发展步伐。通过对日本金融科技发展历程的梳理，日本金融科技快速发展主要受益于：健全的法律保障、专门的金融厅和监管机构、专门的机构和组织、专门实施数字货币立法等。

（一）健全的法律保障体系

早在 1953 年，日本政府就颁布了《信用保证协会法》。随后，日本政府还颁布了《信用保证协会法施行令》《信用保证协会法施行规则》等法律规范。1999 年成立了中小企业综合事业团，将中小企业信用保险公库并入其中。2000 年设立了特别公司债保险，鼓励投资者将资金投向担保机构，畅通了中小企业信用担保体系的资金来源渠道。在 2015 年 5 月 25 日最新通过了一部金融科技立法，把银行法、相关的结算法、有关数字货币的一些条款，都进行了修改。同年 7 月份又成立了一个小组，专门研究清结算金融科技的推进工作。日本叫资金结算法，但是也在应对金融科技的过程当中也需要进一步的修改。2015 年 5 月修正的《金融产品交易法》，让初创公司获得了股权众筹的机会。

（二）专门的金融厅和监管机构

日本金融厅明确把金融科技的监管发展作为最高的战略。在日本，银行的监管很严格，银行不能随意去投资金融科技企业，通过最近的一个立法（日本法律的这一改变将会允许银行 100% 全额购买非金融企业股份，可以在包含智能投顾和区块链在内的金融科技服务领域展开深入合作），放开了银行对于金融科技企业的投资。日本将允许银行收购非金融企业全部的股权，让日本三大超级银行得以与金融科技初创企业建立合作关系，以开发包括机器人投资咨询和区块链在内的服务和技术，为金融科技带来巨大的发展契机。此外，在非金融机构管理方面，日本当前的法律支持非银行机构自由经营金融服务牌照，诸如电子巨商 Rakuten 和 Sony 等互联网公司已经开始实施此项业务，像丰田类的大公司也有自己的金融分支机构。

（三）专门的机构和组织

应对有关金融科技的一些来自民间的、国际的交流互动，包括在支付、清算、结算领域，更加快了金融科技相关的一些区块链技术的推进工作。从 2015 年 5 月到 2016 年 7 月，成立了很多有关的研究小组，推进金融科技的一些立法、监管工作，形成了一个全社会高度关注的状态。允许银行控股公司和银行对于相关金融科技企业进行投资的立法的汇报。只要银行本身的财务状况没有不良影响的话，放开银行对金融科技的投资，包括清结算方面，加强了金融市场基础设施的推进工作。

（四）专门实施数字货币立法

2016 年 2 月，日本议会提交了关于准许使用比特币作为官方货币的提案，这是日本启动金融科技革命的第一步，并使日本成为第一批在国家层面上管控比特币的国家。日本实施数字货币立法主要有两个目的。一个是针对反洗钱，另一个是针对投资者保护。

除此之外，日本金融科技其他领域也有一些变化。2016 年 4 月份，日本实施银行 API 接口的试点计划，即 NTT 数据公司开通网上银行 API 与一些互联网初创公司合作，如账户服务公司 Freee 和 Money Forward 以及日本大型银行 Shizuoka Ginko，这都会极大地促进金融科技业务发展。

四、以色列金融科技发展

随着以色列专业知识和技术的应用、初创企业的快速发展以及金融科技企业日益增强的联系，这个信息高度互联的国家已存在一套完整的基础设施，科技企业能够在其中轻松提供绝大部分金融服务，导致金融科技领域有着巨大的发展潜力。以色列当前大约有 200 家金融科技公司，涵盖领域包括资讯安全、财务金融、移动创新等，其中资讯安全是以色列的强项。据以色列国家网络局介绍，以色列目前占据全球网络安全技术市场 10% 的市场占有率，2014 年以色列的网络安全软件销售额就达到了 600 亿美元。这主要由于以色列已经开发出了一个强大的金融科技生态系统，为金融科技发展提供了强有力保障。

（一）相关核心技术的掌握

以色列是世界上技术最先进的国家之一。以色列在科技领域积淀了大量经验与知识，这与金融科技的相关性越来越强。金融科技更加个性化、人性化和移动化，能够让无法获得足够金融服务的人群接触到它。这些技术包括专业实时分析、算法、大数据、风险管理、反欺诈和安全。以色列的企业家熟知如何借助网络进行消费者营销，并加上复杂的风险评分算法来解决 P2P 和中小企业的贷款需求，这种营销方式源于游戏和广告技术领域。像 eLoan，Blender，FundBox，eZbob，BlueVine 和 Behalf 这些公司最近吸引了大量风险资本。

（二）独特的创业国度

以色列有着鲜明的创业特色和创业生态系统，有大量关于全球金融科技行业的知识积淀和商业实践。例如，如防欺诈领域的 Actimize，金融交易解决方案领域的 FundTech，销售点领域的 Retalix，网络犯罪预防领域的 Trusteer 和保险领域的 Sapiens。因此，以色列国内创业企业对于全球金融科技行业的要求和行业惯例有雄厚的知识基础。在成功的金融科技公司成长和培养出来的企业家和高管，可以获得进入该领域的足够专业技能，进行第一次创业，他们在第一次创业成功后，现在专注于金融科技领域的二次创业。以色列金融科技这个行业的生态系统也受益于越来越多的二次创业者。例如 David Sosna 和 David Govrin 成立了 Actimize 公司（全球领先的金融犯罪、风险和合规解决方案提供商，在 2007 年被 NICE 系统公司收购），然后又创立了 Personetics 公司（为消费金融行业提供在线个性化指导解决方案）；Yuval Tal 之前成立了 Borderfree（在纳斯达克上市的全球性电商企业，最近被 Pitney Bowes 收购），后又创办了 Payoneer（一个跨国电商支付平台）；Illit Geller，曾经是 Traiana 业务部门的首席副总裁（Traiana 作为交易后解决方案提供商和风险管控公司，在 2007 年被 ICAP 收购），现在成立了 TradAir（金融机构前端交易解决方案提供商）；Reuven Ben Menachem 曾经工作于 Mint Systems，现在成立了 FundTech，FundTech 是以色列目前为止最为成功的金融科技公司，在上市之后，被 D + H 以 12 亿美元的价格收购。

（三）金融监管与科技创新的平衡

金融科技行业发展所需的金融监管不应过度严格，可激发创新。金融科技领域企业的快速发展以及比特币的采用就是证据，其中以色列非常欢迎比特币的使用。以色列比特币用户不断以指数级数量增长，在很大程度上是因为提供网络货币相关服务的新兴初创企业丰富多样。此外，以色列的金融机构为本土创新构建了强大的"测试基地"，并加大投资建立自己高度专业化的创新部门，同时还有许多金融机构也涉足了金融企业加速器领域。例如，Leumi 银行联手创投基金 Elevator，Hapoalim 银行加入微软创投孵化器等。

（四）吸引全球机构和人才的汇聚

首先，吸引国际顶尖人才的回归。有成千上万的以色列人工作在华尔街、伦敦等城市，他们走在科技与商业的前沿，其中很多人已经带着对行业的深刻理解和经验返回以色列工作，这促进了以色列本土人才的综合发展。其次，吸引全球金融机构布局。引导许多全球领先的金融机构在以色列设立常驻机构，或者建立研发中心或加速器。例如，巴克莱银行和花旗集团在以色列都有大型研发中心，Visa 公司最近也宣布了其"Visa 欧洲合作"计划；金融行业的其他领先企业，如 SunGard、PayPal、Intuit 和 RSA 也逐步在以色列建立研发中心；中国平安（中国领先的金融服务集团）就投资了 Carmel 和 Payoneer（Carmel 创投投资的公司）以及 eToro；Santander 风投则投资了 MyCheck。

总的来说，对技术的掌握、对传统的沿袭、对成功经验的复制、对创新的支持，这些都促使以色列金融科技行业持续增长，吸引了越来越多的企业家和海外投资者的投资基金。例如 2014 年，FundBox 在两轮融资完成后成功募集到9000 万美元，Payoneer 也收获到差不多相同金额的融资，而 eToro 也完成融资4000 万美元。这些都为以色列金融科技公司投资额的增长作出了巨大贡献，实现以色列 2014 年金融科技投资额占到总投资额的 12%。

第二节　金融科技发展的国际经验

发达国家市场经济经历了长期发展，积累了大量金融科技的运作经验，各国政府依据各自国情，依托自身优势，建立了各具特色、层次分明、行之有效的金融科技结合机制，对我国推进金融科技发展具有较大的借鉴意义。

一、完善健全监管框架

无论如何定义金融科技，根据业务本质对其中的相关金融行为进行监管，已成为一个国际共识。针对金融科技发展特性与规律，是否应该重新建立一套专门的金融科技监管框架呢？发达经济体的经验是，基于现有金融监管基本原则，秉持金融监管要最大限度包容金融科技，促进其可持续发展的原则，不断完善健全现有监管框架。根据机构或功能，由现有的监管部门履行监管职责，但要厘清相关监管部门职责，完善金融监管宏观审慎监管与微观功能监管，充分利用大数据、云计算、人工智能等高新技术的金融监管科技手段，加快金融数据标准化步伐，制定并出台金融科技行业监管规则、技术标准、市场准入机制等政策体系，促进金融科技部门与监管部门之间协同合作，对放贷、发行票据、二级市场转让等不同类金融科技进行差别化监管，助力金融科技有序发展。

二、积极发展监管科技

由于金融科技创新范围较广，既可以是前端金融产品，也可以是后台金融技术。国际上，多数国家普遍采取监管科技手段，比如监管沙盒、创新中心和创新加速器等，通过创新性政策举措营造良好金融科技生态系统。随着政府支持力度的加强，监管科技知识的普及，金融机构和监管科技公司的合作将会更加紧密，监管科技公司的业务也会更加深入。借助并运用云计算、大数据等现代高新技术，加强金融科技业务风险可控性，强化可操作性，促进金融科技可持续的发展。这些监管科技手段各有特点，其中监管沙盒能够在限定的范围内，吸收受监管或不受监管的机构，简化市场准入标准和流程，允许在可控的测试环境中对金融科技的新产品或新服务进行真实或虚拟测试，保障消费者权益同时实现新业务落地运营，减少其创新金融产品的监管不确定性风险，切实承担风险监管和消费者保护职责。创新中心支持和引导被监管机构和不受监管机构，全方位深入理解金融监管框架，通过一对一式辅导支持或是大众化支持引导方式，有效识别创新所涉及到的监管事项。创新加速器就是构建监管部门或政府部门与业界协同合作机制，通过资金或政策扶持方式，加快金融科技创新发展步伐。

三、构建穿透式的监管

目前，穿透式监管在国际监管实践中处于摸索阶段，虽然尚未形成相对成熟理论与操作框架，但其思想理念已吸取了过往监管理论优点，弥补其不足。作为金融监管理论创新与发展，对所有涉及跨市场、跨行业的交叉性金融产品和业务监管方面都具有重大借鉴意义。在我国金融行业分业监管模式被沿用在金融科技领域，按照此前分类，证监会管股权众筹，银监会负责网络借贷平台，保监会管互联网保险业务，中国人民银行负责第三方支付。这种监管格局，相比金融科技创新而言，总是滞后的且存在监管盲区，随着各种金融业务的交叉、混业也给以机构监管为主的监管方式带来了极大的挑战。因此，我国金融科技监管要构建穿透式监管方式①，强化监管渗透的深度、广度和频度，防范和化解金融风险，透过互联网金融产品的表面形态看清业务实质，将资金来源、中间环节与最终投向穿透联接起来，按照"实质重于形式"的原则甄别业务性质，根据业务功能和法律属性明确监管规则。

四、拓展双边多边合作

随着国际治理深度与广度不断深入，加之金融科技创新自身具有较强的跨国界特性，发达国家都极为关注新的金融科技企业及其新体系，随着金融科技的产品与服务渗透至其他领域，纷纷加强双边合作力度，携手共同应对金融科技大发展所带来的金融监管挑战等各领域问题。例如，日本金融厅与英国金融市场行为管理局联合打造金融科技合作监管模式，为进入本国市场的对方国家金融科技企业提供监管推荐系统，在降低企业进入市场的监管不确定性评分，以及减少等候入市时间等方面给予支持。此外，协议还鼓励双方监管机构互相分享本国金融服务产业的创新思路，进一步削减相关监管力度，鼓励两国金融科技产业继续向前发展。针对金融科技大发展趋势，巴塞尔银行监管委员会（BCBS）、国际保险监督官协会（IAIS）、国际证监会组织（IOSCO）等也有不断加强合作研究的趋势，集各国金融科技资源为一体，共同研究应对金融科技发展所带来的金融发展挑战。

---

① 中国人民银行副行长潘功胜在互联网金融协会的挂牌仪式上的主旨发言。

第十一章　金融科技典型案例分析

在金融科技良好生态系统的构建中，通过政策引导，鼓励大型金融机构与金融科技公司各种形式的战略合作和融合，这是加速金融科技融合的重要手段。目前，国内外各个大型金融机构和一些交易所都在迅速地开展与金融科技公司的各种合作，包括金融机构购买金融科技公司核心技术或商业模式、以持股方式开展合作、金融机构外包一部分业务处理给金融科技公司等，形成了蚂蚁金服、拉卡拉、京东金融、智能投顾、借贷以及支付等几种典型案例。

第一节　国内典型金融科技案例

早在 2004 年，我国金融业已引入金融科技概念，而随着技术逐步渗透到金融核心业务，金融与实际生活结合越来越紧密，使得金融科技重新进入大众视野。2016 年 8 月，国务院发布《十三五国家科技创新规划》以来，促进科技金融产品和服务创新，建设国家科技金融创新中心等规划，使得金融科技产业正式成为国家政策引导方向。政府的全方位扶持，对金融科技的发展无疑是重大利好。随着互联网整体人口红利殆尽，科技的重要性在互联网金融领域得到了凸显和放大，在中国政策导向的客观推动下，金融科技不断加快步伐超前发展。在激烈的市场竞争中，蚂蚁金服、拉卡拉、京东金融、腾讯成为中国最具代表的金融科技企业，通过纵向战略完成了品牌升级和自我壮大，具备大量而细致的数据积累，且拥有强大的处理能力，都建立了具有自身特色的品牌形象。

一、蚂蚁金服

浙江蚂蚁小微金融服务集团股份有限公司（以下简称蚂蚁金服）的母公司

是浙江阿里巴巴电子商务有限公司，其前身是小微金融（筹），起始于支付宝。2014 年 10 月，蚂蚁金服正式成立，以"为世界带来微小而美好的改变"为愿景，致力于打造开放的生态系统。蚂蚁金服在成立之初，只是淘宝网的结算部门，员工只有区区几人，记账用的是简单的电子表格，但在短短十几年中，就从支付领域起步，进入金融行业，并用数据和技术改变了中国金融业的面貌。特别是依靠移动互联、大数据、云计算为基础，从成立至今，蚂蚁金服推出的产品与服务成为金融科技的重要实践。

（一）蚂蚁金服主要业务

蚂蚁金服由电商平台用户转化而来，积累了大量个人和网商的支付交易数据，运用大数据衍生价值，开展多种互联网金融服务，包括生活服务平台支付宝、智慧理财平台蚂蚁聚宝、云计算服务平台蚂蚁金融云、独立第三方信用评价体系芝麻信用以及网商银行等。另外，蚂蚁金服也与投资控股的公司及关联公司一起，在业务和服务层面通力合作，深度整合共推商业生态系统的繁荣。可以说，作为国内发展最早的互联网金融平台，蚂蚁金服旗下已经拥有支付宝、余额宝、招财宝、蚂蚁聚宝、网商银行、蚂蚁花呗、芝麻信用、蚂蚁金融云、蚂蚁达客等众多子业务板块，几乎涵盖了传统金融业所有板块，并率先成为国内金融科技企业中的独角兽。

1. 支付宝

支付宝依托互联网发起支付指令，实现消费者和商户之间的货币资金的转移。主要分为以下几步：（1）买家在网页上浏览商品并选择所需商品，填写订单并且支付货款至支付宝；（2）支付宝通知卖家发货，卖家依照订单要求向买家发货，等待买家收货确认；（3）如果买家查收商品后满意并在支付宝中确认收货，则由支付宝将货款支付给卖家，交易结束；（4）如果买家查收商品后申请退货，待买卖双方协商之后，卖家同意退货，则支付宝将货款退还买家。

2. 余额宝

余额宝是支付宝打造的余额增值服务。把钱转入余额宝即购买了由天弘基金提供的余额宝货币基金，可获得收益。余额宝内的资金还能随时用于网购支付，灵活提取。

3. 招财宝

招财宝是开放的金融信息服务平台，能够为用户提供灵活的定期理财信息服务。招财宝平台主要有两大投资品种，第一类是中小企业和个人通过本平台发布的借款产品，由金融机构或担保公司等作为增信机构提供本息兑付增信措施；第二类是由各类金融机构或已获得金融监管机构认可的机构通过本平台发布的理财产品。投资人可以根据自身的风险偏好通过本平台选择向融资人直接出借资金或购买理财产品。

4. 蚂蚁聚宝

蚂蚁聚宝是一个聚合了余额宝、招财宝、基金和股票的一站式移动理财平台，分别对应活期、定期、基金、股票等不同层次的理财需求，于 2015 年 8 月 18 日正式推出。

5. 网商银行

网商银行于 2015 年 6 月 25 日正式开业，是中国首批试点的 5 家民营银行之一，采取"小存小贷"的业务模式，以电商上的小微企业和个人为消费者客户群体，提供 20 万元以下的个人存款产品和 500 万元以下的贷款产品。

6. 蚂蚁花呗

蚂蚁花呗是由蚂蚁小贷提供给消费者"这月买、下月还"（确认收货后下月再还款）的网购服务。其中，蚂蚁小贷承担阿里巴巴集团为小微企业和网商个人创业者提供互联网化、批量化、数据化金融服务的使命。发展至今，蚂蚁小贷已相继开发出阿里信用贷款、网商贷、淘宝（天猫）信用贷款，淘宝（天猫）订单贷款等小贷产品。

7. 芝麻信用

芝麻信用是面向社会的信用服务体系，依据各方面信息，运用大数据及云计算技术客观呈现个人的信用状况，通过连接各种服务，让每个人都能体验信用所带来的价值。芝麻信用分（简称芝麻分）是公司根据当前采集的个人用户信息进行加工、整理、计算后得出的信用评分，分值范围为 350～950 分，分值越高代表信用水平越好，较高的芝麻分可以帮助个人获得更高效、更优质的服务。

8. 蚂蚁金融云

蚂蚁金融云覆盖了金融业务系统研发、运行与管理所需要的整套技术服务，能够大大降低分布式环境下金融系统的研发与管理的难度，同时将金融级系统标准的安全性、一致性、连续性、可靠性等特性，以及移动时代所需要的高度并发、随时在线、实时互动能力，集成为技术平台的基础能力。"上云"的金融机构，只需要付出远低于传统金融技术的成本，就能够拥有处理高并发金融交易、海量大数据处理的能力，大大提升了金融业务创新与风险控制的能力。

9. 蚂蚁达客

蚂蚁达客以股权为连接工具，帮助企业向上寻找资金方，打通产业链上下游资源，向下连接企业的核心高价值用户，全力帮助企业解决成长周期中的各种问题。具体来说，企业可通过蚂蚁达客筹措资金，并获得生产、渠道、经营、品牌等环节的全方位支持；投资人可通过蚂蚁达客寻找投资机会，基于对特定行业的理解，投资自己理解、认可的企业，分享企业的成长。

（二）蚂蚁金服公司动态

2015 年 5 月 19 日，蚂蚁金服宣布将筹备上线股权众筹平台"蚂蚁达客"，蚂蚁达客将与 IDG、红杉等多家创投机构及淘宝众筹、创客＋等平台合作，为创业项目提供从初创融资到产品销售等全成长周期的融资服务。2015 年 11 月 18 日，互联网股权融资平台蚂蚁达客上线测试。2015 年，蚂蚁金服宣布启动"互联网推进器"计划，将在渠道、技术、数据、征信乃至资本层面，与金融机构加强合作，助力金融机构和合作伙伴加速迈向"互联网＋"，计划将在 5 年内助力超过 1000 家金融机构向新金融转型升级，为小微企业和个人消费者提供普惠金融服务。2016 年，蚂蚁金服开放平台推出"春雨计划"，拟投入 10 亿元现金扶持生态伙伴，3 年内助力至少 100 万开发者，并服务 1000 万中小商户及机构。2016 年 7 月 8 日，蚂蚁金服和嘉实基金共同宣布将进一步加深战略合作，蚂蚁金服战略投资嘉实基金旗下"金贝塔"平台。从而成为金贝塔 A 轮融资中唯一引入的新股东。据知情人士透露，蚂蚁金服总投资金额为 1 亿元，占股比例为 20%；2017 年，国际货币基金组织（IMF）总裁克里斯蒂娜·拉加德（Christine Lagarde）宣布成立金融科技高级顾问领导小组，而蚂蚁金服是来自中国的唯一成员。

二、拉卡拉

拉卡拉是行业领先的综合性互联网金融服务平台，拉卡拉是首批获得央行颁发第三方支付牌照的企业之一，在国内第三方移动支付领域和收单行业交易规模长期位列前三。拉卡拉成立于 2005 年，最早的起源是用手持移动终端来还信用卡，从而取代到银行柜台还款，解决了还信用卡的方便问题后就扩展为在便利店还信用卡、交水电费等，后来就借鉴美国 Square 做个人手持支付终端，再后来申请到了收单牌照，开始做商户收单。并延伸到做 O2O 电商，比如在社区买火车票。发展到当前，拉卡拉秉承普惠、科技、创新、综合的理念，以技术创新为依托、稳健风控为保障，通过"线上＋线下"、"软件＋硬件"的多元渠道发展，拉卡拉打造了底层统一，用户导向的共生系统，为个人和企业用户提供诚信、透明、安全、创新的金融服务。

（一）拉卡拉主要业务

作为综合性金融服务平台，拉卡拉聚力金融创新，以金融技术创新、产品端创新以及服务创新这"三个创新"推动"互联网＋金融"模式发展，涉足股权众筹、供应链金融、融资租赁、资产交易所等领域，已经涵盖支付、理财、征信、融资、社区金融等多个领域。

以庞大的平台交易数据做后盾，加之征信业务的不断发展，拉卡拉搭建了完善而全面的信用评估模型，大大提升了平台的风控等级。拉卡拉在向个人用户、小微企业提供综合性金融服务的同时，将多年积累的海量大数据与征信模型相结合，纳入用户征信以及业务逻辑等考核标准，形成"大数据＋征信"独特风险控制体系，从而保障全平台相关业务的快速布局和发展。拉卡拉金融科技并不仅以海量数据作为风控支撑，还在海量数据基础上建模，使模型动态化，积极防控前端欺诈风险与后端信用风险。

作为互联网金融服务的载体，拉卡拉搭建并持续创新场景化多元信贷消费系统。为了满足用户多样化信贷需求，拉卡拉从金融需求着眼，积极探索不同支付场景的信贷产品，推出"替你还、易分期、替你付、员工贷、学生贷"等差异化信贷产品，尽可能覆盖了对中长期和大额借款有强烈需求的用户。从拉卡拉发展最快的信贷业务可以看出，平台产品满足用户多样化的融资需求，从以周为单位的短期代偿业务到以年为结算周期的大额贷款服务，可以为用户提供 1000～300000 元的贷款服务。以"替你还"业务为例，根据用户在还款额度、还款周期等数据的分析，产品设计趋于小额、快捷、灵活，有效解决了信用卡还款难等问题。

（二）拉卡拉公司动态

拉卡拉金融业务的快速发力，得益于其多年积累的风控管理体系及高效、承载量大、可支持海量客户和运算的信贷系统，通过差异化风险定价，构筑金融行业核心竞争力，形成具备行业优势的业务壁垒，通过科技手段达成和金融行业的深层次融合。2015 年 3 月，拉卡拉宣布要谋求从一家第三方支付公司转型为综合性互联网＋金融集团，将电子支付、互联网金融和社区电商 O2O 作为其新的业务主线。同年 4 月，拉卡拉便上线了 P2P 网络借贷平台主攻个人小额贷款业务，而旗下的考拉征信也同阿里巴巴的芝麻信用一道，拿下了央行首批个人征信许可牌照。2016 年，依托积累的海量金融属性数据，通过精细化的风险计量工具与决策分析技术，拉卡拉上线了第二代风控系统——"鹰眼"风控系统。这是在第一代风控系统基础上，拉卡拉利用大数据的"4V"特性实现了高效、低耗的风险防范，促使拉卡拉业务从多维评分模型驱动到最优化驱动，从单点决策到企业级决策的升级，从而进一步提升了平台风控安全等级，为平台的快速稳健发展奠定了基础。

三、京东金融

京东金融是京东集团旗下子集团，通过大数据应用，叠加机器学习、人工智能、区块链等新兴科技，建立起独有的大数据体系、技术体系、风控体系、支付体系、投研体系、投顾体系等一整套金融底层基础设施，通过将技术、产品、用户、资金端、资产端开放给银行、证券、保险等各类金融机构及其他非金融机构，提供菜单式、嵌入式服务。京东金融是隶属于京东集团的子集团，于 2013 年 10 月开始独立运营，持有保理、小贷、支付以及企业征信牌照等，旗下还有保理公司、小贷公司等若干分公司。京东金融定位于金融科技公司，依托京东生态平台，以数据为基础，以技术为手段，搭建服务金融机构和非金融机构的开放生态。

（一）京东金融主要业务

京东金融已建立起供应链金融、消费金融、众筹、财富管理、支付、保险、证券等业务板块，还陆续推出"京保贝、白条、京东钱包、小金库、京小贷、权益类众筹、股权众筹、众筹保险等产品以及京东众创生态圈"，向客户提供融资贷款、众筹、理财、支付等金融服务。

1. 供应链金融领域

京东供应链金融主要包括"京保贝"、"京小贷"以及动产融资等。其中，2013 年底上线的"京保贝"主要包括应收账款池融资、订单池融资、单笔融资、销售融资等多产品；2014 年上线的"京小贷"系为电商平台卖家提供小额信贷；2015 年 9 月，京东金融联手中国邮政速递物流，首创基于大数据的电商企业动产融资模式。

2. 消费金融领域

京东金融的主要产品为"京东白条"，业务大致分为两类：2014 年初推出的"京东白条"和陆续推出的"白条 +"们。"京东白条"属于应收账款的赊账，用京东自有资金操作；"白条 +"（比如校园白条、旅游白条、租房白条、首付白条等）背后对接京东旗下的京汇小贷公司，可按照小贷公司的 2 倍杠杆放贷。

3. 众筹领域

京东众筹能够针对企业在发展过程中所处的不同阶段，提供具有针对性、完整性、延续性的金融科技服务支持，涵盖数据支持、市场检验、资源整合等全程的创业扶持服务。京东金融已形成以产品众筹、京东东家、众创生态和众创基金的四大体系生态战略布局，主要有股权众筹、产品众筹、盲筹、信用众筹、无限筹等产品。

4. 财富管理领域

依托京东集团在电商平台多年来积累的交易数据和信用体系以及财富管理

团队专业经验，京东金融向用户提供互联网理财，包括京东小金库、基金理财、票据理财、保险理财、固收理财等。

5. 支付领域

京东金融推出了兼容 PC、无线端主流环境的跨平台安全便捷的支付产品，具有支付快捷、体验好、维度广、安全和简化标准接入五大特点，已经形成在线支付、快捷支付、移动支付的矩阵等几条产品线。

6. 保险领域

京东金融推出了 5 款首创互联网保险创新产品——众筹跳票取消险、投资信用保障险、海淘保障险、家居无忧保障险及 30 天退换货险。

7. 证券领域

京东金融股票平台上线"财谜"，该平台为以私募基金研究员、证券分析师为主的专业证券从业人员提供技术服务及交流，且为普通用户提供模拟操作和投资教育等。

（二）京东金融公司动态

2016 年 1 月，京东金融融资 66.5 亿元人民币，由红杉资本中国基金、嘉实投资和中国太平领投，交易完成后，京东集团仍控制京东金融多数股权；2016 年 3 月，京东白条品牌升级，启动独立域名；2016 年 4 月，京东金融于上海证券交易所发行国内首单互联网保理业务 ABS；2016 年 5 月，发布两款证券行业产品，京东金融大数据消费指数及量化策略开发平台；2016 年 7 月，京东众创平台正式上线，提供创业所需的各项服务；2016 年 11 月，京东金融与美国大数据公司 ZestFinance 联合发起合资消费金融公司 ZRobot 等；2016 年 12 月，推出"东家财富"高端金融服务平台，并上线"东家财富"官网；2017 年，京东众筹立足金融科技，依托京东大数据、人工智能技术，上线了"京东定制"板块，实现京东生态体系内优质商家、前瞻优质产品、金融投资、商城渠道等多方资源的有效结合，最大程度提高用户的消费体验；2017 年，京东金融推出业内首家金融机构自运营平台——"京东行家"，涵盖基金资讯、投研实力展现、基金产品介绍、基金经理访谈、基金产品诊断、智能投顾、运营活动等板块，为基金公司、保险公司和私募等金融机构提供免费服务，快速实现"移动官网"的建立和自运营。

四、腾讯

腾讯成立于 1998 年 11 月，通过即时通信工具 QQ、移动社交和通信服务微信和 WeChat、门户网站腾讯网（QQ.com）、腾讯游戏、社交网络平台 QQ 空间等网络平台，满足互联网用户沟通、获取资讯、娱乐和金融等方面的需求。

（一）腾讯主要业务

腾讯金融业务布局主要包括微信支付、QQ 钱包为代表的支付板块和腾讯理财通、微粒贷、腾讯信用为代表的金融应用板块，涵盖了基金理财、网络征信、互联网银行借贷、互联网证券业务等多项业务形态。

1. 财付通

财付通是腾讯公司于 2005 年 9 月正式推出专业在线支付平台，致力于为互联网用户和企业提供安全、便捷、专业的在线支付服务。财付通是一个专业在线支付平台，其核心业务是帮助在互联网上进行交易的双方完成支付和收款。财付通服务有用户财付通账户的充值、提现、支付和交易管理等；并且对企业用户，财付通还提供支付清算服务和辅助营销服务、财富券服务、生活缴费业务、拍拍购物、影视博览、机票订购、游戏充值、话费充值、彩票购买、腾讯服务购买等。除上面列举的服务之外，财付通还提供了商家工具，主要的商品工具为："财付通交易按钮"、"网站集成财付通"、"成为财付通商户"、虚拟物品中介保护交易等功能。

2. 微信支付

腾讯微信支付于 2013 年 8 月随微信 5.0 版本正式发布上线，2014 年 3 月正式开放外部接入申请。微信支付是集成在微信客户端的支付功能，用户可以通过手机完成快速的支付流程。微信支付以绑定银行卡的快捷支付为基础，向用户提供安全、快捷、高效的支付服务。

3. QQ 钱包

腾讯 QQ 钱包是一个集银行卡支付、二维码支付、NFC 支付等多种便捷支付方式于一体的移动支付产品。QQ 钱包致力于拓展年轻人垂直场景业务，已发

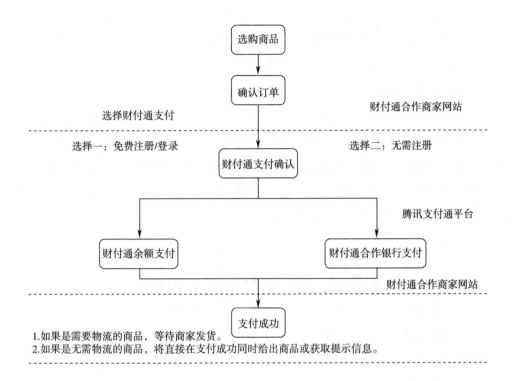

图 11 - 1　财付通的支付流程

展成为融合支付、生活服务、政务服务、理财、公益等多个场景与行业的开放
性平台，为用户提供涵盖衣食住行的全面服务。

4. 理财通

腾讯理财通携手金融机构如银行、保险、基金、券商、信托等公司，针对
不同风险等级的理财需求，为用户定制固定收益、股票、债券等资产类别的金
融产品。腾讯理财通上线了工资定投、梦想计划、指数定投、信用卡还款理财、
还房贷理财等产品，为用户提供安全、稳健、便捷、多元的互联网理财服务。

5. 微黄金

腾讯微黄金主要用于资产安全管理，该服务中用户所持黄金份额由工行登
记管理，仅通过腾讯微黄金平台展示和操作。其中，财付通作为第三方支付机
构，全面保障支付交易资金安全，并为用户提供咨询服务。

6. 大金融安全

腾讯大金融安全主要为微信支付、QQ 钱包、理财通等腾讯互联网金融产品，提供安全技术支持、风险控制解决方案的金融级智能安全防控平台。

（二）腾讯公司动态

2014 年，在海南博鳌的全球合作伙伴大会上，腾讯征信浮出水面；在 2015 年，理财通实现资金保有量千亿的规模；2016 年，由腾讯 FiT 业务线和腾讯云一同推进的金融云。除蚂蚁金服、拉卡拉、京东金融、腾讯等主要金融科技公司外，中国还有鑫合汇理财、金瑞龙、麻袋理财、中腾信、小花钱包、金谷财行等金融科技公司，都努力为企业、行业客户和投资者提供安全便捷稳定的互联网金融支付科技平台。

第二节 国外典型金融科技案例

目前，国外重点且具有代表性的金融科技公司主要包括智能投顾鼻祖 Wealthfront、区块链下跨境支付 ABRA、人工智能应用 Mint、互联网贷款公司 Lending Club 等。

一、智能投顾领域的鼻祖——Wealthfront

智能投顾（Robo – Advice）也可被称作机器人投顾、智能理财、自动化理财等。利用大数据分析、量化金融模型以及智能化算法，根据投资者的风险承受水平、预期收益目标以及投资风格偏好等要求，运用一系列智能算法，投资组合优化等理论模型，为用户提供投资参考，并监测市场动态，对资产配置进行自动再平衡，提高资产回报率，从让投资者实现"零基础、零成本、专家级"动态资产投资配置。平台用户进行投资的流程大致相同，可以分为风险测评、获得投资方案、连接账户、进行投资、更新方案、完成投资六大步骤。从 20 世纪 90 年代末开始，智能投顾经历了三个阶段：第一，在线投顾（20 世纪 90 年代末至 2008 年），该阶段在线投资分析工具的技术水平和规模都开始扩大，部分公司开始提供"在线投顾"服务，2005 年允许证券自营商将投资分析工具直接给投资者使用后，在线资产管理服务规模迅速扩大；第二，机器人投顾（2008 年至 2015 年），以 Wealthfront，Betterment，Future Advisor 为代表的"机器人投顾"公司开始发展，为客户直接提供各类基于机器学习的机器人投顾工具，部分传统券商自己开发或通过并购涉足该领域，如嘉信理财推出嘉信理财智能投资组合服务，Blackrock 收购 Future Advisor；第三，人工智能投顾（2015 年至今），依赖以大数据为基础的深度学习运用能力，及云计算带来的计算能力大幅提升，人工智能再次取得突破性进展。目前，越来越多的公司，开始尝试开发能够完全脱离人类参与投资管理链的人工智能投资系统，如 Wealthfront 等。人工智能正在推动智能投顾进入第三个发展阶段。

（一）Wealthfront 简介

Wealthfront 公司主要由 Spark Capital 等投资，其前身为 Kaching 投资咨询顾问公司，2011 年转型为专业的在线财富管理公司，是美国最早期的智能投顾平台之一。Wealthfront 公司创始人 Andy Rachleff 曾为 Benchmark Capital 创始人之一，斯坦福商学院教师。这家公司管理团队由业界和学界名人组成，比如说首席投资官 Burton Malkiel 曾著有《漫步华尔街》。Wealthfront 公司位于美国加利福尼亚州 Palo Alto 市，主要客户为中等收入的年轻人，而并非高净值人群。Wealthfront 公司发展迅速，取得非常好的业绩。截至 2015 年 1 月，Wealthfront 公司的管理资产仅为 18.3 亿美元；截至 2016 年 2 月底，资产规模接近 30 亿美元。

（二）Wealthfront 主要业务

Wealthfront 利用现代投资组合理论（MPT）为用户推荐投资组合，通过分散的投资组合在降低风险的同时不会降低预期收益率，投资者能够在同样的风险水平上获得更高的收益率，或者在同样收益率水平上承受更低的风险。Wealthfront 选择的资产种类多达 11 类，一方面有利于提高分散化程度，降低风险；另一方面具有不同资产的特性能为用户提供更多的资产组合选择，满足更多风险偏好类型用户的需求。

Wealthfront 提供的主要产品和服务是自动化的投资组合理财咨询服务，包括为用户开设、管理账户及投资组合的评估，用户能够通过 Wealthfront 平台投资，标的为 ETF 基金。此外还提供包括税收损失收割、税收优化直接指数化、单只股票分散投资服务等服务。Wealthfront 公司投资组合的载体为各类指数基金 ETF，涵盖的资产类别包括：美股、海外股票、新兴市场股票、美国国债、新兴市场债券、美国通胀指数化债券、自然资源、房产、公司债券、市政债券等。此外，wealthfront 还推出其他服务。

图 11－2　Wealthfront 公司投资组合示意图

该公司平台按照资产净值按比例向客户收取的咨询费用：当资产低于 10000 美元时，平台不收取咨询费；当资产高于 10000 美元时，平台每年收取 0.25% 的咨询费；此外，为了客户推广，Wealthfront 还推出了优惠政策：即每邀请一位用户，邀请人将获得 5000 美元投资额的咨询费减免。

二、基于区块链技术的跨境支付——ABRA

区块链是数字货币比特币的底层技术，本质上是一个去中心化的数据库。通过区块链技术，跨境支付的两个开户行之间可以直接进行支付、结算和清算，绕开中转银行、清算行、结算行、SWIFT，降低中转过程中产生的手续费，实现全天候支付、实时到账、提现简便以及没有隐形成本，也有助于降低跨境电商资金风险及满足便捷性需求。

（一）ABRA 简介

ABRA 成立于 2014 年，主要由 Ratan Tata、American Express、First Round Capital、Jungle Ventures 等投资组成。通过区块链技术和共享 ATM 网络，ABRA 让用户可以随时随地存取款，或者以更便捷的方式进行跨境汇款。目前，ABRA

已完成菲律宾及美国地区的应用落地。

（二）ABRA 主要业务

用户利用 ABRA App 将货币以数字形式存储在手机上，通过 Abra Teller 网络（ABRA 建立的共享 ATM 网络）或传统银行路由的方式，汇款至世界各地任何的手机号捆绑的 ABRA 账户上，或将这些数字货币兑换成现金。在支付、汇款或提现期间，该应用会即时生成一个基于区块链的智能合约，并由分派的对手方通过套期保值等方式，保证用户的资金价值在三日内不因比特币价格的变化而发生变动。比如 Teller 提现，用户通过 ABRA 应用找到附近 ABRA Teller 并与其进行面对面转账换取比特币，如需取款也可以以同样方式找到 ABRA Teller 用比特币换回现金。ABRA Teller 可以向用户收取一定比例的费用。

三、人工智能应用——Mint

人工智能是研究、开发用于模拟、延伸和扩展人的智能的理论、方法、技术及应用系统的技术科学，是计算机科学的一个分支。人工智能企图了解智能的实质，并生产出一种新的能以人类智能相似的方式做出反应的智能机器，该领域的研究包括机器人、语音识别、图像识别、自然语言处理和专家系统等。

（一）Mint 简介

Mint 创始人 Hardeep Walia 曾是微软高管，负责企业发展战略相关的投资和并购，另一位联合创始人 Tariq Hilaly 曾是 Alliance Bernstein 旗下对冲基金的 VP。Mint 同样是个投资组合服务提供商，它的投资组合被称为 Motif，专注于建立社交化选股投资平台，自 2012 年 6 月正式在美国上线至今，用户们共创建了无数的 Motif（投资组合）。一个 Motif 包含一组具有相似主题或理念的多只证券（包括股票、证券等，最多达 30 只），例如云计算、移动互联网、3D 打印等。

（二）Mint 主要业务

用户可以根据自己的投资理念，从 Mint 平台上选择已有的 Motif 直接使用，也可修改（包括调整其中包含的股票/基金组成和比重）后使用，更可以创建自己的全新 Motif。该平台的新颖之处在于：一是提供了强大的自助式投资组合设计工具，用户可非常方便、直观的修改、创建、评估 Motif，只需要几分钟便可拥有个性化的投资组合；二是引入社交机制，用户可以把自己的 Motif 分享给好友或者选定的圈子，大家共同对 Motif 进行讨论和优化。究其本质，Mint 就是应用先进的技术手段和社交机制，帮助每个用户成为自己的基金经理。其收费策略也非常独特，无论用户在某个 Motif 上的总体投资额是多少（最低不能低于250 美元），也无论该 Motif 是由平台提供还是用户定制，用户每按照该 Motif 购买或出售一次股票/基金组合，平台都会收取 9.95 美元。如果只是交易其中的一只证券，则每次收取 4.95 美元。

四、P2P 网络借贷平台——Lending Club

P2P 网络借贷就是借助互联网的优势，用户可以足不出户完成贷款申请的各项步骤，包括了解各类贷款的申请条件，准备申请材料，一直到递交贷款申请，都可以在互联网上高效的完成。

（一）Lending Club 简介

Lending Club 由 Laplanche 于 2006 年创办，总部位于旧金山的金融科技公司，董事成员包括互联网女皇 Mary Meeker，摩根士丹利前 CEO John Mack 以及美国前财政部部长 Larry Summers 等。Lending Club 于 2014 年在纽交所上市，成为首家上市的 P2P 网络借贷平台。创立之初，Lending Club 只提供 2 年、3 年以及 5 年三种期限的个人贷款，这些贷款多被用于再融资和偿还信用卡，贷款额度从 1000 美元到 35000 美元不等。自 2014 年初，Lending Club 开始正式进军企业贷款服务。

（二）Lending Club 主要业务

Lending Club 本质就是一个人人贷的互联网平台，主要业务模式是平台模式，通过撮合借款人和投资者，获得中介费，建立了银行体系以外的一套融资平台。Lending Club 在借款人做申请的时候做信用审查并决定利率，但其会找一家银行来发放贷款，再从银行处把债务买过来，让自己成为债权人，对银行来说其实是没有信用风险的。而这都是投资者付款后才进行的，对 Lending Club 而言是没有信用风险的，风险全在投资者。所有的借贷，借款人都是向 Lending Club 借款，投资者投的也是 Lending Club，所以即使借款人还了钱，但假如 Lending Club 出了一些财务问题，那么投资者可能也是有风险的。Lending Club 的大部分贷款都是由机构投资者出资，而这些机构投资者可能是养老金公司，可能是资产管理公司，也可能是对冲基金。Lending Club 本身不承担任何违约风险，仅仅是通过交易佣金来赚钱，而且是两头赚。对于投资者来讲，Lending Club 收取 1% 的服务费。对于借贷人，Lending Club 会在贷款发放的时候收取一个产品设立费用，一般是 1% ~5% 。

第十二章　大数据技术驱动的
互联网消费金融

近年来，伴随着利好政策的不断出台以及互联网技术的快速发展，特别是移动终端、大数据技术、云计算技术的普及，为我国互联网消费金融整体规模持续扩张创造了更多的消费场景，我国互联网消费金融进入了爆发式增长阶段。据相关数据显示，2015年，我国互联网消费金融交易规模为250亿元，2016年达680亿元，这意味着我国互联网消费金融市场未来还有极大的发展空间。在高速发展的同时，由于征信数据缺乏、风险水平整体偏低等因素的存在，我国互联网消费金融领域依然乱象丛生，仍未脱离野蛮生长阶段。

为促进我国互联网消费金融的健康可持续发展，挖掘并解决客户"痛点"、开发创造新的消费场景、架构可靠的征信数据库、提升风险管理水平理应成为未来互联网消费金融领域的重要发展目标，而要实现这一系列目标的关键就在于大数据技术的发展与应用，大数据技术理应成为互联网消费金融领域未来发展的安全门和加速器。

第一节　中国互联网消费金融发展环境分析

消费金融是金融机构向客户提供消费贷款的现代金融服务方式。无论从金融产品创新还是扩大内需角度看，发展消费金融都具有积极意义。互联网消费金融是指依托互联网技术，向客户提供消费贷款及相关金融服务，是传统消费金融与互联网理念、技术、渠道全面有机融合的产物。与传统消费金融相比，互联网消费金融在提高金融效率、降低交易成本、减少信息不对称性方面发挥了难以替代的重要作用。

一、互联网消费金融发展的宏观环境

（一）财富基础坚实——社会总财富和居民可支配收入不断增长

自 2005 年以来，我国国民生产总值、城乡居民人民币储蓄存款余额一直保持稳定增长状态。在世界经济增长放缓（全球经济增速为 2.9%）、国内经济发展面临较大下行压力、财政金融风险加大的国内外宏观经济形势下，我国先后出台了一系列稳增长、调结构、防风险的政策，使我国宏观经济始终保持在合理运行区间。2015 年，我国国民生产总值和城乡居民人民币储蓄存款分别达到 67.7 万亿元和 52 万亿元，增速分别为 6.9% 和 7.2%（如图 12－1、图 12－2 所示）。

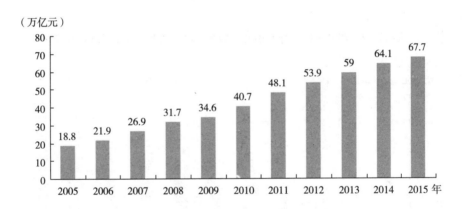

（万亿元）

资料来源：根据公开数据整理。

图 12－1　2005—2015 年我国国民生产总值增长情况

从经济总量分析，2015 年我国国民生产总值仅次于美国，位居全球第二。经过多年发展，社会总财富和居民可支配收入的不断增长为我国互联网消费金融发展奠定了坚实的财富基础。

（二）国民消费潜力巨大——社会消费品零售总额、信贷规模持续增长

社会消费品零售总额方面。根据国家统计局数据显示，2015 年我国社会消费品零售总额 300931 亿元，比 2014 年名义增长 10.7%，扣除价格因素实际增长 10.6%（如图 12－3 所示）。从国内外宏观经济形势分析，随着我国经济增长

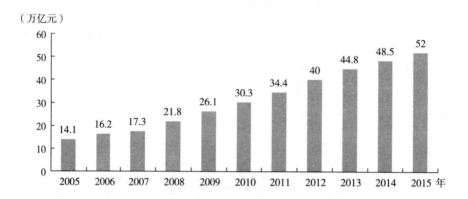

（万亿元）

资料来源：根据公开数据整理。

图 12 - 2　2005—2015 年我国城乡居民人民币储蓄存款余额增长情况

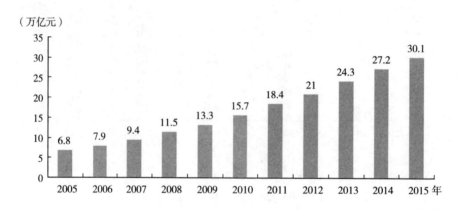

（万亿元）

资料来源：根据公开数据整理。

图 12 - 3　2005—2015 年我国社会消费品零售总额增长情况

方式逐渐由出口、投资拉动型向消费拉动型转变，消费已经逐渐成为拉动我国经济增长的新引擎；从国外数据分析，我国最终消费率较发达国家还有较大差距（如图 12 - 4 所示）；从国内发展分析，在供给侧结构性改革的推动下，城镇化建设、产业结构优化升级、服务消费崛起等因素将在未来创造大量的消费点，带来巨大的消费需求。鉴于此，未来我国国民消费尚有巨大的可开发空间。

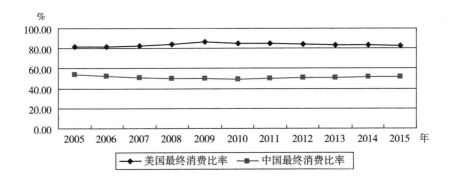

资料来源：根据公开数据整理。

图 12 - 4 2005—2015 年中国、美国最终消费比率情况

信贷规模方面。根据中国人民银行公布数据显示，2015 年末，我国金融机构人民币各项贷款余额 94 万亿元，同比增长 15.3%，增速比上年末高 0.6 个百分点（如图 12 - 5 所示）。其中，消费信贷余额约 19 万亿元，占各项贷款余额 20.22%。从近五年增速分析，消费信贷余额增速明显高于人民币信贷余额（如图 12 - 6 所示），消费在我国经济增长中扮演着不可或缺的重要角色。

资料来源：根据公开数据整理。

图 12 - 5 2010—2015 年我国人民币信贷余额、消费信贷余额增长情况

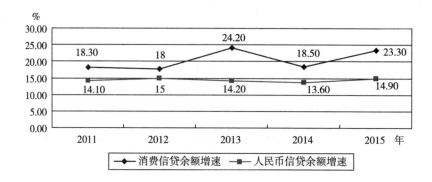

资料来源：根据公开数据整理。

图 12 - 6 2005—2015 年我国人民币信贷余额、消费信贷余额增速比较

二、互联网消费金融发展的政策环境

从政策层分析，随着消费金融政策的进一步松绑，各项利好政策频频出台，我国互联网消费金融将进入爆发式增长阶段。消费金融从线下的传统信用卡支付发展到现在的线上互联网消费分期、贷款产品；消费金融的市场参与主体也从传统商业银行、持牌的消费金融公司扩大至电子商务平台、P2P 网络借贷平台、消费分期网站等互联网金融主体；资金用途也实现了多样化，资金已被广泛用于买房、买车、医疗、教育、旅游、装修等消费。

鉴于消费在拉动经济增长方面的积极作用，党和政府对消费、消费金融的发展予以了高度重视。2015 年，李克强总理在《政府工作报告》中明确提出"加快培育消费增长点。鼓励大众消费，控制'三公'消费。促进养老家政健康消费，壮大信息消费，提升旅游休闲消费，推动绿色消费，稳定住房消费，扩大教育文化体育消费"。2016 年，李克强总理在《政府工作报告》再次强调了消费对拉动经济增长的重要性，提出要"适应消费升级趋势，破除政策障碍，优化消费环境，维护消费者权益。支持发展养老、健康、家政、教育培训、文化体育等服务消费。壮大网络信息、智能家居、个性时尚等新兴消费。鼓励线上线下互动，推动实体商业创新转型。完善物流配送网络，促进快递业健康发展。活跃二手车市场，加快建设城市停车场和新能源汽车充电设施。在全国开展消费金融公司试点，鼓励金融机构创新消费信贷产品。降低部分消费品进口关税，增设免税店。落实带薪休假制度，加强旅游交通、景区景点、自驾车营地等设施建设，规范旅游市场秩序，迎接正在兴起的大众旅游时代。"

表 12 – 1　我国消费金融重要政策一览表

时间	消费金融政策
2009 年 8 月 13 日	银监会正式发布了《消费金融公司试点管理办法》，启动消费金融公司试点审批工作，为消费金融公司的转入、监管和规范经营提供了保障
2013 年 11 月 14 日	银监会发布《消费金融公司试点管理办法（修订稿）》，并宣布扩大消费金融公司试点城市范围，新增沈阳、南京、杭州、合肥、泉州、武汉、广州、重庆、西安和青岛等 10 个城市参与试点工作
2015 年 6 月 10 日	国务院召开常务会议决定，放开市场准入，将原在 16 个城市开展的消费金融公司试点扩大至全国
2015 年 7 月 18 日	中国人民银行等十部委联合发布《关于促进互联网金融健康发展的指导意见》，将互联网消费金融业务划归银监会进行监管

第二节　中国互联网消费金融的发展概况

随着互联网的进一步普及，消费者消费理念和行为得到了极大改变，越来越多的消费者习惯于通过互联网来消费和支付，互联网消费金融的发展迅猛，正在成为拉动我国经济增长的新增长极。互联网消费金融的快速增长，也促使互联网企业、互联网金融企业纷纷试水消费金融。

中国电子商务研究中心发布的《2015 年度中国电子商务市场数据监测报告》相关数据显示，2015 年，我国互联网消费金融交易规模 250 亿元，相比 2014 年的 103 亿元增长 142%。从客户人群和产品性质来看，综合性电商消费金融、3C 产品消费金融、租房消费分期、二手车消费分期市场以及大学生消费分期市场占据互联网消费金融前五位。根据艾瑞咨询相关报告分析，我国互联网消费金融行业平均增幅在 10 倍以上，预计未来仍将保持高速增长。

一、互联网消费金融市场参与主体

（一）传统商业银行

从我国信贷资金来源分析，传统商业银行强大的资金募集能力使其依然是我国消费信贷资金的主要供给方。随着国家"互联网＋"战略的日益深化，传统商业银行也开始积极寻求新的转变，纷纷开始通过互联网布局消费金融市场，通过提供快捷便利的金融服务，抢占互联网消费金融市场份额，如工商银行的"融 e 购"电子商务平台，建设银行的"善融商务"、交通银行的"交博汇"以及农业银行的"e 商管家"等。

（二）消费金融公司

在消费金融行业竞争日趋激烈的背景下，消费金融公司纷纷打造网络服务平台进军互联网消费金融市场，如北银消费金融公司、中银消费金融公司、中邮消费金融公司等。客户消费习惯、支付习惯的转变，促使传统消费金融公司依靠科技系统建设，利用互联网思维、依托互联网技术、借助互联网渠道，开始研发线上消费信贷管理、消费信贷评级、互联网征信等在线平台，为开发互联网金融消费市场提供了强有力的科技支撑。如北银消费金融公司围绕年轻消费群体的思维方式、消费习惯和支付偏好，通过互联网平台推出集客服、门户网站、手机终端、微信平台为一体的多渠道线上贷款服务平台——"轻松 e 贷"产品，在摆脱实体网点的时间和空间限制的同时，将普惠消费金融服务带给一般商业银行服务所不能覆盖的客户群体。

（三）电子商务平台

目前，国内主流电子商务平台均推出了消费金融业务，如蚂蚁借呗、蚂蚁花呗、京东白条、苏宁任性付、零钱贷等。与其他互联网消费金融参与主体相比，电子商务平台在发展互联网消费金融业务方面具有天然优势。首先，电子商务平台在吸引客流量，积累消费群体方面具有无可比拟的优势；其次，消费金融业务发展的基础是消费的崛起，而消费的崛起则有赖于消费场景的多样化。电子商务平台首先是一个消费平台，有丰富的消费场景，当客户在电子商务平台购买出现资金不足、支付不畅的情况，或者电子商务平台提供的支付渠道提供优惠时，选择电子商务平台推出的消费金融产品自然成为客户首选。

但不可忽视的是，由于电子商务平台消费贷款决策是基于平台对客户个人信用的判断做出的，无需抵押和担保，造成部分平台消费贷款违约率较高，逾期还款、坏账频发的现象依然存在。

（四）P2P 网络借贷平台

部分 P2P 网络借贷平台已经开始开拓互联网消费金融市场，推出了无抵押、无担保的个人消费信贷产品，如拍拍贷、人人贷、宜人贷等。

2016 年 8 月 24 日，银监会正式发布《网络借贷信息中介机构业务活动管理暂行办法》，明确了 P2P 网络借贷"小额、分散"的业务特点，规定"同一借款人在同一网络借贷信息中介机构平台及不同网络借贷信息中介机构平台的借款余额上限，防范信贷集中风险"。借款余额上限的提出宣告了"大单模式"的终结，对于"类银行、类投行"业务模式的平台带来较大影响，基本涉及展房屋产权抵押、中高档车辆抵押贷款、企业过桥贷款、大额票据、保理、供应链金融等业务都需要暂停或"转型"，促使平台必须开发新的蓝海市场、向小额贷款业务转型，互联网消费市场自然成为 P2P 网络借贷平台的重点关注对象。

（五）消费分期网站

消费分期网站是一种创新型的小微消费金融商业模式。目前，我国消费分期网站多借助消费场景，主要面向学生、"蓝领"等低收入阶层，通过 P2P 的方式直接提供消费贷款。

消费分期网站有以下几个特点：第一，网站注册便捷，可以迅速完成消费，进入门槛低；第二，审贷、批贷、放款周期短，给客户带来较好的消费体验；第三，基本采取零首付，等额本息方式还款，客户还款压力较小；第四，涉及消费面广，包含产品消费、餐饮消费、教育消费、培训消费等项目，能够有效满足客户多样化消费需求。

二、中国互联网消费金融行业面临的两大挑战——征信与风控

（一）尚未形成完善的征信体系，难以有效评估客户真实信用水平

互联网消费金融行业诸多乱象的一大根源就在于征信体系的缺失或者不完善。由于消费贷款更多的是基于客户的信用状况做出的决策，而非基于抵押物和担保，因此，准确评估客户的信用水平对减少金融交易中的信息不对称性、降低信用风险和交易成本大有裨益。

我国征信行业发展起步较晚，自 20 世纪 80 年代发展至今，目前整个征信体系尚不完善，未形成能够覆盖大多数企业、居民的征信体系，未建立起有效获取企业、居民征信信息的途径和渠道。互联网消费金融公司建立的征信系统未能像商业银行一样直接与中国人民银行征信系统联接，且不同互联网消费金融公司相互之间没有建立有效的征信信息共享机制，导致征信系统运行成本较高且效率偏低，直接影响了互联网消费金融行业的健康发展。

（二）互联网消费金融市场参与主体风险管理水平参差不齐

互联网消费金融面向的客户大部分收入水平偏低，缺乏抵押和担保，这就对互联网消费金融市场参与主体的风险管理水平提出了较高要求。首先，来自小城镇、农村的客户以及学生征信信息较少，其潜在的违约风险是很难度量的；其次，由于互联网的开放性，防范客户身份信息冒用、信息造假等欺诈风险较为困难；再次，同一借款人在不同平台重复借贷放大了违约风险发生的概率。从目前情况分析，互联网消费金融在我国发展起步较晚，行业还处在发展培育阶段，市场各参与主体的风险管理水平参差不齐，风险管理水平强的平台将在激烈的竞争中逐渐胜出，而风险管理能力不足的平台将面临市场出清。未来，基于大数据、云端的反欺诈系统将成为提升互联网消费金融市场参与主体风险管理水平的有效途径。

三、大数据技术将为互联网消费金融市场注入新的发展动力

以大数据为代表的互联网技术对互联网消费金融行业产生着深远的影响，

不仅使得客户能够快捷、低成本地获得消费信贷支持，也重塑了整个互联网消费金融行业的征信系统、风险管理系统和营销体系，打造了全新的互联网消费金融生态环境。在互联网时代，客户的行为偏好数据无时无刻不被收集和分析，由此产生了海量的数据，成为推动金融服务创新的一大动力。

（一）大数据技术助力企业和个人征信

在企业客户层面，大数据技术可以收集企业工商登记信息、交易记录、物流信息、资金流向、银行流水等数据，配合海关、税务、法院等部门信息，建立企业动态信用评价模型，能够根据上述数据判断企业所在行业发展趋势、资金需求、风险情况，随时调整企业信用等级，为贷前、贷中、贷后决策提供依据。在个人客户层面，大数据技术能够搜集海量的个人数据，包括客户线下的职业、年龄、住址、资产、受教育情况等身份信息，也包括客户线上的浏览记录、消费记录、支付记录、人际关系等行为数据，可以帮助互联网消费金融平台综合利用多维度的身份数据，客观准确评价客户信用状况，使客户能够快捷、低成本地享受金融服务。

（二）大数据技术推动风险管理创新

在宏观层面，大数据技术可以通过对宏观经济形势的提前分析和判断，预测整个互联网消费金融行业面临的市场波动风险。在微观层面，大数据技术可以帮助互联网消费金融平台收集客户行为数据，建立客户行为分析模型，判断平台交易趋势、划分客户风险等级；大数据技术还能帮助平台通过分析客户地理位置、日常浏览偏好、职业信息、转账记录、社交信息、朋友圈信息，对客户社会地位、人际关系做出判断，为反洗钱、反欺诈工作的开展提供参考依据。

（三）大数据技术为实现精准营销提供了技术基础

以海量数据为基础，大数据技术通过定量分析取代传统的定性分析，使互联网消费金融平台能够在精准定位客户群体的基础上，满足客户多样化的消费需求。首先，随着互联网消费的普及，通过大数据技术深度挖掘客户的偏好，向客户推送符合其需要或者可能感兴趣的商品；其次，向客户提供符合其偏好的支付途径；最后，将客户注册时提供的收入、资产信息与拟购买商品的价格进行比较，提供分期付款、消费信贷产品，向客户提供更为定制化、精准化的购买体验。

（四）大数据技术能够加快场景化建设

在实现精准营销的基础上，大数据技术可以用于互联网消费金融平台场景化建设领域，创造更多符合客户偏好、激发客户需求的消费场景，进一步刺激消费，为消费金融行业发展奠定坚实的基础。

第三节　大数据征信——互联网消费金融行业发展的"加速器"

在互联网时代下，大数据技术与征信行业开始深度融合，数据的获取、挖掘、分析等能力已逐渐成为评估征信体系可靠性的重要指标。互联网消费金融的快速发展离不开征信体系的规范和完善，但由于中国人民银行的征信系统与互联网金融的数据平台无法对接，不同互联网消费金融公司相互之间没有建立有效的征信信息共享机制，导致互联网消费金融行业征信系统运行成本较高且效率偏低。大数据技术的发展，给互联网消费金融平台开辟了一条新的征信渠道，大数据征信逐渐成为推动互联网消费金融行业加速发展的重要手段。

一、什么是大数据征信？

大数据征信就是通过大数据、云计算、深度算法等新兴技术，多维度、多渠道收集能够对描述和反映客户特征和风险状况的数据信息，并提供信用报告、信用评估、信用信息咨询等服务，从而判断、控制信用风险，进行信用管理的活动。

（一）大数据征信覆盖面广，能够为更广泛人群服务

大数据征信借助互联网渠道，能够覆盖更广的人群。据中国互联网信息中心发布的第 37 次《中国互联网络发展状况统计报告》相关数据显示，截至 2015 年 12 月，中国网民规模达 6.88 亿，互联网普及率为 50.3%。互联网的高普及

率覆盖了广泛人群，通过互联网浏览记录、电子商务平台消费记录、互联网金融平台金融服务记录，大数据技术可以获取更多的数据信息，能够帮助更多的在互联网产生过记录的人群生成征信信息，评价其信用状况，为其享受金融服务提供可能。

（二）大数据征信能够多维度收集信息，解决信息不全面的难题

大数据技术不仅能够获得客户信贷记录，还能通过互联网抓取客户行为记录，借助大数据模型对海量数据进行计算和验证，通过技术手段解决了将能够影响客户信用状况的非信用记录纳入到征信体系当中，全面刻画客户的信用状况。

（三）大数据征信有助于实现风险实时监测

大数据征信是动态，不仅包括离线数据，也包括在线实时动态信息，当出现影响客户信用状况的数据信息时，征信系统会自动调整客户信用评分，实现风险实时监测和提示，及时为当前信贷决策提供依据。

（四）大数据技术征信能够有效避免人工分析数据带来的主观偏差

传统征信评价结果易受到分析人员职业素养、道德品质等主观因素影响，而基于模型的大数据征信可以降低评价结果与客观事实存在的偏差。同时，大数据集征信还能有效解决征信行业人才稀缺的难题，进一步降低征信成本，提高征信系统效率。

专栏 12 -1　大数据征信实践
——芝麻信用、腾讯征信、Wecash

一、芝麻信用

2015 年 1 月，中国人民银行允许 8 家机构进行个人征信业务准备工作，蚂蚁金服旗下独立的第三方征信机构——芝麻信用推出了芝麻信用分。

芝麻信用分是芝麻信用对海量信息数据的综合处理和评估，主要包含了用户信用历史、行为偏好、履约能力、身份特质、人脉关系五个维度。芝麻信用基于阿里巴巴的电商交易数据和蚂蚁金服的互联网金融数据，并与公安网等公共机构以及合作伙伴建立数据合作，与传统征信数据不同，芝麻信用数据涵盖了信用卡还款、网购、转账、理财、水电煤缴费、租房信息、住址搬迁历史、社交关系等。

芝麻信用通过分析大量的网络交易及行为数据，可对用户进行信用评估，这些信用评估可以帮助互联网金融企业对用户的还款意愿及还款能力做出结论，继而为用户提供快速授信及现金分期服务。

本质上来说，芝麻信用是一套征信系统，该系统收集来自政府、金融系统的数据，还会充分分析用户在淘宝、支付宝等平台的行为记录。

数据算法方面，很多人认为大数据的核心在于数据，其实不然，而是在于算法。芝麻信用体系包括芝麻分、芝麻认证、风险名单库、芝麻信用报告、芝麻评级等一系列信用产品，背后则是依托阿里云的技术力量，对 3 亿多实名个人、3700 多万户中小微企业数据进行整合。借助阿里云，不论是从算法准确率上来说还是从安全、稳定等多个方面来讲，芝麻信用都具有非常优越的领先条件。

获取用户入口方面，阿里芝麻信用通过依托于支付宝平台，很快就获得了快速稳定的用户增长，这个优势是其他平台所不具备的。依托于支付宝，凌驾于淘宝、天猫等购物商城之上，芝麻信用很快就推出了蚂蚁花呗、蚂蚁借呗等信用产品，并与招联金融旗下的"好期贷"达成了战略合作，全面进军消费金融。蚂蚁借呗 3 秒钟便可完成放贷，最高可以获得 5 万元的消费贷款，钱直接从余额宝余额转出，用途不限，非常方便。

二、腾讯征信

在芝麻信用推出来之后，腾讯征信不久也高调地对外亮相，同样是拥有庞大数据量基因的腾讯征信也受到了业界的广泛关注。

　　数据来源上，腾讯征信拥有 8 亿 QQ 用户、6 亿微信用户等庞大的社交用户数据，这个是阿里芝麻信用最缺失的一部分。而在金融数据方面，腾讯也拥有财付通、微信支付、手 Q 钱包、理财通等超过 3 亿的庞大用户数据。腾讯征信优势在于是社交数据，腾讯信用会根据用户的守约、安全、消费、财富四个维度进行综合评估，在对个人的等级表现上，分数体现为 7 颗星星，星星等级越高，表示评级分数越高。

　　从数据的算法上来看，腾讯同样也不弱于阿里云，腾讯同样拥有比较强大的腾讯云。腾讯征信体系将利用其大数据平台 TDBANK，在不同数据源中，采集处理相关行为和基础画像等数据，并利用统计学、传统机器学习的方法，得出用户信用得分，形成个人征信报告。

　　安全方面，腾讯征信也做了很多研究与技术投入，核心的技术有两个，一个是人脸识别技术，可以更好地识别风险；另一个则是反欺诈系统，它能帮助企业识别用户身份，防范涉黑账户或有组织欺诈，避免资金损失。腾讯征信有非常丰富的数据维度，这在反欺诈的策略上将是多维度的，包括通过方法、探测信号等多个维度进行比较，能够有效地杜绝风险。

　　至于在打通消费金融方面，目前微众银行已经推出了"微粒贷"业务，目前正在试测中，额度在 20 万元以下，具有"无抵押"、"无担保"、"随借随还"、"按日计息"的特点。

　　三、Wecash 闪银

　　Wecash 闪银作为国内首个大数据征信平台，从一开始就为个人和机构用户提供全方位的信用服务。很多人把 Wecash 闪银看作是中国版的 Zest Finance，通过基于互联网的海量信息，然后借助大数据技术更快更精准地完成信用决策。目前，Wecash 闪银已经得到国内众多互联网金融尤其是 P2P 网络借贷平台的认可，并向其提供大数据征信服务。

　　首先，Wecash 闪银通过与各大金融机构以及淘宝、京东、微博等众多网络平台达成合作，获取的数据来源相当广泛。与此同时，Wecash 闪银还能够得到用户注册后授权的数据，通过这些数据的综合分析之后，能够得到更精准的个人征信，为互联网金融平台提供更好的征信服务，从而降低金融风险。

其次，Wecash 闪银通过基于用户的授权数据和网络大数据的采集与分析，却能很快地得到用户众多相关数据，不仅成本大大降低，而且效率提升更快。

最后，Wecash 闪银作为第三方征信平台，整合了包括银行、P2P、电商等众多行业的黑名单数据，然后通过大数据和机器学习技术关联分析、计算，能够为各企业提供很好的反欺诈服务，这一点也深受到合作伙伴的肯定。

作为一家创业公司，同时也是国内第一个开启大数据征信的平台，Wecash 闪银的发展相当迅猛，通过提供大数据征信服务，正在有越来越多的消费金融平台在开始接入 Wecash 闪银，涉及的方面也非常之广，包括租车、租房、旅游等生活的方方面面。从某种角度上来说，Wecash 闪银已经成为了各大互联网金融平台撬动消费金融的支点。

二、中国互联网征信体系存在的主要问题与规范发展建议

（一）我国互联网征信体系存在的主要问题

随着我国互联网金融行业的快速发展，基于大数据、云计算等技术的互联网征信也逐渐为人们所熟知。基于电子商务平台交易数据的征信平台、互联网金融平台自建的征信系统以及互联网金融同业信息数据库等新平台纷纷上线，参与机构、记录的自然人信息主体、征信查询量均呈上升趋势，对传统征信系统起到了一定的补充作用，但在发展过程仍然存在一些不可忽视的问题。

1. 尚未建立统一的行业标准。互联网征信尚未建立统一的行业标准，不同互联网征信机构之间数据采集标准、信用报告内容、服务标准不统一，制约了互联网征信行业整体效率的提升，也导致征信信息共享程度偏低。

2. 合法合规问题不容忽视。当前，互联网征信平台违反《征信业管理条

例》有关规定的行为时有发生。例如，部分平台在客户不知情、尚未授权的情况下，私自采集客户身份信息和交易数据；部分平台在客户不知情的情况下，将客户归至"黑名单"，影响其正常经济活动；部分平台采集客户敏感信息或法律规定不能采集的信息等。

3. 信息安全问题凸显。通过互联网渠道采集、传递客户征信信息，容易出现客户征信信息泄露、非法篡改等问题，对客户隐私权产生重大威胁；我国互联网征信行业发展起步较晚，IT 架构不牢靠、风险管理、内控管理薄弱的征信平台容易受到网络黑客和病毒的攻击，信息安全缺乏必要保障；互联网在带来高传输效率的同时，也加快了风险的传播速度，无形之中增加了信息泄露可能产生的损失程度。

4. 惩戒力度不够。互联网金融平台对违约失信行为缺乏有效的惩戒措施，客户违约成本低，导致违约、恶意欺诈行为频频发生。

5. 征信信息共享机制缺失。由于互联网金融平台之间征信信息共享机制的缺乏，违约客户可以转换平台继续消费金融产品，增大了整个互联网金融行业风险；互联网征信数据库与中国人民银行征信系统尚未连接，互联网金融领域的违约不会影响客户在传统金融领域消费金融服务，放大了传统金融领域违约风险发生的概率，造成风险交叉传染。

（二）我国互联网征信体系规范发展的政策建议

1. 尽快建立统一的行业标准。在监管部门的指导和监督下，由具备资质的互联网金融平台共同根据行业特征制定科学、合理、适用的行业标准，为行业规范发展提供参考依据。

2. 在制定行业统一标准的基础上，探索建立征信信息共享机制。首先，探索将符合条件的互联网金融企业征信系统与中国人民银行征信系统实现对接，提升中国人民银行征信系统的利用效率；其次，实现不同互联网金融平台征信信息的互联互通，提高全行业征信效率，降低征信成本。

3. 加强信息安全保护。加强互联网征信行业监管力度，要求互联网金融平台严格落实《征信业管理条例》有关规定，并定期组织检查；明确信息采集范围、方式和使用原则，严厉查处非法信息采集活动；要求互联网征信平台落实信息安全保护制度，强化内控管理措施和风险控制手段，加强数据安全保护措施。

4. 加快违约惩戒机制建设。在相关法律法规许可的框架内，落实"黑名单"制度，完善违约行为记录和有限披露制度，提高违约成本；探索建立联合惩戒机制，在部门间共享"黑名单"，形成"一处失信，处处受制"的惩戒制度。此外，对于情节较严重的违约行为，应加大司法惩戒力度。

三、大数据技术在互联网消费金融行业征信中的应用

随着大数据技术在互联网金融行业的深入，互联网消费金融平台已经开始将大数据技术运用在征信领域。

（一）大数据采集技术

大数据技术能够增加数据采集的深度和广度。大数据采集技术首先是对传统征信体系中信贷记录数据进行深度挖掘，其次是将能够影响客户信用状况的其他数据信息考虑在内，如职业、婚姻、社会关系、购买和支付习惯等。大数据技术能够采集反映客户社会关系的数据，充分了解客户所在环境以及社会网络的真实情况，挖掘与客户借贷行为相关的线索，为信贷决策提供充分依据。

（二）大数据存储技术

大数据技术能够实时采集客户行为数据，在采集到海量数据后，特别是非结构化数据数量急剧增加，如何保存这些数据就显得尤为重要。目前，大数据技术主要能够提供三种存储方案：MPP 关系型数据库、Hadoop 的非关系型数据库以及由硬件和软件共同组成的大数据一体机。

（三）大数据抽取和清洗技术

数据抽取和清洗是大数据征信的重要环节。在庞杂的大数据中，并非所有的数据都对客户的信用状况产生影响，数据抽取就是从大量的结构化数据和非结构化数据中抽取能够对客户信用状况产生影响或产生显著影响的数据挑选出来，然后将通过数据清洗技术，将杂乱无章的数据合并、分类、排序，从而便于数据分析工作。

（四）大数据挖掘技术

通过数学科学与系统科学建立数据挖掘算法模型，通过数据挖掘算法将数据中蕴含的价值分析与挖掘出来。例如，Zest Finance 采用先进机器学习的预测模型和集成学习的策略，进行大数据挖掘。

第四节　大数据风控——互联网消费金融行业发展的"安全门"

互联网消费金融的快速发展带来了激烈的行业竞争，唯有能够有效管控消费信贷风险的平台才能在竞争胜出，这对平台风控水平提出了较高要求，仅局限于定性分析的传统风控手段已经越来越难以满足互联网时代下消费金融发展的新要求。随着大数据、云计算等互联网新兴技术的发展，基于海量数据、通过构建模型实现定量分析的大数据风控应运而生，已逐渐成为管控互联网消费金融平台风险的"安全门"。

一、什么是大数据风控？

大数据风控即大数据风险控制，是在海量数据的基础上，通过大数据构建模型的方法对客户进行风险控制和风险提示。互联网消费金融平台通过线上线下渠道、依托大数据技术，可以获得客户海量的个人信息和行为数据，从收入水平、资产配置情况、消费与支付记录、违约记录等多个维度对客户的信用状况进行综合评价，并根据客户信息和数据的变化，对其信用状况进行动态调整，从降低平台面临的风险。

总体分析，大数据风控有两种方式：第一，从大量的客户中筛选出信用状况良好、违约风险较低的客户，并根据其信用状况决定其贷款额度；第二，从大量的客户中筛选出信用状况差、违约风险较高的客户，并做出不放贷决策。

专栏 12 – 2   PPmoney 引入好贷云风控，风控升级加速

理财平台 PPmoney 牵手中国数据风控行业的领头羊好贷。未来，PPmoney 将获得好贷提供的整合风控服务，投资人资金安全保护力度进一步升级。

目前，好贷云风控拥有行业覆盖最全、数量最大的风险数据库，并独家对接全球最领先的 FICO 信贷决策引擎，能有效补足 PPmoney 黑名单数据库，能通过数千个维度进行交叉智能分析，可以判别出大量传统风控手段难以发现的高危风险。有效降低 70% 的欺诈风险、降低 40% 的信用贷款坏账率，降低 30% 的企业贷款坏账率。

好贷云风控致力于提供全面的大数据风控服务，通过整合众多数据源，提供针对个人贷和企业贷中涵盖下户调查、反欺诈识别、贷款审批、贷中批量监控等全方位的服务，大幅度降低风险和风控成本，提高风控效率。好贷云风控大数据风控服务主要产品如下：

1. 防控宝：用于提供跨行业联防联控风险识别服务，整合全行业风险名单库，用于反欺诈识别和信用风险识别。

2. 消费宝：通过调取银联通道借款人消费大数据，输出关键性消费指标和全维度分析报告，快速统计和判断借款人资产状况、消费能力和还款能力，自动生成报告电子归档；已经成熟应用于判断被查询人还款能力初步分析、借款人资料交叉核验，并成为完善各大型金融机构数据字典、构建和升级本地风险管理和资产定价模型的有效补充字段。

3. 企业宝：综合集成企业基本信息，反映企业动态发展情况，深度挖掘企业间关联关系，并通过趋势分析与同地区/同行业对比分析，精准判断企业经营健康程度。

4. 车辆宝：车辆信息汇总查询工具，快速查询全国车牌号码、车牌种类、车辆状态以及车辆违章记录，为车辆质押、抵押贷款业务提供便捷、自动化全息报告，以高效辅助车贷业务决策。

5. 手机宝：全国全网手机号码与身份状态比对核查、入网时长、套餐流量等个人通讯情况核查，甄别手机号码异常，精准识别"贷款包装"和疑似欺诈业务。

6. 认证宝：个人身份要素全息认证，身份证、身份证号码、银行卡、个人对外投资、交通出行情况多元素排列组合灵活匹配查询，成熟接口封装，完美适配各机构线上金融业务，已经成为途牛金融、国美金融、苏宁金融、掌众科技等多个实力派互联网金融机构的首选解决方案。

二、互联网消费金融行业面临的主要风险

（一）消费群体风险偏高，对互联网消费金融行业的风控水平形成挑战

从我国互联网消费金融平台发展的情况来看，平台提供的贷款不需要抵押和担保，而是根据客户信用状况决定是否放贷，多将目标消费群体定位在中小企业、蓝领阶层以及学生等中低收入群体。从企业层面分析，初创型企业、中小企业受宏观经济影响较大，企业经营和收入不稳定性较大，持续还款能力较差；从个人层面分析，蓝领阶层、学生群体由于收入水平偏低、征信记录不完善（甚至没有征信信息）、缺乏抵押和担保等原因，发生违约行为的概率较高。

（二）客户征信信息不完整，难以准确评价其真实的信用状况

基于中国人民银行征信系统，传统商业银行能够获得目标客户的征信数据，为信用风险评估提供参考依据。在互联网消费金融行业，首先，由于多数互联网消费金融公司尚未介入中国人民银行征信系统，平台难以获得客户的个人身份信息和金融交易数据；其次，诸如蓝领阶层、学生、三四线城市或农村的低收入群体，其征信信息往往是不完整的，且获得其征信信息的成本较高；再次，互联网消费金融平台上的注册用户信息真实性往往难以评估；最后，互联网金融领域和传统金融领域之间信息尚未有效共享，难以评定客户真实信用状况。

（三）客户违约成本偏低，违约、恶意欺诈比例较高

一方面，由于我国尚未建立广泛适用的个人征信评分体系，且在征信数据

尚未互联互通的情况下，缺乏对客户违约行为的惩罚机制，客户违约成本较低。

另一方面，在互联网带来便捷、高效、低成本金融服务的同时，虚假信息注册、身份信息冒用、盗号、恶意骗贷、套现洗钱等恶意欺诈行为比例较高。根据互联网金融企业的经验，恶意欺诈行为导致的信用损失比例高达 60%。

三、互联网消费金融大数据风控的信息收集维度

消费金融无抵押、无担保的特点，使其面临较高风险。因此，从多个维度综合评价客户信用水平显得尤为必要。

（一）个人信息维度

个人信息主要包括客户年龄、职业、存款、资产、住房、婚姻状况、受教育程度、职位职称等信息。一般而言，具有稳定职业、拥有个人住房和汽车、婚姻状况良好、学历较高的客户被认为具备较强的还款意愿和还款能力且违约风险较低，故而更容易获得平台青睐，获得较高授信额度的可能性较大。此外，平台还要根据客户职业及其所在行业等信息，评估其未来违约的可能性，一般受经济波动影响大、专业化程度低、进入门槛低的行业或职业具有较高风险，客户还款能力波动较大，存在违约的可能性大。

（二）购买和支付偏好维度

平台可以通过电子商务平台、分期网站、第三方支付平台等渠道收集客户的购买和支付记录。一般而言，倾向于通过分期、贷款进行支付的客户比直接购买的客户更可能发生违约行为；频繁购买超出收入水平商品的客户也面临较大违约风险。

（三）贷款用途维度

消费贷款决策是基于客户在平台上公布的贷款金额、信用状况、资金用途等信息做出的，高风险贷款用途、改变贷款用途对平台都意味着风险。平台在贷前要确保贷款用途合法合规性，在贷后有必要确保贷款是按照约定的用途使用，防止贷款被挪作他用。

（四）资金需求量、承贷能力维度

平台要衡量贷款金额要与客户的资金需求量、承贷能力的匹配程度，超过客户承贷能力的超额资金需求则意味着风险，超出程度越大则风险越大。

（五）资金周转周期维度

平台要确保贷款期限应与客户资金周转周期相适应，贷款期限短于资金周转周期，客户无法按期还款风险较大。

（六）还款来源维度

平台要了解客户是否具备还款来源，其偿债能力如何。一般需要收集客户月度薪资收入、资产收入、支出费用、财产价值等信息。

四、大数据风控在互联网消费金融平台的应用

鉴于大数据风控对于互联网消费金融行业的重要作用，目前，互联网企业、征信公司、专业风控平台、互联网金融平台纷纷试水大数据风控领域，着手建立大数据风控体系，以期实现对客户从贷前、贷中、贷后进行全流程、多维度的风险评估。

（一）通过多渠道、多维度获取客户数据——保证数据的全面性

大数据风控体系的基础是数据，没有海量数据支撑，大数据风控就是纸上谈兵，只有通过多渠道、多维度收集客户信息，帮助互联网消费金融平台获取全面、精确、实时的多样化客户数据，才能全面精准地衡量客户信用和风险状况。特别是在互联网时代下，客户信息量庞大且非结构化对平台获取数据的能力提出了挑战，由于平台用户注册都在互联网上完成，对注册信息的审核成本较大，且审核后数据的真实性仍然难以保证。

互联网消费金融平台通过大数据技术、风控模型，能够全面、准确地对客户进行"画像"，帮助互联网消费金融平台从多个渠道准确收集客户多维度的信息，包括客户年龄、职业、存款、资产、住房、婚姻状况、受教育程度、职位职称等身份信息，也包括浏览记录、消费记录、支付记录、人际关系等行为数据。此外，互联网消费金融平台亦可以与法院系统建立信息查询渠道，核实客

户是否有违法犯罪记录、不诚信记录等信息，在最大限度上确保客户信息的全面性。

（二）通过多种方式核实客户信息——增强数据的可靠性

如前所述，由于缺乏面对面的沟通和评估，虚假信息注册、身份信息冒用、盗号、恶意骗贷、套现洗钱等恶意欺诈行为在互联网消费金融平台上是难以避免的，已经成为平台信用损失的重要组成部分，甚至对整个互联网金融行业的健康发展造成了不可估计的负面影响。因此，在获取客户全面信息和数据的基础上，进一步确保信息和数据的真实性就显得尤为重要。

首先，互联网消费金融平台可以通过大数据风控模型事先设定的规则，对客户身份信息、行为数据进行相互验证，以合理性为标准对数据信息进行去伪存真；其次，大数据技术可以针对客户数据信息，设计一系列相互关联的问题供客户作答，平台可以通过评分模型对客户答案进行数据清洗、整理、分析、判断，进一步甄别客户数据真伪。在保证客户数据信息真实可靠的基础上，通过大数据风控模型能够更为有效地识别恶意欺诈行为，降低互联网消费金融平台可能面临的信用损失。

（三）建立信用评分系统——有效利用数据信息

大数据技术能够帮助互联网消费金融平台开发出一套定量评估客户信用状况的信用评分系统，实现对客户数据信息有效利用。一方面，从我国信用评级体系发展来看，信用评级范围还局限在与传统商业银行发生过借贷关系的客户，而三四线城市、农村庞大的潜在客户群体的信用状况无法得到有效评估。另一方面，传统的风控手段仅仅依靠人工逻辑性分析判断，也难以满足互联网海量数据的冲击，无法准确衡量客户的信用状况。

基于大数据技术的信用评分系统建立在全面、真实的客户数据信息基础上，通过数据挖掘和统计分析方法，分析判定客户的信用行为特征和风险特征，对其还款意愿和还款能力进行评估计算得到信用评价分。在贷前阶段，信用评价分可以作为互联网消费金融平台贷款决策（是否核准贷款、信用额度）的重要参考依据；在贷中阶段，当客户工作、婚姻等情况发生改变，进而导致还款能力改变、还款意愿动摇时，互联网消费金融平台可以利用大数据技术根据客户数据信息的变化实时对其信用评价分进行调整，为平台信贷管理提供全新的工具手段，发挥风险监测和风险提示作用；在贷后阶段，根据客户履约情况对客户信用评价分进行调整，按期还款的按规则上调信用评价分，违约、涉嫌恶意欺诈的按规则下调信用评价分。

第五节　大数据营销、场景化——互联网消费金融行业主流发展方向

消费的崛起和政策红利的释放使我国互联网消费金融进入发展的快车道，但在行业繁荣的背后，大量消费金融产品纷纷上线，同质化竞争现象较为严重。在激烈的竞争中，大数据营销、场景化逐渐成为互联网消费金融行业的主流发展方向，成为各类互联网消费金融平台打破同质化竞争，抢占市场份额的重要手段和路径。

一、什么是大数据营销？

随着互联网的普及，全球已经进入信息爆炸时代，数据在人们生活中扮演着越发重要的角色。大数据营销是指在获取海量客户身份信息和行为数据的基础上，准确定位目标客户，在合适的时间通过合适的渠道以合适的形式向客户投放广告的营销过程；从技术层面分析，大数据营销是在大数据分析的基础上，通过描绘、预测、分析、指引客户行为，帮助企业制订有针对性的营销方案。

（一）大数据营销注重数据信息的时效性

互联网时代带来了产品和服务的快速更新升级，客户的购买和支付偏好也可能随之变化，因此，对客户数据信息进行实时更新，对营销策略进行动态调整，对于大数据营销显得尤为重要。

（二）大数据营销强调个性化、定制化营销

互联网的深入普及使传统销售模式产生了根本性的变化，以客户为中心的

销售模式已经兴起。客户行为数据、消费习惯、支付偏好等大数据，将逐渐成为互联网消费金融平台展开竞争的核心资源。互联网消费金融平台利用大数据分析能力，针对目标客户、潜在客户的需求，设计个性化、定制化营销计划。

（三）大数据营销有利于节约营销成本

大数据营销的精准性、个性化和定制化使营销方案能够更有针对性，改变传统营销"广撒网"的广告模式，旨在向目标客户进行精准投放，节约了营销成本，也缩短了"广告—客户—购买"整个流程的时间，增强了营销方案的时效性。

二、大数据技术在互联网消费金融行业营销体系中的应用

（一）准确分析客户行为特征，解决客户"痛点"

通过大数据技术分析客户身份信息和行为数据，深入验证客户购买习惯和支付偏好，全面了解客户购买意愿和行为，判断客户在未来会产生什么样的需要，进行有针对性的推广营销，用最直接的方式满足目标客户的潜在需求。

（二）营销效果评估

大数据技术能持续跟踪营销效果，监测不同渠道、不同形式的营销方案带来的客户流量和购买转化率，能够及时评估营销方案效果并进行动态调整，设计最优营销方案，最大限度上提升客户体验。

（三）关键客户关系维护

如何定位关键客户、做好关键客户关系维护是很多互联网消费金融平台关注的重要议题。大数据技术能够帮助平台定位消费意愿最强、信用状况最好的客户，亦可以用来协调平台与客户在销售、营销和服务上的交互，从而提升其客户管理水平，向客户提供创新式、个性化的服务。

（四）市场预测与决策分析

基于大数据的分析与预测，可以使平台更准确地把握市场动态和客户需求变化，能够根据市场预期、客户需求更精准地定位目标客户、推出更富有针对性的消费金融产品和服务，从而进一步降低平台营销成本、提升平台营销体系

整体效率。

三、什么是场景化?

场景在我们的日常生活中无处不在,将人物、关系两大要素连同时间和地点延伸到商业就形成了消费场景。

随着互联网技术的发展,特别是移动 PC 的普及,使得消费行为进一步突破了地域和时间的限制,变得越来越分散,更多的消费场景逐渐由线下转移到线上,更多的消费场景被创造出来,从而派生出大量的消费需求。客户是消费场景化的核心,创造并满足客户购买需求是消费场景化的终极目标。互联网消费金融行业的场景化有必要围绕客户的消费习惯、支付偏好展开,注重提升客户的购买体验,进一步增强客户对平台和产品的黏性。

四、互联网消费金融主要场景

(一) P2P 网络借贷平台提供的综合消费金融服务

P2P 网络借贷平台由于缺乏消费场景且流量入口不足,在互联网消费金融市场上并不占有优势,但 P2P 网络借贷平台业务涉及范围较广,可以向汽车、医疗保健、教育培训、旅游以及消费品领域提供贷款服务,从业务范围和产品数量方面弥补了场景、流量方面的劣势。

(二) 电子商务平台提供的电商消费金融

随着消费者对网络购物接受程度的日益提升,2015 年,我国网络购物市场交易规模达到 3.8 万亿元,占社会消费品零售总额的 12.62%,天猫、京东、苏宁易购、唯品会、国美在线等电商巨头占有超过 30% 的网络购物市场份额。电子商务平台本身就是消费平台,天猫、京东等电子商务平台拥有丰富的消费场景和庞大的客户群体,在提供电商消费金融服务方面具有绝对优势。

(三) 专业旅游平台提供的旅游消费金融服务

2015 年,我国旅游业平稳较快发展,国内旅游人数 40 亿人次,收入 3.42 万亿元,入境游人数和出境游人数分别达到 1.34 亿人次和 1.17 亿人次。专业旅游平台提供的旅游消费金融产品（旅游分期消费、旅游理财、旅游保险经纪等）对于激发旅游需求、扩大旅游收入起到了积极正面作用。

（四）传统商业银行提供的汽车消费金融服务

在汽车消费金融领域，由于线下是汽车销售的主要途径，汽车 4S 实体店与传统商业银行合作提供贷款服务仍占据主流。电子商务平台、汽车网站也进军汽车消费金融领域，向购买新车、二手车的客户提供消费贷款。

（五）传统商业银行提供的医疗消费金融服务

医疗费用的上升超出部分家庭的承受能力，医疗分期付款应运而生。目前，国内有少数医院通过与传统商业银行合作，推出了一种医疗分期付款服务，解决部分家庭医疗费用不足的困境。由于支付医疗费用困难的家庭还款意愿偏弱、还款能力较差，只有传统商业银行有能力提供医疗消费金融服务，尚未有医疗金融平台推出医疗消费金融服务。

（六）社交网站、培训机构提供的教育培训消费金融服务

留学、专业技能培训、升学培训费用成为学生群体的一大支出，由社交网站、培训机构推出的教育培训分期付款已成为学生群体考虑的首选。此外，随着国内大学办学成本的上升，大学生学费也呈逐年上涨趋势，目前国内已有平台推出了大学生学费分期付款服务。

五、大数据技术在互联网消费金融场景化中的应用

如前所述，场景化已经成为互联网消费金融平台突破行业同质化竞争、抢占市场份额的主流发展方向。大数据技术支撑的场景化就是要围绕客户的数据信息来设计消费场景，通过掌握客户、商品的数据信息，在最合适的地方、时间向其提供最合适的产品和服务。

（一）大数据技术支撑的场景化能进一步细分客户群体

大数据技术能够帮助互联网消费金融平台加深对客户、产品的了解，在多渠道、多维度收集数据信息的基础上，根据客户的个人身份信息、消费层次、人际关系、购买习惯等数据实现精准"画像"，并根据客户"画像"对客户群

体进行分类，然后针对不同的客户群体设计最能刺激并满足其消费需求的场景。

（二）大数据技术支撑的场景化能够让互联网消费金融平台更加准确定位需求

大数据技术支撑的场景化是大数据营销的升级，旨在通过设计消费场景触发客户需求，而不再局限于向合适的客户推荐合适的商品。大数据技术在多渠道、多维度数据收集的基础上，使不同来源的数据之间相互验证，经过数据处理、数据分析，帮助互联网消费金融平台准确定位客户需求。

大数据支撑的场景化包括以下内容：首先，收集客户数据信息并分类，在客户与商品之间进行匹配，定位适当的客户群体；其次，明确场景化方向，根据客户与商品的匹配情况，确定合适的时间、合适的环境；再次，根据客户的购买偏好和支付习惯等数据信息，确定消费需求触发点；最后，在触发客户需求后提供符合其偏好的消费金融产品。

（三）大数据技术支撑的场景化能够增加客户黏性

大数据支撑的场景化是围绕客户的数据信息展开的，客户是整个场景化建设工作的核心。在互联网消费金融行业，平台不仅仅关注客户数量，更关注客户对什么样的产品感兴趣。借助大数据支撑的场景化，平台对于新进入客户，根据其数据信息，快速实现分类并触发消费需求；对于平台老客户，围绕着其以往的消费记录进一步升级消费场景，在满足其原有需求的基础上触发新的消费需求，从而进一步增加客户黏性。

附件

IMF 有关金融科技与金融服务的报告

2017 年 6 月，国际货币基金组织执董会召开非正式会议，工作人员向执董们介绍了他们对金融科技与金融服务分析框架的初步看法，并初步分析金融科技对跨境支付等问题的潜在影响，各国执董对报告进行了讨论。

报告指出，几百年来，技术进步是金融业转型的重要推动力量，进入本世纪后，变革更有所提速。从人工智能、大数据、分布式账户、加密技术、移动接入到流动数据通信，这些新技术推动了金融创新服务的迅猛发展，涵盖了支付、融资、资产管理、保险、咨询等服务领域，并且正改变着金融业的格局，部分商业银行和中央银行服务将可能被新的竞争对手、自动化程序和去中心化网络所替代，激烈的市场竞争也可能倒逼业界采纳新技术、完善服务、更新营运模式，以及降低成本等。

报告认为，分布式账户技术尤其可能促进金融业的变革。分布式账户技术有利于发展快速可靠的电子记录系统，便利转账、汇款及证券交易，降低成本。不过到目前为止，分布式账户技术的可扩展性（scalability），特别是处理大规模、高流动性交易的能力尚未得到充分的验证，在信息交换能力（interoperability）方面也存在不足，网络之间不能完全实现互连互通，而且隐私保护、运营成本、速度和透明度等方面还需要改进。

报告提出了一套研究金融科技与金融服务发展的一般性分析框架。根据这个分析框架，第一步是评估新科技对金融产业的潜在影响。报告认为有两方面影响：一是服务属性（如速度、安全性、透明度等），技术进步可以促进新型服务的开发和使用，满足客户需求并弥补目前服务的某些不足。二是市场结构，新技术有可能减少客户对金融中介的服务需求、倒逼金融中介进行内部改革，以及吸引新的中介机构进入，甚至取代旧有的中介机构。

框架的第二步是分析金融监管应做出如何反应。报告认为监管机构面对快速变化的形势，应在效率与稳定之间进行谨慎权衡。监管机构应确保有效管理系统稳定性风险和诚信的风险（包括网络攻击、反洗钱和反恐融资），同时又不妨碍创新，为此应做到鼓励金融机构考虑系统性风险、降低消息不对称性和保护消费者，以及促进竞争，防止出现寡头垄断。

报告认为，监管机构应确保在不断演变的金融体系中维护各方对金融体系的信任，并对监管的边界保持灵活性，使受监管与不受监管机构之间的监管套利得到监控。具体来说：一是除了关注机构外，监管机构需要更多关注业务，因为金融服务越来越多地由多种企业和市场平台提供。二是加强治理，制定规则和标准，对运算方法和平台进行监督和监管，从而建立市场信心。三是选择适当的开放式网络，处理好新技术（如分布式账户技术）所带来的隐私与信息透明的问题。四是实现法律原则的现代化，对全球金融新形势下的权利与义务加以澄清，例如数字代币的法律地位及其转让的法律效力，以及在支付系统中使用分布式账户技术的结算最终性的问题等。

报告指出，为寻找合适的监管方法，一些国家和经济体正进行"监管沙盒"模式的试验。监管沙盒让企业可在受控环境下测试新的技术和业务模式，而监管机构也能在不妨碍创新的情况下寻求驾驭潜在风险的最佳方法。

报告认为"监管技术"（Regtech）有利于促进合规和降低合规成本，但在正式运用前须加以分析及评估。金融业正在探索如何应用新技术来促进合规，例如手动流程的自动化（如人工智能），汇总、共享和存储数据（如云计算、分布式账户技术），提高安全性（如密码学），可疑交易的识别（如生物识别、大数据），以及监管机构和银行之间的互动（如应用程序编程接口）等。但假如过度依赖"监管技术"，或是在使用中不加区分，则会带来新问题，可能对整个系统造成冲击。

报告认为须开展国际合作以确保新技术在各国之间无缝运行和有效监管。假如各国监管做法不一，可能会导致监管套利和削弱监管成效，因此应提高各国监管框架的协调，营造公平的竞争环境。目前，加强跨境合作与协调的工作已在推进中。在双边层面，一些国家的监管机构已经出台了合作安排来鼓励创新和分享创新性金融服务的有关信息。在多边层面，国际证监会组织（IOSCO）、巴塞尔银行监管委员会（BCBS）和支付与市场基础设施委员会

（CPMI）等标准制定机构以及金融稳定理事会（FSB）正在跟进、研究技术变革对金融稳定、市场诚信、效率及投资者保护的影响，金融行动特别工作组（FATF）也发布了有关指引文件。

报告讨论了金融科技对跨境支付的潜在影响。报告认为，目前跨境支付都涉及"基于账户"（account - based）的支付系统，核验账户持有人身份是一个高成本过程，并且需要有监管规定、标准、基础设施和中介机构，因此跨境支付的费用很高，手续繁琐，而且十分缓慢，服务也不透明，而且市场准入壁垒较高，支付链上每个环节都集中在少数的中介机构。不过报告认为分布式账户技术可能为跨境支付带来新局面，使交易更倾向于使用"基于代币"（token - based）的系统，只需核实支付媒介（如大宗商品或法币）的价值或真实性便可完成交易。

报告考虑了三种可能情景：一是将分布式账户技术应用于跨境支付的各个后端流程中，从而实现款项的自动跟踪，加强流动性和风险管理。在这种情境下，监管机构需要确保底层技术足够稳健，避免增加运行风险。二是将分布式账户技术与其他技术结合来降低合规成本（包括反洗钱/反恐融资监管以及与制裁有关的管制等），新进入者应用新技术提供合规解决方案，并与原有市场参与者在支付过程的不同环节开展合作，市场准入会变得容易，服务会变得更为低廉、更加包容，不过可能同时带来隐私和安全问题。三是将分布式账户技术用于支持全新的支付手段（例如虚拟货币），使跨境支付从基于账户的系统转向基于代币的系统。支付速度可能加快、可跟踪性更强，交易更安全，有利于降低成本。但虚拟货币的定值可能不确定，而且对网络信任的缺乏可能削弱虚拟货币的价值，给交易带来风险。如果网络之间不兼容，服务供应者可能收取高额费用，尽管反竞争的监管可能有助于减轻这一问题。

报告指出，除了私人发行虚拟货币外，另一途径是中央银行提供自己的数字货币，但涉及多种潜在成本和风险。中央银行发行虚拟货币须考虑以下问题，包括金融系统的性质和监管、货币政策的实施以及中央银行和商业机构在经济中的作用等。报告建议，如果要引入中央银行数字货币，宜采用渐进方法，根据积累的经验以及金融科技的演变和成熟程度逐步推进这一过程。

参考文献

［1］阿尔文德·纳拉亚南、约什·贝努：《区块链 技术驱动金融：数字货币与智能合约技术》，北京，中信出版社，2017。

［2］埃森哲：《中国领跑全球金融科技投资》，2017. https：//www. accenture. com/cn－zh/company－leaderglobal－fintech－investments。

［3］巴曙松、白海峰：《金融科技的发展历程与核心技术应用场景探索》，载《清华金融评论》，2016（11）。

［4］巴曙松：《中国金融科技发展的现状与趋势》，载《21世纪经济报道》，2017－01－20。

［5］保罗·西罗尼：《金融科技创新》，北京，中信出版社，2017。

［6］布莱恩·奈特、陈曦：《从金融科技谈美国金融监管》，载《金融市场研究》，2016（12）。

［7］蔡元庆、黄海燕：《监管沙盒：兼容金融科技与金融监管的长效机制》，载《科技与法律》，2017（01）。

［8］曹国岭、陈晓华：《互联网金融风险控制》，北京，人民邮电出版社，2016。

［9］陈静：《中国金融科技发展概览2016》，北京，电子工业出版社，2017。

［10］陈文：《P2P向死而生（科技投行赢得大未来）》，北京，机械工业出版社，2017。

［11］陈红梅：《互联网信贷风险与大数据：如何开始互联网金融的实践》，北京，清华大学出版社，2015。

［12］陈云：《大数据技术与应用：金融大数据》，上海，上海科学技术出

版社，2015。

[13] 陈小辉、陈富节、陈文：《从喧嚣到理性：互联网金融全面风险管理手册》，北京，电子工业出版社，2017。

[14] 陈勇：《中国互联网金融研究报告·2015》，北京，中国经济出版社，2015。

[15] 崔子腾、马越、吴晗：《金融科技发展对银行业的影响及对策研究》，载《中国物价》，2017（06）。

[16] 丁冬：《美国金融科技政策与监管框架白皮书的启示意义》，载《上海人大月刊》，2017（03）。

[17] 邓恩：《互联网金融品牌形象传播效果评价模型构建与实证研究——以支付宝和积木盒子品牌为例》，载《新闻与传播研究》，2015（10）。

[18] 董潇：《人工智能推动互联网金融变革》载《中华工商时报》，2017 - 03 - 17。

[19] 方燕儿、何德旭：《区块链技术在商业银行产业链金融中的发展探索》，载《新金融》，2017（04）。

[20] 冯永昌、景亮、易晓磊：《程序化交易实战：平台、策略、方法》，北京，电子工业出版社，2015。

[21] 龚文：《建立中英双赢的金融科技生态圈》载《国际融资》，2017（03）。

[22] 高航、俞可劢、王毛路：《区块链与新经济：数字货币 2.0 时代》，北京，电子工业出版社，2017。

[23] 郭勤贵：　《互联网金融商业模式与架构》，北京，机械工业出版社，2014。

[24] 郭品、沈悦：《互联网金融对商业银行风险承担的影响：理论解读与实证检验》，载《财贸经济》，2015（10）。

[25] 郭品、沈悦：《互联网金融加重了商业银行的风险承担吗？——来自中国银行业的经验证据》，载《南开经济研究》，2015（04）。

[26] 韩倩倩：《金融科技强势崛起 AI、VR 正当道》，载《中国战略新兴产

业》，2016（14）。

［27］韩锋、张晓玖：《区块链：量子财富观》，北京，机械工业出版社，2017。

［28］黄余送：《金融科技发展分析》，载《中国金融》，2017（05）。

［29］黄卓、王海明、沈艳、谢绚丽：《金融科技的中国时代》，北京，中国人民大学出版社，2017

［30］黄震、贾阿日：《金融科技助力商业银行转型突围》，载《金融经济》，2017（03）。

［31］黄国平、伍旭川、胡志浩、蔡真：《中国互联网金融行业分析与评估（2016～2017）。

［32］互联网金融信息管理与网贷（互金）平台风险评级》，北京，社会科学文献出版社，2016。

［33］黄明刚：《互联网金融与中小企业融资模式创新研究》，北京，中国金融出版社，2016。

［34］胡世良：《互联网金融模式与创新》，北京，人民邮电出版社，2015。

［35］互联网金融研究院：《互联网金融报告2017》，北京，中国经济出版社，2017。

［36］互联网金融研究院：《互联网金融年鉴2014—2016》，北京，中国经济出版社，2017。

［37］何建湘、蔡骏杰、冷元红：《争议比特币：一场颠覆货币体系的革命》，北京，中信出版社，2014。

［38］井底望天、武源文、赵国栋、刘文献：《区块链与大数据：打造智能经济》，北京，人民邮电出版社，2017。

［39］贾康：《我国科技金融服务体系研究（上）——建设科技型中小企业金融服务体系的政策优化》，北京，经济科学出版社，2015。

［40］贾康：《我国科技金融服务体系研究（下）：建设科技型中小企业科技金融服务体系的实践开拓》，北京，经济科学出版社，2015。

［41］李继尊：《关于互联网金融的思考》，载《管理世界》，2015，（07）。

［42］李勇、许荣：《大数据金融》，北京，电子工业出版社，2015。

［43］李彦宏：《智能革命：李彦宏谈人工智能时代的社会、经济与文化变革》，北京，中信出版社，2017。

［44］李健、马亚：《科技与金融的深度融合与平台模式发展》，载《中央财经大学学报》，2014（05）。

［45］李伟：《金融科技发展与监管》，载《中国金融》，2017（08）。

［46］李伟：《金融科技时代的电子银行》，载《中国金融》，2017（01）。

［47］李文红、蒋则沈：《金融科技（FinTech）发展与监管：一个监管者的视角》载《金融监管研究》，2017（03）。

［48］李钧、长铗：《比特币：一个虚幻而真实的金融世界》，北京，中信出版社，2014。

［49］李东荣、朱烨东、伍旭川：《互联网金融蓝皮书：中国互联网金融发展报告（2016）》，北京，社会科学文献出版社，2016。

［50］李琦：《互联网金融领域信用与风险的理论与实证分析》，载《重庆大学》，2015。

［51］廉薇、边慧、苏向辉、曹鹏程：《蚂蚁金服：从支付宝到新金融生态圈》，北京，中国人民大学出版社，2017。

［52］林华：《FinTech 与资产证券化》，北京，中信出版社，2017。

［53］刘伟毅：《互联网金融——大数据时代的金融革命》，北京，中国经济出版社，2014。

［54］刘国建：《FinTech，金融科技引领金融创新》，载《中国金融电脑》，2017（01）。

［55］刘国建：《温故知新砥砺前行——金融科技"十二五"回顾与"十三五"展望》，载《中国金融电脑》，2016（03）。

［56］刘秋万：《极限虚拟化与金融科技》，载《中国金融》，2016（16）。

［57］刘文献、李丽珍：《众链：区块链大数据与众筹金融新世界》，北京，中国财政经济出版社，2017。

［58］刘进一：《互联网金融：模式与新格局》，北京，法律出版社，2017。

［59］刘眇：《中国互联网金融的发展问题研究》，吉林大学，2016。

［60］刘宪权：《互联网金融股权众筹行为刑法规制论》，载《法商研究》，2015（06）。

［61］廖岷：《全球金融科技监管的现状与未来走向》，载《新金融》，2016（10）。

［62］廖岷：《全球金融科技监管的现状与未来》，载《中国中小企业》，2016（10）。

［63］卢德夫、柴彬、夏高等：《跬步：Fintech 大数据基金黑马诞生实录》，北京，知识产权出版社，2017。

［64］陆岷峰、虞鹏飞：《金融科技与商业银行创新发展趋势》，载《银行家》，2017（04）。

［65］陆磊、伍旭川、张晓艳等：《第三方支付有效监管研究》，北京，科学出版社，2006。

［66］陆磊，姚余栋：《新金融时代》，北京，中信出版社，2015。

［67］芦国荣：《英国金融科技创新：政策支持及启示》，载《甘肃金融》，2016（08）。

［68］吕晶晶：《人工智能，重构金融服务生态》，载《金融博览（财富）》，2017（02）。

［69］梅内里：《大数据分析决胜互联网金融时代》，北京，人民邮电出版社，2014。

［70］孟雷：《互联网金融创新与发展》，北京，中国金融出版社，2016。

［71］宁小军：《Fintech 时代来临：金融科技 VS 传统银行——互联网交易型银行发展启示录》，载《银行家》，2017（01）。

［72］普华永道全球金融科技团队：《跨越行业界线：金融科技重塑金融服务新格局》，载《金融市场研究》，2016（05）。

［73］庞引明：《互联网金融与大数据分析》，北京，电子工业出版社，2016。

［74］清科研究中心：《互联网金融：重塑金融生态》，北京，机械工业出

版社，2016。

[75] 乔海曙，谢姗珊：《区块链金融理论研究的最新进展》，载《金融理论与实践》，2017（03）。

[76] 斯金纳： 《Fintech，金融科技时代的来临》，北京，中信出版社，2016。

[77] 斯科特·帕特森：《暗池：高频交易及人工智能大盗颠覆金融世界的对决》，北京，机械工业出版社，2015。

[78] 深圳前海瀚德金融科技研究院：《金融区块链 下一场金融革命》，北京，机械工业出版社，2017。

[79] 沈艳兵：《基于金融科技背景下我国绿色金融发展问题研究》，载《中国商论》，2017（08）。

[80] 苏保祥：《科技金融实践与创新》，北京，中国金融出版社，2017。

[81] 苏郁锋、吴能全、周翔：《企业协同演化视角的组织场域制度化研究——以互联网金融为例》，载《南开管理评论》，2015（05）。

[82] 单汩源、龙腾、张人龙：《基于 TAM 的互联网金融品牌延伸影响机制研究》，载《管理评论》，2015（08）。

[81] 唐莉，程普，傅雅琴：《金融科技创新的"监管沙盘"》，载《中国金融》，2016（20）。

[83] 唐塔普斯科特、亚力克斯·塔普斯科特：《区块链革命：比特币底层技术如何改变货币、商业和世界》，北京，中信出版社，2017。

[84] 谭磊、陈刚：《区块链 2.0》，北京，电子工业出版社，2016。

[85] 田成林：《野蛮生长：民间借贷的网络江湖》，北京，清华大学出版社，2016。

[86] 威廉·穆贾雅：《商业区块链：开启加密经济新时代》，北京，中信出版社，2016。

[87] 维克托·迈尔－舍恩伯格、肯尼思·库克耶：《大数据时代》，杭州，浙江人民出版社，2013。

[88] 王达：《美国互联网金融与大数据监管研究》，北京，中国金融出版

社，2016。

[89] 王旭：《区块链金融对跨界电子商务支付优化模式》，载《改革与战略》，2017（07）。

[90] 王广宇、何俊妮：《金融科技的未来与责任》，载《南方金融》，2017（03）。

[91] 王丽辉：《金融科技与中小企业融资的实证分析——基于博弈论的视角》，载《技术经济与管理研究》，2017（02）。

[92] 王雪玉：《金融科技成 2016 年新风口》，载《金融科技时代》，2017。

[93] 王丽静：《金融科技与人民币国际化的关系及其对人民币国际化的推动作用》，载《国际金融》，2016（12）。

[94] 王和：《大数据时代保险变革研究》，北京，中国金融出版社，2014。

[95] 王馨：《互联网金融助解"长尾"小微企业融资难问题研究》，载《金融研究》，2015（09）。

[96] 卫冰飞：《中美金融科技比较及思考》，载《清华金融评论》，2016（10）。

[97] 伍旭川、刘学：《金融科技的监管方向》，载《中国金融》，2017（05）。

[98] 伍旭川：《区块链技术的特点、应用和监管》，载《金融纵横》，2017（04）。

[99] 伍旭川、王鹏：《区块链技术在金融领域的应用及趋势》，载《清华金融评论》，2017（01）。

[100] 伍旭川、刘学：《区块链或将成为 Fintech 底层技术》，载《清华金融评论》，2017（04）。

[101] 伍旭川、王鹏：《区块链技术应用及展望》，载《清华金融评论》，2016（10）。

[102] 伍旭川：《小心虚拟货币的"黑金"和虚构光环》，载《华夏时报》，2016 - 09 - 12（034）。

[103] 伍旭川、刘学：《TheDAO 被攻击事件分析与思考》，载《金融纵

横》，2016（07）。

　　[104] 伍旭川：《互联网金融风险与监管防范》，载《新经济》，2016（19）。

　　[105] 伍旭川：《互联网金融风险防范任重道远》，载《企业观察家》，2016（06）。

　　[106] 吴晓光、王振：《金融科技转型的着力点》，载《中国金融》，2017（05）。

　　[107] 吴俊、陈亮、高勇：《国外人工智能在金融投资顾问领域的应用及对我国启示》，载《金融纵横》，2016（06）。

　　[108] 吴军：《智能时代》，北京，中信出版社，2016。

　　[109] 谢云：《金融科技正在改变金融业生态格局》，载《国际融资》，2017（02）。

　　[110] 谢平：《金融互联网化：新趋势与新案例》，北京，中信出版社，2017。

　　[111] 谢平，邹传伟、刘海二：《互联网金融的基础理论》，载《金融研究》2015（08）。

　　[112] 徐豪、邹锡兰：《人工智能"风口"，医疗与金融先起飞?》，载《中国经济周刊》，2016（35）。

　　[113] 徐井宏、张红敏：《共赢　国内外科技金融案例研究》，北京，清华大学出版社，2017。

　　[114] 徐明星、刘勇、段新星、郭大治：《区块链：重塑经济与世界》，北京，中信出版社，2016。

　　[115] 杨东：《互联网金融风险规制路径》，载《中国法学》，2015（03）。

　　[116] 杨卓越：《人工智能在金融领域的应用现状及安全风险分析》，载《金融经济》，2017（02）。

　　[117] 杨涛：《正视金融科技的变革与挑战》，载《清华金融评论》，2016（10）。

　　[118] 姚文平：《互联网金融：即将到来的新金融时代》，北京，中信出版

社，2014。

[119] 尹海员、王盼盼：《我国互联网金融监管现状及体系构建》，载《财经科学》，2015（09）。

[120] 叶望春：《中小银行应依托"外部赋能"发展金融科技》，载《中国银行业》，2017（05）。

[121] 严圣阳：《我国金融科技发展状况浅析》，载《金融经济》，2016（22）。

[122] 由曦：《蚂蚁金服：科技金融独角兽的崛起》，北京，中信出版社，2017。

[123] 余来文、温著彬、边俊杰、石磊：《互联网金融：跨界、众筹与大数据的融合》，北京，经济管理出版社，2015。

[124] 郁冰峰、邓海清、郝延山：《金融新格局：资产证券化的突破与创新》，北京，中信出版社，2014。

[125] 张小明：《互联网金融的运作模式与发展策略研究》，山西财经大学，2015。

[126] 张健：《区块链：定义未来金融与经济新格局》，北京，机械工业出版社，2016。

[127] 张家林：《证券投资人工智能：人工智能时代的财富管理变革》，北京，中国经济出版社，2017。

[128] 张同功：《新常态下我国科技金融支持体系研究－理论、政策、实证》，北京，科学出版社，2016。

[129] 张翠萍：《大数据银行》，北京，机械工业出版社，2016。

[130] 张景智：《"监管沙盒"的国际模式和中国内地的发展路径》，载《金融监管研究》，2017（05）。

[131] 张兴：《Fintech（金融科技）研究综述》，《中国商论》，2017（02）。

[132] 张荣：《区块链金融：结构分析与前景展望》，载《南方金融》，2017（02）。

[133] 张雨微、冷建飞：《区块链金融小镇数字货币的拓展应用研究》，载

《经济研究导刊》，2017（14）。

[134] 张力平：《金融科技是金融与科技创新的高度融合》，载《电信快报》，2016（11）。

[135] 张晓玫、梁洪、蒋昊然：《区块链金融模式与小微企业信贷配给》，载《上海金融》，2016（07）。

[136] 张爱琼：《浅谈金融科技与金融创新的关系》，载《现代经济信息》，2015（10）。

[137] 章祥生、陈雨薇：《金融科技助力农村普惠金融发展——以江西省婺源县农村金融便民店为例》，载《金融科技时代》，2017（03）。

[138] 章禾：《金融科技行业去泡沫化将形成区域龙头割据》，载《中国战略新兴产业》，2016（22）。

[139] 赵大伟：《大数据技术驱动下的互联网消费金融研究》，载《金融与经济》，2017（01）。

[140] 赵大伟：《金融科技发展对保险业的影响研究》，载《西部金融》，2017（01）。

[141] 赵大伟：《区块链能否将奖励众筹送上快车道?》，载《华夏时报》，2016－11－21（022）。

[142] 赵大伟：《关于新监管规则下 P2P 网络借贷发展的几点思考》，载《金融纵横》，2016（09）。

[143] 赵大伟：《新规下的 P2P 网络借贷平台何去何从?》，载《华夏时报》，2016－09－19（013）。

[144] 赵大伟：《区块链能拯救 P2P 网络借贷吗?》，载《金融理论与实践》，2016（09）。

[145] 赵大伟：《互联网保险的九大发展趋势》，载《清华金融评论》，2016（05）。

[146] 赵大伟：《共享金融视角下的 P2P 网络借贷》，载《南方金融》，2015（12）。

[147] 赵大伟、张韶华：《普惠金融视角下的城镇化》，载《中国金融》，

2014（03）。

[148] 赵春兰：《我国互联网金融的业态风险及法律防范制度构建》，载《社会科学战线》，2015（10）。

[149] 赵鹞：《Fintech 的特征、兴起、功能及风险研究》，载《金融监管研究》，2016（09）。

[150] 郑南磊：《金融科技：未来金融业发展的制高点》，载《证券市场导报》，2017（01）。

[151] 郑志明、缪绍日，荆丽丽：《金融数据挖掘与分析》，北京，机械工业出版社，2015。

[152] 曾建光：《网络安全风险感知与互联网金融的资产定价》载《经济研究》，2015（07）：131-145.

[153] 中曾宏，宋莹，毛瑞丰：《金融科技的影响》，载《中国金融》，2017（04）。

[154] 钟鸣长：《东南亚金融科技生态系统发展潜力与提升策略研究》，载《广西民族大学学报（哲学社会科学版）》，2017（02）。

[155] 中国人民银行广州分行课题组：《中美金融科技发展的比较与启示》，载《南方金融》，2017（05）。

[156] 中国人民银行武汉分行办公室课题组：《人工智能在金融领域的应用及应对》，载《武汉金融》，2016（07）。

[157] 中国人民银行金融研究所互联网金融研究中心：《新金融时代》，北京，中信出版社，2015。

[158] 周小川：《鼓励发展金融科技 数字货币等会产生不易预测的影响》，财经网。

[159] 周昆平：《如何通过发展金融科技优化金融服务?》，载《银行家》，2017（01）。

[160] 周立群、李智华：《区块链在供应链金融的应用》，载《信息系统工程》，2016（07）。

[161] 周虹：《手机支付——我国支付领域金融科技发展策略选择》，载

《中央财经大学学报》，2009（07）。

［162］CPMI, Non – banks in Retail Payments, Research Report, September 2014.

［163］CPMI, Payment Aspects of Financial Inclusion, Research Report, April 2016.

［164］FCA, Regulatory Sandbox, Consultation Paper, November 2015.

［165］FCA, The FCA's Regulatory Approach to Crowd Funding over the Internet, and the Promotion of Nonreadily Realisable Securities by other Media, March 2014.

［166］FSB, Fintech: Describing the Landscape and a Framework for Analysis, March 2016.

［167］IOSCO, Crowd – funding: An Infant Industry Growing Fast, Research Report, February 2014.

［168］IOSCO, Crowd – funding: 2015 Survey Responses Report, Research Report, January 2016.

［169］IOSCO, Research Report on Financial Technologies (Fintech), February 2017.

［170］IAIS, Issues Paper on Conduct of Business in Inclusive, Research Report, November 2015.

［171］MAS, Fintech Regulatory Sandbox Guidelines, Consultation Paper, June 2016.

［172］SEC, Regulation Crowd – funding, October 2015.

［173］U. S. Department of Treasury, Opportunities and Challenges in Online Marketplace Lending, Research Report, May 2016.

［174］Kobayashi, S.. Insurance and Financial Stability: Implications of the 2016 IMF Global Financial.

［175］Stability Report for Regulation and Supervision of Insurers ［J］. Journal of Financial Regulation and Compliance, 2017, 25（1）.

后　记

金融体系是一国经济中最核心、最敏感也最为复杂的部分，往往"牵一发而动全身"。风起云涌的金融科技发展浪潮，对我国金融业的持续健康发展、金融稳定和金融安全，究竟意味着什么？

如果把金融科技发展看作金融创新的一个部分，如何看待社会上各种令人眼花缭乱的所谓创新性举措？从国家货币政策和金融监管部门的角度来说，将会支持怎样的金融科技产业发展？哪些金融技术、服务和产品会得到充足的发展空间？哪些金融乱象必将得到抑制乃至整肃？如何处理好金融创新和有效金融监管之间的关系？……这些问题，既事关中国金融业持续健康快速发展，也牵涉到保障国家金融稳定和金融安全的大局。

有鉴于此，以金融科技行业发展为线索，深入探讨相关现实问题，成为本书的逻辑起点。就研究方法而言，本书主要采用了理论与实践相结合、实证分析与规范分析相结合、定性分析与定量分析相结合、逻辑分析与数理分析相结合等方法。借助这些研究方法和工具，我们不仅从历史的角度、辨证的原则和逻辑的方法对研究主题进行了深入探讨，而且对未来发展趋势进行了预测，提出了相应的政策建议。

由于本书面向整个社会，希望更多的读者了解和认识金融科技的最新进展，因此没有采取学院派的写作思路，而是倾注大量的笔墨，对我国金融科技行业的发展状况进行全景式扫描，并对主要发达国家金融科技发展实践进行借鉴。我们希望读者能够从阅读本书中，对金融科技这一新兴产业的发展情况，得到全面而客观的认识和把握。拙作力求通俗易懂，易为更多的读者分享，在此希望具有深厚专业背景的读者宽容与见谅。

需要郑重说明的是，本书是多位作者共同努力的结果。虽然在着笔之前，我们一起对研究提纲进行了仔细推敲，在写作过程中也曾反复交换过意见，鉴于一部分作者从事专业的理论研究工作，另一部分作者从事金融科技企业的经营管理和实际业务操作，大家观察问题的角度存在差异，所使用的研究方法和工具也有所不同，因此章节之间可能存在观点、逻辑和结论方面或多或少的差异。横看成岭侧成峰，作为集体性的课题研究成果，应该鼓励大家各抒己见。因此，我们刻意保留了这种差异性。

全书写作由莫菲和赵大伟主持和策划，侯西鸿、李克登和许昌清3位副主编为本书的写作和出版付出了大量的心血。编委会各位同仁分工撰稿，几易其稿，反复修改后，终于付梓。本书是我们计划写作的系列丛书的第一本，后面将针对金融科技的细分领域，陆续推出我们的研究成果。

在写作本书过程中，我们参阅了国内外大量的文献资料，其中许多真知灼见对我们的研究工作产生了很大的帮助，谨向这些文献的著译者致谢！

由于水平有限，书中难免出现疏漏和不当之处，恳请读者批评斧正，我们不胜感激之至！

2017 年 8 月